北大法学阶梯
课程指引系列

北大法学初阶 贰

北京大学法学院 | 编

法律出版社 LAW PRESS · CHINA
北京

图书在版编目(CIP)数据

北大法学初阶 : 贰 / 北京大学法学院编. -- 北京 : 法律出版社, 2021
ISBN 978 - 7 - 5197 - 5835 - 6

Ⅰ. ①北… Ⅱ. ①北… Ⅲ. ①法学 - 文集 Ⅳ. ①D90 - 53

中国版本图书馆 CIP 数据核字(2021)第 162424 号

北大法学初阶·贰
BEIDA FAXUE CHUJIE · ER

北京大学法学院 编

责任编辑 吴 昉 宋丽娜
装帧设计 乔智炜

出版发行 法律出版社
编辑统筹 法律教育出版分社
责任校对 周合芝 李景美
责任印制 胡晓雅
经　　销 新华书店

开本 710 毫米×1000 毫米 1/16
印张 14.5 **字数** 230 千
版本 2021 年 10 月第 1 版
印次 2021 年 10 月第 1 次印刷
印刷 中煤(北京)印务有限公司

地址:北京市丰台区莲花池西里 7 号(100073)
网址:www. lawpress. com. cn
投稿邮箱:info@ lawpress. com. cn
举报盗版邮箱:jbwq@ lawpress. com. cn

销售电话:010 - 83938349
客服电话:010 - 83938350
咨询电话:010 - 63939796

书号:ISBN 978 - 7 - 5197 - 5835 - 6
定价:45.00 元
凡购买本社图书,如有印装错误,我社负责退换。电话:010 - 83938349

编写说明

北京大学是中国法学教育的滥觞之地，是中国法学教学改革的先行者和探路者。北京大学法学院（以下简称北大法学院）始终秉持科研与教学并重的立院方针，将教学与科研视作大学教师的基本职责，两翼不可偏废。近年来，北大法学院大力推进教学供给侧改革，增加教学产品，创新教学活动，改善教学结构，提升课程质量，引领中国法学界教学改革风潮。

“北大法学阶梯系列讲座”是北大法学院诸多教学改革活动之一。2018 年秋季学期，该系列讲座正式面世。它包括三个系列：初阶（入门）讲座、进阶讲座和高阶讲座。初阶讲座是为了引领学生进入法学之门，为相关课程的学习提供方法论上的入门指引。进阶讲座旨在改变以往课后个别答疑不够充分、缺乏体系、难以集体受益的局面，致力于为学生系统性地答疑解惑，清除前期学习中累积的困扰，指明下一步学习的方向和重点。高阶讲座主要面向博士生群体，由各专业教授介绍学科最前沿的研究动态或发布自己最新的研究成果，激发法学博士生的学术志趣，培养全面的知识结构和开阔的视野。三个系列讲座都是以现有的课程为基础，以既定的课堂为平台，面对不同的授课对象，选择不同课程的不同阶段展开。通过前期宣传、后期综述以及视频播放等方式，将课堂教学与讲座模式有机结合，面向全社会公开。这不仅有效地提升了课堂质量，也实现了优质教育资源的共享。迄今为止，“北大法学阶梯系列讲座”已经累计举办 80 余场。

为了更全面地展示北大法学院的课程风采，为全国法科学生提供全方位的学习指引，法学院征求授课教师意见后，决定将部分阶梯讲座活动的内容整理出版。经与法律出版社协商，此次出版以“北大法学阶梯课程指引系列”的面貌呈现，旨在为处在学习法律各个阶段的学生提供一套全面的教学参考用书。每位授课教师负责自己的讲授内容，从格式到内容均对讲座实录文字做了大幅的修改润色，以符合“北大法学阶梯课程指引系列”的定位要求。

呈现在读者面前的这套丛书，基本上覆盖了全国法学院各类必修课和选修课，是北大法学院几十位教师的集体作品，希冀能帮助每一位法科学生迈入法学之门，克服路障，拾阶而上，领略法学的无限风光。

“北大法学阶梯系列讲座”的举办以及本书的出版，得到了来自法律出版社、《中国法律评论》编辑部以及北大英华科技有限公司等社会各界人士的关心、支持和帮助。在各方协力下，北大课堂以一种新的方式在纸上重现。在此一并致谢。

北京大学法学院

2021 年 9 月

目 录

外国法制史的价值与学习方法

李红海

李红海

北京大学法学院教授，博士生导师。1995年于中国政法大学获法学学士学位，1998年、2001年于北京大学法学院获法学硕士和法学博士学位；2005～2006年度剑桥大学法律系访问学者。主要研究领域为外国法制史、英国法律史、英国普通法、比较法等。主要成果包括专著《普通法的历史解读》《普通法的司法解读》《英国普通法导论》，译著《英格兰宪政史》《英国普通法的诞生》《英国律师职业的起源》等。

2001年担任教职以来，讲授的课程包括外国法制史、英国普通法概论、法律史文献学、英格兰宪政史、普通法的司法过程与判例法等。

今天讲一下关于外国法制史入门的内容，将聚焦于课程的学科定位、研究内容与学习方法。具体分为四个部分：(1)法律研习的不同方法与外国法制史；(2)法律的要素与外国法制史的研究内容；(3)学习法律史的理由；(4)如何学习法律史。

■ 法律研习的不同方法与外国法制史

外国法制史这门课程的目的在于介绍各个国家法律发展的历史，属法律史学科。法学包含十几门基础学科，法律史便是其中之一。无论从历史还是现实来看，对法律的研习(study law)与法律执业(practice law)都颇为不同：后者是将法律运用到实践中，是法律家在实务中的操作；而前者则是在执业前先对法律进行学习、研究。从古至今，人们在对法律的研习过程中就存在不同的角度和方法，现粗略介绍如下。

□ 古罗马时期的法学研习与创新

古罗马早期即存在法学，但当时的法律并不公开，而是以祭司言说的内容为准。后来随着法律的公开，人们看到法律文本即可能形成不同的理解，由此产生了一个专门的阶层来研究法律，这就是法学家阶层。

这个阶层首先关注的是法律本身的问题，比如规则中语词的含义。但也与实际问题接触，比如此时法学家会为当事人提供法律咨询，帮助他们诉讼。有人前来学习法律，他们就会组织教学。当时的法律教学更多具有私人性质。他们在传授法律知识的过程中或依据文本本身的含义对术语进行解释，或举出案例。这与我们今天法学院的教学方式相似，如应用法学的各个学科都会对所涉条文之含义进行解释，也会通过案例对自己的解释进行说明。

当时的法学家还可以提出许多创新意见。比如，其时教学中一般讲述内容就包括“案情”与“条文”；但在讲述后，法学家有时还会假设一个新的情况，案件情节的增减会导致所适用规范的改变。通过虚拟案情的变化，法学家教学的内容超出了现有条文本身。这些变化就可能产生新的规则，这就是法学的创新。

但随着帝制时代的来临及专制的加强,法学家的创新活动渐趋终止。至罗马法发展的后期,法学家更多只能进行法律文献的整理(和我们历史上的乾嘉学派相仿),进行考据和编纂,于是出现了私人编纂的法典。这虽然也是一种研习方式,但和古典时期的模式产生了重大区别。罗马法学难以再有大的创新。

□ 中世纪的法学发展

中世纪前期占主导地位的是教会法。当时的教会法仍然以整理和协调规则之间的冲突为主,典型者如《格拉提安教令集》。

罗马法在12世纪开始复兴,其发展分为三个阶段:第一阶段称为注释法学,其研究方法就是注释,研究内容为条文和词句的含义;第二阶段称为评论法学,更多的是将条文运用至当时的社会现实;第三阶段称为人文主义法学,它认为前期的罗马法研究更多体现的是后人(如注释法学派学者)的想法,而非罗马法的本意,因此要努力回到罗马法本身,他们开始从历史的角度进行追溯,借助历史文本(文学作品等)研究当时的罗马法。

另外,中世纪的英国法并不在大学讲授,而是在律师公会讲授。当时的研习是通过师傅带徒弟、法庭旁听或"上夜校"(听高级律师讲课)的方式进行。柯克曾对詹姆士一世国王讲道:陛下虽天纵神明,但对法律的判断需要长期的研习(使用的正是"study"),而国王并没有经历过这样的过程,所以不能作为法官来判案。所以,中世纪英国法的学习是以另一种方式展开的,更多体现实操性,需要学生前往法庭旁听律师诉答和法官判决的技艺。

□ 近代的古典自然法学、历史法学和实证主义法学

及至近代,古典自然法学兴起。这一流派认为法律应当与文本分开,即除了文本和实在法(positive law)外,其上还存在更高的法律。这些法律更具有根本性,属于自然法(natural law)的范畴,比实在法更重要。这一流派研习、思考法律的方法,要求超越人们能够看到的实在法本身。自然法学派同样认为实在法可以被引用作为判案依据,但同时不能和更高的自然法违背,否则即属无效。

但后来出现了对自然法观点的质疑:你能为自然法的存在提供证据吗?自然法的存在是难以证明的,遂开始衰落。随后兴起的是历史法学。历史法

学旨在通过追寻法律的源头及后续发展来认识法律,他们认为法律与人类社会的演化同步,系人类社会的产物。因此,只有了解历史,才能了解法律;理解不同的社会,才能理解不同的法律。一般层次的执业者是只懂得运用实在法的匠人,而要达到法官的层次,则需要从更多、更深的层面理解法律和社会。

随后产生的实证主义法学认为真正有效的只有实在法。因为只有实在法才能被法官引用,只有实在法才是人们能用科学的态度加以把握的法律。自然法因缺乏实证的基础而没有成为实证主义法学的研究对象。实证主义法学具体分为两个研究方向:一是分析实证主义法学(类似于今天的法教义学);二是社会实证主义法学在研究法律的同时更多考虑各种社会因素,包括政治、经济、道德伦理、文化等和法律之间的关系。

以上是对法律研习之不同角度及方法的归纳。法律史这门学科是从历史法学中产生的,研究法律在历史上的发展。如果大家去执业,所进行的工作是将法律运用到实践,研习的是"现在时"意义上的法律,而法律史研究的则是过去的法律和现实,属于"过去时"或者"现在完成时"。

■ 法律的要素与外国法制史的研究内容

法律史学科研究的法律根据国别分为中国和外国,其中,中国部分包括中国法制史和中国法律思想史,外国部分包括外国法制史和西方法律思想史。

法律思想史研究过去的人们如何认识法律,如何对这些不同的认识进行抽象和总结。值得一提的是,"西方法律思想史"意味着这个学科主要关注西方,很少关注非洲、伊斯兰国家等。而"外国法制史"涉及各种制度和规则的发展问题,其范围会超越西方,也会涉及西方之外的其他地区。

那什么是制度呢?我们经常会在法学课堂上听到"规则""原则""原理""制度"等说法,这些可以说都是法学研究或法律体系中的一些基本要素,我们先从这些要素开始来谈什么是制度。

□ 法律的要素与法学原理

法律的要素包括哪些?这个问题很复杂,但为了我们课程的方便,我作如下分析。首先是规则,通常的体现形式是各种法条。规则的基本结构是"行为模式 + 法律后果"。例如,在"盗窃公私财物,数额较大的,判处有期徒刑、拘役或管制”中,“盗窃公私财物,数额较大”属于行为模式,而法律后果是对前述行为模式的评价,即“判处有期徒刑、拘役或管制”。

但在阅读法律条文后,人们会发现有些条文不符合上述结构。有的只有行为模式,如以否定形式出现的行为模式:“结婚年龄,男不得早于二十二周岁,女不得早于二十周岁”。这是因为在这些条文中,法律后果是隐藏的,条文本身的措辞已暗示这一行为模式在法律上系属无效或可撤销等——无效即为一种法律后果。绝大多数法律条文都可以用前述“行为模式+法律后果”的标准进行衡量和评价。进一步学习会发现,法律的创新很多时候其实就是“行为模式”和“法律后果”这两个模块的结合和协调。行为模式中情节的增减会导致相应法律后果的变化,从而会使法律条文越来越复杂和具体。制定法中很多“条”下的“款”以及“款”下的“项”,也经常是对前述一般模式的细化,抑或是一般情况下的例外。

法律的要素还包括原则。原则可以认为是更为抽象、位阶更高的规则。因为原则中所用语词的内涵更少,所以其外延就更广。原则和规则在结构上一致,只是其表述更加抽象。如“民事主体从事民事活动,应当遵循诚信原则,秉持诚实,恪守承诺”,即符合上述模式。这一条文暗含法律后果,如不遵循即无效或违法,随之即会被判返还原物、恢复原状、赔偿损失等。条文的关键在“诚信”一词,该词正是对无数行为背后共同要素的提炼。例如,买卖的前提是要求出卖人对拟卖物品拥有所有权,买卖行为符合双方的真实意思表示而非受到胁迫或欺诈,此外还需要等价公平……只有这些要素均具备,才能称为公平,才符合诚实信用。其他民事行为如租赁亦是如此。诚实信用是在众多纷繁复杂的交易行为中提取出来的公因式。在具体适用上,若存在规则,则应优先适用规则;若不存在规则,则适用原则。所以民法学者常言,民事司法不会发生没有法律依据的情况,因为即使没有相应的民事规则,也可以诉诸民事原则,这些原则使几乎所有的民事行为都无法逃离民法典的管辖。规则和原则是法律体系中最基本的元素。

一系列相关的规则和原则进行组合,会形成一个制度。如买卖合同制度、物权/所有权制度等,就都包括一系列的规则和原则。如果规则和原则是点,那么制度就可以看作一个圆。

人们还会提及“原理”一词。一般认为,学习相关的法学原理后,法律条文自然容易把握,那么原理和原则、规则有何联系?我个人认为,原理是人们对自然界或社会中事物、行为间内在规律或本质的揭示、表述的结果，如牛顿、爱因斯坦等人基于自己对物理世界规律的认识，分别总结和提炼出来的牛顿运动定律和相对论等。所以，原理首先是基于人们对世间规律的认识，然后是对此种规律的表述。但由于人们认识水平的局限及世界的不停变化，原理可能也是有局限性的，无论是对自然规律还是社会规律的总结都是如此，后者可能尤甚。我们通常所谓的某种法学原理，自然就是指学者对某一领域人们行为规律及其应当如何规制的认识，以及在此基础上对其进行的归纳、总结和提炼所形成的法律智慧。这种智慧可能会因其专业性或科学性而具有权威性、说服力，但却并未必是实在法，因为它可能还未被权威机关吸纳为有拘束力的实在法规范，此时它就不能作为正式的法律渊源出现或被法官作为判案依据（普通法的司法则另当别论）。

所以，原理实际上是不同于规则、原则和制度的概念。检验原理和规则、原则、制度区别的标准，在于其能否在法庭上为当事人引用并作为权利主张的基础和依据。比如，中国的法学学者可以从理论和学术研究层面对德国法上的原理进行探讨，但中国的当事人却不能在中国的法庭上要求法官依据德国法的原理判案，不仅因为该原理可能是德文的（尽管可以翻译为中文），更重要的是因为它不是中国的实在法。不过，官方可以通过立法的方式，将这些原理转化为具体的规则和原则，使其具备实在法的形式，这样即可以被法官作为判案依据，如我们的民法学者可以将物权法原理编制或表述成民法典中的物权法制度。同时，毋庸置疑的是，在法学院对法学原理的学习非常有助于未来执业过程中对法律条文（实在法）的理解和运用，也有利于在没有相关条文的情况下创造或形成规则——如果体制上允许的话。

□ 外国法制史的研究内容和范围

制度史研究的内容正是由规则和原则共同构成的法律制度演变发展的历史。罗马法中为何存在如此复杂的法律主体制度？古代法中有关法律主体的规定总是很复杂，而今天则相对简单得多，为什么？这可能是因为随着社会的发展，人们在观念上越来越认可人人平等，在制度上对法律主体的规定自然也就趋向单一化，而无须像过去那样把人分成三六九等。制度史正是这样研究制度如何变迁及其背后的原因，一定意义上类似于观察家里小树和小狗的成长过程。

而思想史研究的则是人类对法律的看法。比如，不同时期、不同社会人们对法律之终极目标的看法可能就很不一样,有的认为法律就是工具、是客体,有的则认为法律就是本体、是主体,由此体现出不同的法律价值观和法律思想。

外国法制史课程内容依时段分为古代世界、中世纪和近代三个部分。

第一是古代世界。古代世界包括古埃及、两河流域、古希伯来、古印度、古希腊和古罗马,其中最主要的是罗马法。

第二是中世纪。中世纪是重点内容,因为其对西方法律传统的形成非常重要;再者,因为中世纪的线索比较复杂,头绪多,不太好把握,所以我们会重点讲述。

第三是近代。近代以民族国家的建立和法律的统一为主要内容,主要涉及英国、法国和德国。我将主要通过追溯这三个国家的历史来讲述它们各自形成近代意义上民族国家的过程,以及如何实现法律的统一。当然,由于英国后来形成了与欧陆非常不同的普通法,其对世界的影响独特而广泛。

总体而言,课程主要希望大家对西方法律的形成和发展有基本的了解,这也有助于加深对部门法的理解。

■ 学习法律史的理由

华东政法大学的于明老师曾做过一个类似的导引,并形成了文章,题为《为什么要学习外法史? 怎么学》。他在文章中引用了霍姆斯的说法:“法律,你的‘情人’”,也就是说将法律等同于你的情人。

霍姆斯在作此类比时自然有他的语境,但如果按照于明老师的理解,就是如果要将法律视为毕生追求之物、以法律为业,则了解法律的过去和历史就成为了必要。

除了法律的“情人”比喻,仍然存在对为什么要学习法律史的其他解释。比如,首先从更为一般的意义上可以问:为什么要学习历史和哲学这些看上去没用的学问? 法学可以赚钱,是经世致用的学科,那么为什么要学习历史,为什么要学习哲学?

□ 为什么需要学习历史和哲学

学习历史可以理解人和事物的过去。一个人如要将一件事情做到较高的层次,单单着眼于本身并不够,还要看到其过去。学习数学似乎看教材、做题目即可以完成考试,但做到高水平可能还需要去关注毕达哥拉斯和牛顿研究数学的方法。任何专业和技艺都逃脱不了这一点。

也许历史不能帮人们预见未来,但至少可以帮助避免无谓的失败。历史可以帮助人们看到过去的失败,帮助看到失败的人、民族、时代和社会,促使人们思考何以失败。而过去的很多失败又恰恰因为"后人哀之而不鉴之",后来者已经看到了前人的失败,却仍然不吸取教训。他们表面上尊重历史,但实际上将历史抛到了九霄云外。对于越有眼光的人,历史才越有价值。

哲学亦是如此。罗素曾言,哲学至少可以为我们提供多种可能性。哲学可以帮助我们了解别人如何思考问题,否则我们就只有一种想法,生活也只有一种可能性。

□ 为什么要学习法律史和外国法制史

1. 对作为一个整体之法律的理解要求我们必须学习法律史

世界上的很多事物可能并非人们看到的那样,事实上,人们看到的可能只是很小的一部分,或者只是人们愿意承认的那一部分。比如一个经常举的例子是:对于一个有半瓶水的杯子,人们通常只会说这是半杯水,却忽视了里面其实还有半杯空气。但有时没被看到或提到的东西恰恰非常有意义:如果没有空气,水可能就流不出来。

法律也是一个整体,作为整体的法律相当复杂。现实中很多的法律问题无法通过法律本身得到解释,这是因为法律并不只是同学们在课堂上所学的条文,它还包括更多的其他因素。历史上的法律同样如此。对法律的理解没有最全面,只有更全面。因此,同学们不仅要学习法条、原理,还要接触社会实际,接触司法的各个环节,接触社会舆论对法律事件的不同看法,需要了解社会。仅仅通过法律资格考试远远不够。比如,为什么刑事责任年龄从 14 岁下降至 12 岁?理解这些问题均非依靠书本上的内容就可以实现。

理解法律就需要了解它所处的社会,因为法律是社会的产物。翻译德国和日本的民法典以及它们的民法原理,并不意味着就掌握了民法。为什么人们在学习法条及其原理后仍会在司法实践中碰壁?部分就是因为他们没有将法律作为一个整体加以理解,没有理解中国的社会。

2. 学习外国法制史有助于我们的对外交往

过去从江南进京赶考需要几个月,现在只需要一两个小时即可抵达日本,再过几个小时即可抵达美国,世界已经进入了地球村的时代。今天,国与国之间已不可能老死不相往来。今天的中国不能因为西方的诋毁就对他们置之不理,在交往过程中也不能完全不了解对方。国与国之间也是如此,其相互之间的交往必须建立在了解的基础上,在理解对方如何思考之后,进一步做出自己的行动。如同下棋,如果一个人能“走一步看三步”,他能不主动吗?

现在的国际交往很多都是政治、经济交往,但最终多数会体现为法律交往,最后落实的一定是法律文件。

针对了解别的国家这个话题,我们可以提出很多问题。比如,德国的法律为何是今天这个样子;作为日耳曼人的德国人,其法律为何存在那么多的罗马法因素?法国原先也属于日耳曼人统治之下的王国(查理曼帝国下的西法兰克),为何它生长出了与德国那么不同的法律?比如,法国法中的罗马法因素就比德国法少一些。又如,英国也曾被罗马征服,但为何其受到罗马法的影响如此之小?日本原先受中国文化的影响,但为何其明治维新后的法律如此西方化?英国在“一战”后衰落,但为什么英联邦今天仍有53个成员国?为什么仍会有16个国家将英国女王视为自己的国家元首?为什么今天商业交易绝大部分均适用英国法,而不是国内法学院更为盛行的德国法?虽然我们通常“英美”并联,但好像多数交易还是选择适用英国法而不是“美国法”——如果有“美国法”这个概念的话。这些问题均需要我们在学习法律史的过程中加以体悟。

再如,近代以来,东亚各国都在学习西方,为什么今天却呈现出如此不同的状况?日本在近代被敲开门户后,为何在短短几十年内即可将清朝击败?为何日本近代没有像中国那样遭遇那么多来自外界的战争和不幸?朝鲜半岛在近代也是屡遭不幸,但为何从20世纪50年代至今,韩国却能发展得如此迅速?这些问题都需要从历史的角度加以理解和研究。

当然,学习法律史的必要性还体现在,当碰到某些难题时,我们可能还需要诉诸法律的历史。以英国法为例,我经常听到的一种抱怨是:“为何法条中的英语单词我都认识,却仍然无法理解条文的意思。”比如,我们可以看1925年英国《财产法》第1条的部分内容:

1 Legal estates and equitable interests.

(1) The only estates in land which are capable of subsisting or of being conveyed or created at law are—

(a) An estate in fee simple absolute in possession;

(b) A term of years absolute.

(2) The only interests or charges in or over land which are capable of subsisting or of being conveyed or created at law are—

(a) An easement, right, or privilege in or over land for an interest equivalent to an estate in fee simple absolute in possession or a term of years absolute;

(b) A rentcharge in possession issuing out of or charged on land being either perpetual or for a term of years absolute;

(c) A charge by way of legal mortgage;

(d) and any other similar charge on land which is not created by an instrument;

(e) Rights of entry exercisable over or in respect of a legal term of years absolute, or annexed, for any purpose, to a legal rentcharge.

(3) All other estates, interests, and charges in or over land take effect as equitable interests.

(4) The estates, interests, and charges which under this section are authorised to subsist or to be conveyed or created at law are (when subsisting or conveyed or created at law) in this Act referred to as "legal estates", and have the same incidents as legal estates subsisting at the commencement of this Act; and the owner of a legal estate is referred to as "an estate owner" and his legal estate is referred to as his estate.

……

相信在座诸位都认识上述英语单词;即使不认识,查词典也可以知道。但各位同学理解这几个条款的意思吗?估计可能很少有人能够真正理解。"The only estates in land which are capable of subsisting or of being conveyed or created at law",是指"唯一能够在法律上存在或被创制、转让的地权"。第一项"an estate in fee simple absolute in possession",即指"绝对占有的非限嗣地权",虽然每个词都认识,但很难理解其含义。它大致相当于我们的所有权,但又不能够完全对应。第二项"a term of years absolute",系指"绝对定期地权",大致相当于我们所说的租赁权。该条中"at law",实际指"在普通法上",而其他能够创设的权利、权益、负担都只能算作衡平性的。普通法与衡平法的分类和区别以及上述术语的含义,很大程度上都只能通过了解英国法的历史来把握。

但这只是最基本的法律条文,合同则有过之而无不及。将来同学们在国际贸易、国际交往实务中会遇到很多复杂的合同,有的合同条款就由一句话构成,中间甚至没有句号。不理解法律或合同的条文往往是因为不理解其中的术语,而这些术语并非学习我们的法律或英语学得好就能理解。理解这些条文的前提是了解英国法的原理以及英国法上解释它们的方式,而这些都是历史的产物,不了解法律史往往难以掌握。

3. 学习法律史有助于理解我国的法律和社会

学习法律史第三个层面的理由在于理解我国的法律和社会。比如,从宏观上来看,传统中国的法律肯定不是今天所看到的民法和刑法,但为何今日之法与过去如此不同?实际上,我们今天的法律条文更加类似于德国和日本,而非传统中国的法条。为什么?这就要求同学们了解历史中的法学史,了解德国和日本的法学如何引入中国、为何引入中国。

具体到微观层面,经常听到同学有这样的抱怨:为什么我学习法律后仍然无法回答亲戚朋友的法律问题?或者在如货拉拉案、彭宇案、许霆案等热点社会案件中,同学们所看到的法律实际运行情况为何与所学到的知识并不完全一致?这是因为大家学到的只是条文,而并不了解这个社会和社会中的人,不了解法律条文产生作用的机制和过程。要了解这些问题,就必须理解这个社会;而要了解这个社会,历史无疑是一个很好且必不可少的维度。

■ 如何学习法律史

学习法律史的前提是了解各国的基本历史。外国法制史课程以欧洲为主,因此同学必须了解欧洲的历史(包括古希腊、古罗马以及英国、法国、德国等的历史),这包括了解历史的不同阶段、不同民族的特性以及不同时期的主要社会矛盾和问题。

学习法律史还需要理解不同时期、不同国家法律发展的基本线索。尤其对于思想史学习而言,线索的掌握至关重要。比如,就古希腊而言,为何自然哲学后出现了智者学派,之后又是苏格拉底、柏拉图和亚里士多德?中世纪为何先出现教父哲学,然后才是经验哲学?理解历史法学需要理解之前的自然法学,理解自然法学需要理解中世纪教会的作用,而要理解教会,则肯定需要理解古罗马……这些过程均有前因后果，可谓“一浪接着一浪”。制度史亦如是。罗马法为何没有在罗马灭亡后消失？为何进入中世纪后，其前、中、后三个阶段的法律不一样？这就需要大家理清脉络和线索，把握重大历史、法律事件以及法律文献——如《大宪章》《国法大全》等。这也需要同学善于比较和联想，大胆提问。

▣ 阅读指引

□ 权威教材

1. 高鸿钧、李红海主编：《新编外国法制史》，清华大学出版社2015年版。

上下五千年、纵横几万里，这是外国法制史这门课的特点，但没有人能对每个主题都有深入研究。鉴于此，本教材邀请了当今国内学界30位学者，就其所专长的领域进行写作，这在教材编写中是很少见的，但也体现了其专业性和权威性。其特点是，以百科全书式体系来编制教材，每个国家、时间段都不面面俱到，而是提炼其最核心的问题集中论述，内容全面、深入，较之于先前的教材在深度上有很大提高。本书适合于对本课程有进阶拓展需求的学生。

2. 由嵘主编：《外国法制史》(第3版)，北京大学出版社2007年版。

由嵘教授是全国外国法制史学界的前辈，在外国法制史学界享有盛誉。20世纪90年代，他邀请了几位学者一起撰写了本教材，后又几经修订，直到今天仍是国内众多法学院外国法制史课程使用的教材。其特点是前面以时间为线索，介绍古代和中世纪世界各地的法律体系；近代以后以两大法系为线索，介绍两大法系主要国家的法律制度。本书体系架构合理，线索清晰，内容丰富，简约明快，适合于希望对外国法律制度之发展历史有一般了解的读者使用。

□ 法律文献参考资料

1. 由嵘、张雅利、毛国权、李红海编：《外国法制史参考资料汇编》，北京大学出版社2004年版。

外国法制史这门课程涵盖世界上多个国家和地区法律发展的历史，其间涉及很多法律文献，读者需要对其有所涉猎，方能更好地理解相关法律制度发展的具体情况。本书汇集了外国法制史中最常见也是最重要的法律文献，希望能够帮助读者更好地理解教材和授课内容。

□ 进阶阅读

此处所谓的“进阶阅读”，意指在对外国法制史有一般了解之后还希望对某些国家、时间段、专题有进一步深入了解而进行的阅读。对此，前述《新编外国法制史》在每章结尾处就相关书目都有更为精细的推荐，请大家前往参考。我在此仅就相关主题列举一二：

1. 古代法

[英]梅因：《古代法》，沈景一译，商务印书馆2005年版。

2. 罗马法

[意]格罗索：《罗马法史》，黄风译，中国政法大学出版社2018年版。

[意]彭梵德：《罗马法教科书》，黄风译，中国政法大学出版社2018年版。

[意]弗朗切斯科·德·马尔蒂诺：《罗马政制史》，薛军译，北京大学出版社2009年版。

3. 中世纪

[美]伯尔曼：《法律与革命》，高鸿钧等译，法律出版社2018年版。

戴东雄：《中世纪意大利法学与德国继受罗马法》，中国政法大学出版社2003年版。

Peter Stein, *Roman Law in European History*, Cambridge University Press, 1999.

4. 教会法

彭小瑜：《教会法研究》，商务印书馆2011年版。

5. 日耳曼法

李秀清：《日耳曼法研究》，社会科学文献出版社2018年版。

6. 法国、德国和大陆法系

[德]茨威格特、克茨：《比较法总论》，潘汉典等译，中国法制出版社2017年版。

[德]弗朗茨·维亚克尔：《近代私法史——以德意志的发展为观察重点》，陈爱娥、黄建辉译，上海三联书店2006年版。

[美]孟罗·斯密：《欧陆法律发达史》，姚梅镇译，中国政法大学出版社1999年版。

7. 英国法

Sir F. Pollock & F. W. Maitland, *The History of English Law before the Time of Edward I.* 2nd ed, Cambridge University Press, 1968.

Sir J. H. Baker, *An Introduction to English Legal History*, Oxford University Press, 2019.

李红海：《英国普通法导论》，北京大学出版社2018年版。

8. 美国法

[美]劳伦斯·弗里德曼：《美国法律史》，周大伟译，北京大学出版社2021年版。

9. 日本法

[日]牧英正、藤原明久：《日本法制史》，东京，青林书院2007年版。

10. 伊斯兰法

Wael B. Hallaq, *An Introduction to Islamic Law*, Cambridge University Press, 2009.

11. 印度法

D. R. Davis, Jr., *The Spirit of Hindu Law*, Cambridge University Press, 2010.

北大法学初阶

全球史视野与中国问题意识

章永乐

关于作者

章永乐

北京大学法学院长聘副教授，博士生导师。北京大学法学学士（2002年）、美国加州大学洛杉矶分校（UCLA）政治学博士。曾任德国柏林高等研究院客座研究员（2014～2015年）、法国南特高等研究院客座研究员及南特大学客座教授（2020年）。主要研究领域为西方法律史、比较宪法、西方政治思想史、中国近代宪法史/思想史、国际法史、古希腊罗马历史编纂学等，重点关注民族/国家建构（nation/state building）与宪法变迁、帝国与国际法、政党与代表制、政治伦理与法律伦理等研究议题。著有《旧邦新造：1911—1917》（北京大学出版社2011年初版，2016年增订版）、《万国竞争：康有为与维也纳体系的衰变》（商务印书馆2017年版）、《此疆尔界："门罗主义"与近代空间政治》（三联书店2021年版），编有*The Constitution of Ancient China*(美国普林斯顿大学2018年版)、《大国协调及其反抗者》（北京大学出版社2018年版）等，在中外学术刊物上发表论文60多篇。

2008年入职北京大学法学院，目前主持本科生课程“西方法律思想史”以及全校本科通识教育核心课程“公法与思想史”；教学重视对原著的精读、对解释传统的梳理以及学生论文写作训练，并在对西方思想的阅读和思考中贯穿中国问题意识。曾获得北京大学教学优秀奖、北京大学优秀德育奖等教学奖项。

西方法律思想史课程有许多不同的讲法。一种常见的讲法，就是以法院为中心，探讨西方司法理念的历史变迁。这种讲述方式已经将“法律”收缩到一种比较狭窄的含义，而且通常会以 19 世纪以来的法律思想史为重点。这种讲法对于大家熟悉司法体系和法律职业而言，可能具有立竿见影的效果。然而我们这门课选择的是更倾向于“通识”而非“职业主义”的讲法，试图从前苏格拉底时代开始讲起，直面“法律”含义的历史性和多样性，探讨不同的生产—生活方式以及政治共同体形态如何产生不同的“法律”观念，思考“法律”在不同人群的身份认同(identity)中所起的作用，尝试勾勒出一张更为宏观的理论地图。

我们将尝试运用一种跨国乃至跨文明的视角，在历史语境中来理解一系列法政理论的起源，探讨其力量和限度。比较熟悉的一种讲法是，有一个现成的主体叫作“西方”，从古希腊、古罗马经历中世纪抵达 21 世纪，始终保持着自己的某种规定性。但这往往是通过“倒叙”来“重修家谱”所产生的论述，它对于维护叙述者自身的集体认同是有实践意义的，但“重修家谱”也意味着对历史记忆的重新过滤和修饰。作为中国的研究者，我们要借鉴西方，究竟是看一部经过过滤和修饰的“家谱”呢，还是要穿透“家谱”，看到那些纷繁复杂的力量的互动乃至冲突呢？本课程选择的是后一种立场，我们强调，“西方”作为一个文明概念，一种身份认同，并不是自然而然、现成给定的，而是在诸多异质性力量的历史性互动和错综复杂的权力关系下形成的，而许多流行的话语，未必是对西方崛起的恰当解释，而只是崛起之后的权力关系塑造话语所带来的结果。了解西方的思想家们说了什么，仅仅是学习的第一步，本课程更关心的问题是：他们为什么这么说？是否还可以有别的说法？

■ 何谓“法”

□ 解读《法律像爱情》

《法律像爱情》(*Law, Like Love*)是美国诗人奥登(W. H. Auden)的诗作，该诗触及了西方思想传统中多种不同的法律观，比如将“法”理解为自然法则、神启示的真理、世俗主权者的命令、法官的解释、日常生活的秩序、集体之中潜藏的缔造秩序的力量等,诗中也出现了相对主义、虚无主义的法律观的表达。在全诗最后,奥登将法律比作爱情,人们既难以离开它,但又无法看清它的真实面目(该译本出自诗人穆旦,本人进行了重新校对):

就像爱情,我们不知地点不知缘由
就像爱情,我们不能强迫,抑或逃离
就像爱情,让我们常常为了它哭泣
就像爱情,我们难以守得天长地久的结局

为什么会有这么多"法"和"法律"的观念呢?我们能否通过比较和探讨所有这些观念,形成一个"标准"的"法"和"法律"的定义呢?这种努力恐怕是徒劳的。从语言学角度来说,"法"和"法律"都只是"能指"(signifier),它指向的具体含义,是在众多行动者反复互动的社会语境中所获得的。因此,关键就在于理解这些反复互动的具体语境是什么,行动者具有什么样的客观需要、主观意图和行动策略等。等到我们学完本课程,再回到奥登的诗,就会对此获得更为深刻的理解。

□ "法"的概念及其传统

历史上各大文明产生了形形色色的"法"的概念。比如说,中国的法律史学家会争论"灋"这一古字的含义究竟是什么;中国人对于"法"的理解,还受到了从古印度传来的佛教的影响。梵语中的"Dharma",指称一切能够保持自性的事物,在中国被翻译为"法"。而根据这个界定,世界万物凡能保持自性者,无不可以称为"法",这甚至比孟德斯鸠(Montesquieu)在《论法的精神》中将"法"解释为"事物之间的必然关系"这一宽泛理解更为广泛。汉语中的许多表述,如"法相""法身""法宝""法器""法眼""法袍",都与这一西来的"法"的概念密切相关。

在西语之中,表述"法"和"法律"的概念更为丰富,比如希腊语中的"Nόμο ς""Θ έ μι ς""θεσμό ς""ψ ή φισμα"这几个概念,可以让我们看到古希腊社会语境的复杂性。"Nόμο ς"有法、习俗乃至"歌"的意思,它甚至指向对空间的划分所形成的秩序;"Θ έ μι ς"指向神自上而下向人授予的法;"θεσμό ς"是那些具有很高权威的立法者(lawgiver)自上而下授予共同体的法,如古代斯巴达的伟大立法者莱库古(Λυκο ῦ ργο ς)为斯巴达所立的大法;"ψ ή φισμα"是民主雅典的五百人议事会所制定的法令,在雅典民主制的语境中,它与"Nóμo ς"相对,后者指的是城邦从公民审判官中抽签产生的立法者委员会用类似司法审判的程序制定的正式法律,其效力高于法令。拉丁语以"*ius*"与"*lex*"来表达"法律"的意思。在罗马法学家的传统中,一般是以"*ius*"来表述一般意义上的法,或法律体系,如"自然法"(*ius naturale*)、"万民法"(*ius gentium*)、"市民法"(*ius civile*),用的就是"*ius*","*ius*"既有"法律"的意思,更有"正当"的意思,后来进一步产生了"权利"的意涵;"*lex*"一般用来表述一项具体的法律或法令,如《霍尔滕西法》(*Lex Hortensia*)。但是,西塞罗(Cicero)在《法律篇》里提供了"*lex*"的一个独特的用法,将"*lex*"视为内在于自然的最高理性,这就将"*lex*"概念嵌入了自然法的传统。英语中的"law", 法语中的"droit",德语中的"recht"等,也都有着非常复杂的故事,深深镶嵌在相关政治共同体的政治与社会实践之中。

中世纪天主教神学家托马斯·阿奎那(Thomas Aquinas)试图用"法律"的概念来把握人与其所镶嵌的宇宙以及人类社会的种种关系。托马斯设想,上帝作为宇宙的"总设计师",心中有一张设计图,这张设计图包罗万法,被称为"永恒法"(*lex aeterna*)。而理性动物通过自己的理性分参了"永恒法",由此产生的是"自然法"(*lex naturalis*),它是上帝所创造的自然本身所遵循的法则,无论是基督徒还是异教徒,都能够尝试通过自己的理性来把握这些法则;而人们从自然法的一般法则推断出的特殊安排,则是"人法"(*lex humana*),"人法"又包含了调整政治共同体内部关系的"市民法",以及调整共同体之间关系的"万民法"。但作为神学家,托马斯认为要获得灵魂的得救,还需要遵循"神法",而这首先依赖于启示而非理性,记载上帝启示的"神法"的首要文献是《圣经》。如此,人不仅在生前,甚至在死后,方方面面都受到某种"法"的管辖。通过这样一个法律概念的体系,托马斯将古代希腊与罗马基于理性的哲学传统,综合到基于启示的基督教教义体系中来。

天主教神学家为何会形成这样一种法律观念呢?为何古希腊与罗马的异教思想家以及近代世俗国家的法学家,只会去论述这个大全结构中的部分内容,而不接受其余的部分呢?两千多年来,西方到底发生了什么?那些思想的断裂,又是如何被抹平或掩饰,从而用来建构和维护某种集体身份认同的呢?由此,进入第二部分,重点探讨"何谓历史""何谓西方"。

■ 何谓历史？何谓西方？

□ 何谓历史？

“历史”一词既指向过去发生的事情，也指向我们对这些事情的记忆与书写。德国哲学家尼采(Nietzsche)在其《历史的用途与滥用》(Vom Nutzen und Nachteil der Historie für das Leben，更早时期的中文译本译为“历史对于人生的利与弊”，更接近德语标题字面含义)一文中指出，遗忘和记忆并不必然是对立关系，在很多时候，遗忘反而是记忆的前提条件。由于人的记忆力和意义结构的有限性，往往只有通过遗忘许多东西，才能形成有意义明确的记忆。

我们的时代拥有一个比人的头脑更可怕的记忆工具，那就是互联网。一个人过去有一点丑闻，就被互联网牢牢记住，即便他想告别过去，社会对他的刻板印象，仍会使其不堪回首。欧洲法院2014年曾审判一个案子，当事人要求国际网络搜索引擎巨头谷歌按照其要求删除涉及个人隐私的数据，这可以说是公权力保护的“积极的遗忘”。在历史的写作中，记忆和遗忘的辩证法也在发生作用。书写历史不仅仅是备忘，更是要使过去的事情获得意义，而事无巨细、流水账式的记录并不能够产生清晰的意义结构，写作总是要有取舍，以抓住中心线索，凸显重点议题。

尼采指出，从人生的需要出发，可以有三种历史——实为三种记忆的方式：纪念碑式(monumentalistische)的历史、好古的(antiquarische)历史与批判(kritische)的历史。一个在行动与战斗之中的人在过去寻找他的行动的榜样，以纪念碑式的历史为自己提供激励和行动的借鉴；一个热爱传统与可敬的事物的人需要好古的历史，通过对过去事物以及历史连续性的玩味，获得某种恒久的感觉；一个处于过去的重压之下，寻求自我解救的人需要批判的历史，他无情地审问过去，“并最终给它定罪”，以便激发朝向未来的行动力。每种记忆的方式都服务于一种人生的需要。但如果人生的需要与记忆的方式之间发生了错误的配置，那么就会出现“历史的滥用”，其结果是让记忆者变得更衰弱而非强大——对于个人来说如此，对于共同体而言也是如此。

“纪念碑式的历史”的典范，就是人民英雄纪念碑上的碑文和浮雕画。我国1982年《宪法》序言中的历史叙事，与人民英雄纪念碑承载的历史叙事相互呼应，共同记载了一种起源性的力量。这样，人们可以经常通过“回到开端”，召唤这种力量,激励自己当下的行动,制约现实世界中出现的败坏。相比之下,“好古的历史”并非为了朝向未来的积极行动,而是为了满足主体的保守与虔敬心理。可以说,各国的国家博物馆都发挥着这种“好古的历史”的功能,通过对历史连续性的建构和呈现,服务于集体政治认同的建构与维持。“批判的历史”也是为了朝向未来的行动,但与“纪念碑式的历史”不同,它服务于那些在历史记忆的压迫下感到痛苦的人,通过对过去的批判,帮助他们卸掉历史的包袱,获得解放。因此,“纪念碑式的历史”与“批判的历史”之间经常存在某种对立的关系,也会在历史之中交替出现。

举例而言,在欧洲18世纪启蒙时代,宗教战争的阴影犹存,许多思想家批判欧洲的宗教传统,批判封建特权,同时将羡慕的眼光投向中国,将中国视为富饶和理性统治的理想国度。魁奈(Quesnay)、伏尔泰(Voltaire)、狄德罗(Diderot)、沃尔夫(Wolff),这些启蒙运动时代响亮的名字,都或多或少与对中国的推崇关联在一起。在他们的笔下,我们可以看到欧洲思想家们的“批判的历史”。但是,当欧洲列强的对外殖民不断取得进展,对所有非西方文明建立起心理优势,欧洲思想家“重修家谱”的工作也就不断展开。充满断裂的欧洲历史,可以被整理为“从一个胜利走向另一个伟大胜利”的连续性叙事,而原先被启蒙哲人们猛烈攻击过的那些“黑暗”传统,也被论证为新文明的“温床”。

与之相应的是,中国在欧洲的形象逐渐褪色,从一个理性和富饶国度的形象,逐渐变成一个贫穷、野蛮、停滞的老大帝国形象。这并不是因为中国自身发生了多大的变化,而是欧洲自己发生了剧烈的变化,它在新道路的探索中,建立起了新的主体性,重塑了自己的历史观和世界观。而欧洲新修的种种“纪念碑式的历史”在非西方国家产生影响,引发后者的知识分子纷纷转向对本国的文明传统实施“批判的历史”,弱化自豪感,增强焦虑感,推动道路和制度的变革。

□ 何谓西方?

从词源上说,欧洲语言中的东西方划分,可以被追溯到亚洲古民族的语言:古阿卡德语中的“aṣû”(指向太阳的升起)和“erēbu”(指向太阳的降落),或古亚述语中的“asu”和“ereb”。由此,在一系列欧洲语言中发展出东方/亚洲—西方/欧洲的对立。

“西方”认同的建构,是一个被冲突与对抗推动的“认异”的过程。希波战争促成了泛希腊认同的成熟,以及希腊人对于自己的城邦生活方式与东方帝国之间巨大差异的论述。而从阿拉伯帝国的崛起到奥斯曼帝国衰退,欧洲基督教世界曾经有一千多年生活在对穆斯林与东方游牧民族入侵的恐惧之中。哪怕存在阿拉伯文明对于欧洲的种种精神反哺,与外界的冲突与对抗,还是在欧洲催生和加固了一个所谓"专制主义的东方"的形象,东方君主与臣民的关系被视为形同主奴关系,君主不按照法律统治,臣民充满奴性,缺乏自主的能力。从亚里士多德(Aristotle)对东方蛮族的描述,到孟德斯鸠《论法的精神》,都体现出这种话语建构。通过一个被建构起来的"东方"镜像,"西方"获得了它的自我意识。

随着自身力量的上升,尤其是经过工业革命的洗礼,欧洲获得了更大的自信,一种"纪念碑式的历史"主导了19世纪的西方历史论述,这种论述将欧洲文明视为人类文明的顶峰。"文明等级论"深深地影响了近代欧洲国际法的实践,列强认为只有同处于第一等级的文明国家之间有资格签订平等条约,而中国则被视为"半文明国家",在国际法上不配享有完整的主权;中国的国内法律被视为文明程度低下的法律,列强认为其公民在中国不应该接受中国法律的管辖,领事裁判权由此得到确立。如何才能废除这种对中国而言是相当屈辱的列强特权呢?从奥斯曼帝国到波斯、日本、中国,列强都推动这些国家的内部法律改革,要求它们向列强的法律看齐——只有在达到与列强同等的"文明程度"之后,才配享有与列强平等的国际法律地位。这种外力推动,是近代中国"法律移植"运动极其重要的动力。与此同时,中国内部也逐渐兴起"批判的历史" ——以西方的"纪念碑式的历史"为工具,将自身的诸多文明成果视为重负,呼吁放下祖先的荣光,摒除虚文,轻装前行;但各种"文化自卑"也不可避免地发生,甚至连汉字都一度被视为阻碍中国进步的"拦路虎"。

19世纪以来中国"批判的历史"之传统影响至今,它让我们在许多方面保持谦虚谨慎,但它所借助的西方自身的"纪念碑式的历史",却经常具有过多的神话的因素,在中国积极参与国际规则制定的年代,有可能阻碍当代人首创精神的发挥。我们有必要以反思性的眼光去审视,并追问:各种"纪念碑式的历史"究竟在什么样的权力关系之下,为了什么样的实践需要而被建构出来的,从而掌握其力量和限度所在。

■ 课程设置及学习路径

□ 课程设置

本课程的探讨,具体分为以下十五讲:第一讲为概述。第二讲从希罗多德《历史》、索福克勒斯(Sophocles)《安提戈涅》与亚里士多德《政治学》切入,重点探讨“城邦”(πόλις,polis)的基本特征,以及古希腊人的城邦观、法律观与伦理学上的德性、幸福观念的关系等。第三讲从修昔底德《伯罗奔尼撒战争史》与柏拉图《政制篇》(《理想国》)切入,探讨古希腊的政制/宪制思想。修昔底德通过描绘伯罗奔尼撒战争展现出了贵族/寡头制城邦与民主制城邦之间的深刻对立,揭示了雅典民主城邦在战争状态下的巨大危机。经历过伯罗奔尼撒战争与苏格拉底之死的柏拉图则从哲学上对雅典民主制进行了系统回应。第四讲进一步聚焦于柏拉图《政制篇》,探讨正义观念与城邦的限度。《政制篇》是一个具有戏剧性的对话录,柏拉图的教诲不仅是通过苏格拉底的话,更是通过人物之间的互动来得到表达的。在这一对话中,柏拉图不仅通过灵魂结构与城邦之间的对比,探讨了“正义”的概念,更阐明了城邦政治生活相对于哲学生活的限度。第五讲从西塞罗《国家篇》《法律篇》的论述切入,理解作为“混合宪法”的罗马共和国宪制,以及罗马帝国的扩张所催生的多种多样的法律渊源和法律观念。西塞罗的写作在许多方面模仿了柏拉图的写作,然而在最为重要的内容上,西塞罗仍然体现了他作为罗马人的底色,表达了罗马的文明自信。第六讲以天主教会与世俗政权之间的关系为主要线索,通过奥古斯丁(Augustine)《上帝之城》、阿奎那《神学大全》、但丁(Dante)《论世界帝国》等文本,探讨中世纪法律思想的变迁。需要说明的是,奥古斯丁生活的时代,西罗马帝国还没有灭亡,但考虑到其思想涉及的主题,我们将他和中世纪的思想家们放在一起讲。天主教和世俗之间的斗争,使欧洲很难实现“大一统”,而是长期保持着一种碎片化的权力形态,这对于近代欧洲文明的性格有着深刻的影响。第七讲至第八讲从马基雅维利(Machiavelli)《君主论》《李维史论》等著作切入探讨文艺复兴法律思想,将马基雅维利置于意大利城市共和国(如佛罗伦萨和威尼斯)的共和实践和帝国扩张实践的语境之中,探讨其对古典和中世纪资源的创造性阐释。第九讲聚焦于格劳秀斯(Grotius)的《海洋自由论》及《战争与和平法》,探讨欧洲近代国际法的历史基础。近代国际法的发展与欧洲列强的对外殖民以及殖民帝国之间的争霸,有着分不开的关系。第十讲至第十一讲以英国内战为背景,探讨霍布斯《利维坦》如何在其《法律要义》《论公民》基础之上,阐明一种以维持和平为基本目的的国家观与法律观,并通过与古代思想的比较,阐明霍布斯方案的现代性格。第十二讲从洛克(Locke)《政府论》下篇切入,通过与霍布斯的对比,探讨其自然状态、战争状态、财产权以及有限政府理论,尤其强调其财产权理论与英国革命以及殖民实践之间的关系。第十三讲探讨英国普通法的演变以及思维方式。第十四讲至第十五讲,以霍布斯与洛克的社会契约论为参照,探讨卢梭如何基于一种新的时间观与自然观,创新社会契约论、主权与政府理论,进而对历史进程产生巨大影响。

这是一个全球秩序正在发生重大转变的时代。本课程希望为同学们思考当代问题提供一个历史和比较的视角。近代以来,中国一度面临深重的内外秩序危机,许多仁人志士向西方寻求中国问题的答案,由于心态的焦虑和时间的紧迫,在引入西方制度和理论的同时,往往无法深入探讨这些制度和理论究竟是在一个什么样的语境中起源的,试图解决什么问题,其长处和限度在什么地方。然而,经历 20 世纪的"旧邦新造",中国已经走出了自己的道路,并开始在多方面深入参与国际规则的制定,中国实践不仅对于很多旧的问题给出了新的答案,而且正在提出新的、其他国家还没有提出的问题。

在新的历史条件下,对西方法律思想的研究,不应当是急功近利地对"解药"的探寻。比掌握具体的观点更重要的是理解思想家们面对具体历史经验进行"理论化"(theorize)的过程和方式——研究他们在什么样的历史条件下,针对什么样的实践压力和理论对话者,研究他们何以在众多提问的路径中选择一种提问方式,在众多可能的答案中选择一种特定的答案。这有助于我们形成更具反思性和批判性的思维方式,从而直面自己的历史处境,塑造新的历史叙事和法律理论。就此而言,西方法律思想仅仅是我们切入的范例和运思的起点,但绝非探讨的终点。

□ 学习重点

在学习的过程中应当把握以下基本点:

1. 尽可能地进入古人自身的话语和价值体系,从他们的话语和价值系统来理解他们自己的生活,而不是热衷于用我们今天的话语和价值去描绘和评判他们的生活。比如说,城邦(πόλιϛ,polis)的观念,就不能轻率地用今天的

“国家”观念去对应,将其翻译成“城市国家”。比如说,亚里士多德讲的“法治”概念,看起来和我们今天最为流行的“法治”观念用语相似,但实际上内涵差异极大,亚里士多德主张法治不仅意味着制定的法律获得普遍的遵从,而且这些法是“好”的法律,前者可以说与今天的法治标准相似,但后者跟今天就会有巨大的距离,因为亚里士多德对于什么是“好”,有一整套伦理学上的论证,在亚里士多德看来,当代欧美法治国家的立法精神在许多方面很可能恰恰和他的“好”的观念是背道而驰的。再比如说,卢梭讲的“法治”,其关键就在于人民主权“公意”的统治,也与我们今天最为主流的“法治”理解有差异。

2. 重视把握不同时代乃至同一个时代秩序构成要素之间的差异与断裂,进而更清晰地看到理论家如何在话语建构时抹平这些差异与断裂,建构起连续性和同一性。比如,在对真理的认识上,理性和启示之间存在极大的紧张关系,在一些根本问题上很难调和。基督教镇压过哲学家,启蒙哲人们也攻击过教会,但在近代欧洲形成比较稳定的秩序模式之后,向前倒叙历史,却可以将二者同时叙述为欧洲文明必不可少的秩序要素。还比如说,在文艺复兴和近代早期的意大利城市共和国中,往往同时存在相互之间存在张力的秩序模式,如古典的共和国公民—武士秩序、天主教的救赎秩序、中世纪公社—行会的兄弟友爱秩序以及商人追求利润最大化的贸易秩序,这些秩序模式具有不同的价值导向和实现工具,却可以在同一个秩序的屋檐底下,获得各自的位置,并在持续的斗争之中,变换自身的位置。在对差异与断裂有充分认识之后,对于“同一性”(identity)的建构,就会有更加强的反思意识。

3. 重视跨境乃至全球的关联与互动。并不存在一个孤立于外界而自行独立发展的“西方”:古希腊是在环地中海—黑海各族群的互动之中形成自身的文明的,古罗马更是建立在环地中海的三大洲族群的互动之上,中世纪欧洲在阿拉伯文明的冲击之下,阿拉伯人还保存了古希腊罗马的诸多文明成果并传回给西欧,近代欧洲的一系列文明成果,更是与殖民帝国的扩张有着分不开的关系;通往中国的“丝绸之路”,长期以来是欧洲的上流社会获得奢侈品的重要通道,商人和传教士们从中国带回的信息,也不时对欧洲产生影响。18 世纪许多欧洲启蒙思想家推崇中国;而另一个有意思的例子是,中国的《大清律例》一度对欧洲的法典化运动产生过影响,尽管 19 世纪文明自信上升的欧洲作者们刻意淡化这一影响。

此外,以北美独立革命为例,其不仅涉及北美殖民者与其伦敦统治者之间的关系，我们还有必要考察北美殖民者在大英帝国与法兰西帝国、西班牙帝国在美洲霸权争夺之中的位置，考察他们和印第安人之间的关系。还有一个插曲值得一提：1773 年年底波士顿爆发“倾茶”事件，被倒掉的茶叶大部分是中国的武夷茶，是英国东印度公司从广州“十三行”运来的。于是，清代中国与大英帝国的贸易，也成为北美革命中的一个因素。

□ 学习路径

本课程的学习将是原著阅读。阅读历史上的思想文本，不仅要能够掌握其文本内部的论证逻辑，更要把握其历史情境（context）。要知道作者如何提出问题并进行回答，但更需要知道他为何提出那样的问题，给出那样的回答。比了解一种理论的具体答案更重要的是理解一种理论是如何被建构出来的，而这就需要知道，一个作者如何提问和如何作答，受制于他所处的社会经济条件，受制于他继承的理论语言，受制于他所参与的辩论情境，受制于他所处的种种权力关系。伟大的思想具有跨越时代的魅力，但也必然具有自身的时代性。法律思想史不同于法哲学的一点在于，它更关注时间性，更关注一个时代和另一个时代之间的差异。

本课程对历史情境的处理，尤其重视“政治单位的基本形态”和“政治单位的内部权力结构”这两个基本维度。

1. 就“政治单位的基本形态”而言，欧洲历史上存在一系列不同的政治单位形态：古希腊有紧凑内聚的城邦（πόλι ς, polis）与松散的部族（ἔ θνο ς, ethnos）两种政治单位，后者在亚里士多德看来并没有达到城邦阶段，人群发展到“村坊”阶段，就在横向上联合扩展。但只有在城邦中，才存在一种充满活力的公民身份，存在“轮番为治”的可能性。但部族这种组织方式，也隐含了联邦制或邦联制的雏形。

古罗马则从紧凑内聚的城邦发展为广土众民、以不同的法治理不同的人的帝国（empire）。一个不断扩大的帝国，如果实行城邦的民主制乃至贵族制，治理难度只会与日俱增。帝国规模是导致罗马从一种倾向于寡头制的混合政体走向君主制的关键因素之一。西罗马帝国灭亡之后，从法兰克王国的查理曼大帝到神圣罗马帝国，都宣传自身继承了罗马帝国的法统，然而“帝国”的形式之下，存在的是千差万别的地方单位、极为碎片化的权威结构以及交叉重叠的管辖权。天主教廷与帝国之间围绕管辖权的斗争时时爆发。

随着神圣罗马帝国与天主教廷的削弱，一系列王国崛起为领土型国家(territorial state)。“主权”(sovereignty)观念伴随着领土型国家的崛起而崛起，君主对外排斥神圣罗马帝国宣称的普世皇权，削弱天主教会的教权，对内限制封建领主权力，努力克服因宗教战争而造成的社会分裂。而像法国这样的领土型国家，日益加强的君主权力和绝对主义国家机器也不断塑造着臣民的同一性，进而形成“民族”(nation)。

在法国大革命之中，“民族”在象征秩序中取代了君主，成为主权的拥有者。在法国大革命的冲击之下，欧洲一系列王朝国家加速演化为民族国家(nation state)。18 世纪，欧洲各国宫廷讲法语，相互通婚，与外国亲戚的关系远比与本国平民的关系更为亲密。但到了 19 世纪，各国王公贵族们纷纷将自己打扮成为“民族”的代表。民族国家强调的是民族的文化边界和政治边界合一，其理想模型是一个民族对应着一个自己的国家。如果说帝国用不同的法律治理不同的人，民族国家推崇的是整齐划一的公民身份模式。但在现实之中，大部分国家一开始都是多族群的。因此，民族国家的生成，总是伴随着对异质性的排斥、消融，伴随着对同质性的不断追求。

从领土型国家到民族国家，帝国(empire)是否在不断消亡？事实并非如此。许多欧洲列强在本土推进国家建设(state building)的同时，又在海外建立了庞大的殖民帝国，从而使其政治共同体形态出现了国家(state)与帝国(empire)的二重性。即便在 20 世纪去殖民化之后，一些列强仍然以非正式帝国(informal empire)的形式，支配着许多前殖民地。

2.“政治共同体的内部权力结构”这一维度对应的是政体的分类。古希腊人的政体(πολιτεία)观念中包含着西方最早的宪法(constitution)观念。这种宪法并不是成文的宪法法典，而是描述型和功能型的：无论是否存在一个法律文本，只要一个政治共同体保持着稳定性，它就有自身的权力结构，而这个结构就可以被称为政体或宪法。这种描述性和功能性的宪法观念如何在近代转向规范性的宪法概念，将是本课程考察的一个方面。

希罗多德(Herodotus)在其所著的《历史》中，对波斯贵族围绕着波斯应当实行何种政体的讨论，是思想史上最早的政体比较讨论。修昔底德(Thucydides)的《伯罗奔尼撒战争史》则描述了两种政体的城邦联盟之间爆发的战争，尤其凸显了民主制和寡头制不同的政制精神和现实表现。亚里士多德在《政治学》中提出了政体的两个分类标准，一是多少人统治，二是为了谁的利益而统治,由此产生了君主制、僭主制、贵族制、寡头制、宪治政体(πολιτεία)、民主制这六种政体的划分,为了全体人利益而统治的政体是正宗政体,为了统治者利益而统治的是变态政体。亚里士多德对于各种政体的精神与制度,都进行了一定描述和分析。希腊史家波利比乌斯(Polybius)则在希腊政体思想的基础之上发展出了成熟的政体循环论以及混合政体的思想,被西塞罗等罗马思想家吸收,用于论证罗马共和政体是最佳的混合政体,是君主制、贵族制和民主制的混合。而古希腊的斯巴达通常也会被纳入混合政体的谱系。

古代哲学家还密切关注能够实现"自然目的"的"最佳政体"。无论是亚里士多德还是柏拉图,都提出了自己的"最佳政体"设想,而这些具体的政体设置要在现实中实行,需要的是极其严苛的条件,以至于被马基雅维利者这样的更具现代品格的思想家讥为"想象"。古代哲学家对于"最佳政体"的探讨,重点并不在于其是否现实,而在于帮助受众理解政治生活的自然(φύσις, natura)尺度,从而使得他们能够从自然的视野来观照现实中的政体与法律,不断改进既有的实践。关于"最佳政体"的探讨,从古希腊罗马经过中世纪,甚至延续到了近代早期。然而文艺复兴和近代早期欧洲经历了一场巨大的秩序危机,加之物理学的发展对于古典的"自然目的"观念的冲击,"最佳政体"的探讨在近代发生了转向,安全与自由,而非德性与幸福,成为政体讨论更为紧迫的核心关注点。

近代政体理论还受到"主权"思想的冲击。古代与中世纪的"混合政体"理论强调的是不同的社会力量在政府中的混合,但近代的"主权"观念削弱了这种"混合"观念,强调必定要有一种力量在政府中掌握最高权力。博丹(Bodin)会仔细鉴别那些通常被认为实现"混合政体"的政治单位究竟是何种主权形式;卢梭(Rousseau)彻底将"主权"和"政府"两个层面分开,前者负责立法和其他事关共同体"公意"形成和表达的事务,后者只负责执行。卢梭认为只有"人民主权"这样一种正当的主权形式,但"人民主权"下的政府却可以采取各种不同的形式,包括混合的政府形式,甚至是君主制。但这种混合的政府形式,因为被局限于执行功能,实际上已经与古典的"混合政体"产生了很大的差异。

在"主权"观念的冲击之下,"混合政体"淡化了"社会力量混合"的意涵,由此发展出的另一个演变方向就是"权力分立和制衡"的理论。英国17世纪的革命和内战展示了这一演变的渐进光谱。而孟德斯鸠在《论法的精神》中则将英国政体概括为三种权力的分立,尽管后世许多英国宪法理论家认为这一概括是对英国宪制的误解，但孟德斯鸠的理论概括产生了巨大的理论与实践影响，影响了美国的建国与立宪。

以上两个维度的探讨，让我们关注法律观念得以发生的政治共同体的历史情境。纵观西方历史，我们可以看到霸权的起起落落，看到新的力量在实践的紧迫压力之下，不断在继承的制度与思想中增添新的内容，并在完成创新之后，对过去的历史和制度进行重述。因而，“传统”并不是一成不变之物，而是在流转之中，不断被重塑。

▣ 阅读指引

□ 推荐教材

1. 高鸿钧、赵晓力主编：《新编西方法律思想史》，清华大学出版社 2015 年版。

   按照时间顺序编排，覆盖主要的西方法学思想人物和学派，不少内容是国内之前的法律思想研究未能深入处理的主题。编者邀请国内数十位对西方法律与政治思想史有深入研究的学者（包括部门法与其他学科的学者）就自己最熟悉的主题撰写相关章节，具有一定的研究深度和前瞻性。

2. [爱尔兰]约翰·莫里斯·凯利：《西方法律思想简史》，王笑红译，法律出版社 2010 年版。

   将自荷马时代至 20 世纪 80 年代的历史切分为十个连续的时期，概括每个时期的一般历史和思想史，进而探讨当时的思想家对法律的思考以及法学理论的演进，重视思想的历史语境，非常有助于读者把握西方法律思想演进的全景以及各个时代的贡献。作者视角中的西方中心主义，可以通过其他强调西方与非西方世界互动的思想史著作加以平衡。

3. [美]列奥·施特劳斯、约瑟夫·克罗波西等主编：《政治哲学史》，李洪润等译，法律出版社 2009 年版。

   施特劳斯学派的学者集体编写的政治哲学史，出于“从字里行间领会作者的原意”的方法论主张，非常强调把握原著文本内部的思想脉络，因而对法律思想史的研究具有很大帮助。施派对西方古典思想的偏爱，为“以今薄古”“以今非古”的常见倾向也提供了一种平衡，而其对于历史语境的淡化处理，则可通过阅读其他学派的思想史著作加以补充。

□ 中文著作

1. 徐爱国：《法学的圣殿：西方法律思想与法学流派》，中国法制出版社 2018 年版。

   凝聚徐爱国教授多年教学与研究经验，以思想流派而非单个作者或文本为叙述线索，从一种比较的视角出发,探讨了主要思想流派的核心命题、论证逻辑、代表人物与代表作品,并展开了比较和评论。

2. 赵晓力:《代表制研究》,当代世界出版社 2019 年版。

聚焦于英美两国法政思想家对"代表"(representation)这一关键法政概念的思考,结合了其对文本的细致分析和对历史语境的呈现。作者将对中国问题的思考,隐含在对西方思想文本的分析之中。

3. 李猛:《自然社会:自然法与现代道德世界的形成》,三联书店 2015 年版。

系统考察现代自然法学派的第一代人物(格劳秀斯、霍布斯、普芬多夫和洛克)的主要著作以及相关的解释传统,以解释这些理论话语背后的西方现代道德世界的形成过程及其内在理路。

微信公众号

1. 法哲学与政治哲学论坛。

华东政法大学政治学与公共管理学院政治系黄涛老师与同济大学法学院吴彦老师主持的微信公众号,关注西方法学与政治哲学经典的汉译、研究。

2. 古典学研究。

中国人民大学古典文明研究中心运营的微信公众号,专注于研究、解读古典文明传世经典,旨在建立汉语学界的古典学学术园地,促进汉语学界对中西方经典和其他传统经典的再认识。

3. 法意读书。

北京大学国家法治战略研究院运营的微信公众号,有相当内容关注西方法律与政治理论的历史与当代演进。

4. 法哲学与普遍法历史。

中国社会科学院法学院黄钰洲老师、暨南大学法学院汤沛丰老师、德国弗莱堡大学法学院博士候选人徐成运营的学术公众号,旨在从法哲学,尤其是从德国古典法哲学的视野出发来探讨法学根本问题。基本内容包括德国古典法哲学、法律思想史、刑法哲学、公法理论。

债权法的内容价值与逻辑体系

刘 凯 湘

关于作者

刘凯湘

北京大学法学院教授，博士生导师。西南政法大学法学学士（1984年），北京大学民商法学专业法学硕士（1987年）、法学博士（2001年）；美国范德堡大学（Vanderbilt University）富布赖特高级访问学者（2005~2006年）。主要研究领域为民商法，包括物权法、合同法、公司法、合伙企业法、信托法等，兼及经济法、国际经济法。

1999年开始在北京大学法学院任教，从事民商法教学30多年，主持民法总论、债权法课程改革方案，讲授民法总论、债权法、物权法、商法总论、合同法、公司法等方面课程，曾获北京市中青年教师教学观摩竞赛一等奖、北京市中青年骨干教师、全国商业系统优秀教师、北京大学教学优秀奖等，被北京大学法学院学生会连续五届评为十佳教师，2014年获“北京市高等学校教学名师”荣誉称号。

（说明：原文著于2019年，《民法典》颁布生效之前。）

我国正在起草《民法典》，总则编《民法总则》已经颁布了，现在正在加紧起草整个分则编，包括物权编、合同编、侵权责任编、婚姻家庭编和继承编。合同编和侵权责任编，都属于债法。按照大陆法系经典的德国民法典体系（或者称为潘德克顿体系），民法典包括总则编、债权编、物权编、婚姻编和继承编，共五编，债法是独立的一编。我们国家的《民法典》，总则编、物权编、婚姻编和继承编都与潘德克顿体系对应，但是没有专门的债权编（或称债权法编、债权编、债法编、债务关系法编），没有以债命名的一编。虽然债权编拆分成了合同编和侵权责任编，但我国《民法典》的体例大致上仍然是潘德克顿体例。

在《民法典》起草过程中，有一个很大的问题和争论。《民法典》没有独立的债权编，也就没有关于债的总则的规定。第一，债有各种类型，除了最为重要的合同之债、侵权行为之债，还有不当得利之债、无因管理之债、缔约过错之债和单方允诺之债，我国《民法典》只有合同编和侵权责任编，其他债就没法涵盖。第二，更为重要的是，不管什么类型的债，都有共性，如债的效力、债的履行、债的担保、债的保全、债的移转、债的消灭。没有债法总则，在《民法典》中，这些内容怎么规定？一个解决思路是希望用合同编的总则章来发挥债法总则的作用。合同法单独成编，用合同编里面的总则代替整个债法总则。

在未来的《民法典》中，合同法的总则大体上要取代债法的总则，但是在教学上，仍然必须讲授债法的基本原理。《民法总则》里使用了债权、债权人这些基本概念，债权被作为最主要的民事权利之一，规定在《民法总则》中。在立法体例上，因为现有安排把合同和侵权行为单独成编，就无法设置一个独立的债编。这只是立法体例问题，并不意味着我国《民法典》不使用债、债权、债权人、债务人和债法等概念。在学理上、法教义学上，债法在民法当中到底具备着什么样的地位？有什么样的功能？解决什么问题？

债法的功能

市民社会的生活，或者说民法所调整的社会关系，可以一分为二，即人身关系和财产关系。这是最基本的分类。人身关系涉及人格权关系和婚姻、继承等身份关系，人格权关系和身份关系统称为人身关系。我们国家目前正在起草的《民法典》中的婚姻编、继承编和独立成编的人格权编（人格权编是一个创新），这三编都是调整人身关系的。《民法典》的其他编调整财产关系，首先是物权编，其次是将传统上的债权编一分为二，即合同编和侵权责任编。

调整市民社会的财产关系的法律规则，要解决什么问题呢？从经济学、政治学来讲，一个国家的经济制度、财产制度，涉及一个国家的所有制。从法律来讲，从民法来讲，这种财产性的民法规则，到底为市民社会解决什么问题呢？

财产性的民法规则主要解决两个问题。第一，物归其主，定分止争。社会上不同的物，大到土地、自然资源，小到生活用品，如一支粉笔、一件衣服，在不同的社会主体、民事主体之间到底归谁？谁有所有权？谁有物权？物归其主才能有名分，才能加以充分地利用。第二，物归其主以后，物归其主最终的目的是发挥物的使用价值、增值价值，能够为民事主体所利用，能够为我们的生产、生活、工作、学习等物质和精神享受带来利益，否则就没有意义。民法的财产性规则是关于物归于谁、物如何利用以及物如何在民事主体之间发生流转、交易和变动的规则。在某一个时点，我们需要确定一个物的归属，即它的物权归属，物权归属的确定不是一成不变的，社会财富总是在社会成员之间不断地进行变动，这样才能更好地满足人们的需求。

开发商盖100套房子，只放在那里，有什么用呢？首先，物归其主，房子肯定是开发商的，基于建筑行为，这100多套房子归该开发商所有。但是开发商开发这100多套房子，不是为了自己用，是为了卖出去。买房人买这套房子，是通过签订房屋买卖合同、交房款，从而使开发商实现了房子的交换价值。开发商也因此获得了利润，同时，它还向国家交了税，养活了它的员工，为社会增加了财富。买房人通过支付价款，获得了这个房屋的所有权，房子的所有权从开发商手里变动到了买房人手里。买房人买房子干什么？为了居住、投资、出租或者为了商业等都是可能的，它们是买房人的动机，但是买房人的目的是取得物权。物权法能解决物的归属问题、定分止争的问题。但是这个物如何进行流通，为什么从开发商又到了买房人的手里？这是通过什么规则？什么路径？答曰：一个买卖合同。这就是债法中的债的一种形式——合同。

张三把李四打伤，李四因此支付医药费、护理费、误工费等共5000元。本来张三和李四，各自过自己的生活，相互没有什么关系。但因张三把李四打伤了，于是李四找张三让他赔钱。这就需要一个规则。张三作为一个侵害行为人，他要从自己的财富当中拿出5000元人民币给李四。这同样是一种社会财富的流转。这5000元原本是张三的，现在到了李四手上，这是基于什么呢？基于侵权行为，而不是合同，这也是一个债。

合同是根据当事人的意思自治形成的意定之债，而因侵权行为发生的财产变动，是法律规定的，是法定之债。不同的社会主体之间、民事主体之间，他们的财产发生变动，从一个主体到另一个主体手里，基于什么原因、怎么变动、变动多少等，需要规则。这种规则非常重要，因为它能够使社会财富按照法律的规定或者当事人的约定，基于自愿、公平、安全、有效率等原则在不同的民事主体之间发生变动，这样财富才能发挥它的价值，才能鼓励人们去不断地创造新的社会财富，然后满足人们的各种需求。

■ "债"的含义

□ 日常用语中的"债"

"债"，对应的英文是"obligation"，指义务，也翻译成"债务"。从汉字"债"来说，凡是有"贝"的汉字都和财产有关，因为贝壳曾经被作为实物货币使用。"债"字里有一个"亻"，表明"债"和人有关，是人欠的钱。但是"债"这个字，在日常生活中被过于宽泛地使用了。

日常生活中，人们很多时候都用"债"这个字，如情债。情债和法律有关吗？情债基本和法律没有关系，是一个社会学问题。当然，有的所谓情债会和法律发生某种关联。比如，男女分手了，双方写一个协议，男方赔女方青春损失费100万元。双方在一起5年，女方的青春给了男方，这是男方欠下的情债。男方愿意赔100万元，写了协议，签了字，盖了章。后来男方反悔了，不给这笔钱，于是女方依据该协议到法院起诉。这个协议是合同，签订它的原因是什么呢？是补偿青春损失。通过这个合同，情债就和法律有关系了。这个合同会不会得到法律的保护？这就属于债法问题。

国债，也和法律有关。国债是国家欠的债，是民法意义上的债，财产意义上的债。为了公共利益及经济发展的需要，很多国家发债。美国发行了很多国债,我们国家就持有一大笔美国的国债。广义上的国债,有中央政府的国债,还有地方政府的国债。现在部分地方政府,为了建设开发,为了 GDP,为了政绩,自己建立融资平台,到处借钱,大量融资,去做基础建设,甚至"形象工程"。国债最终也是要还的,拿什么还?如果产生了新的财富,可以有对应的货币发行。但是如果没有新的财富怎么办?就靠不断地印钞票。这就会导致通货膨胀,货币贬值。这是国债的经济风险。国债是一种典型的债,它和民法有关系。

赌债,也是债。对于赌债,财富怎么流通,怎么变动?法律规则是:给了就给了,不能要回来;没给,就可以不给。

从词义上讲,"债"有多种含义,但是一般来讲,法律人讲到债的时候,都是在民法意义上讲,无论是国债还是赌债,更别说一般的债。比如,一个房屋买卖合同或者电脑买卖合同,买方付钱,卖方交货,这是债。打伤了人,要赔钱,这也是债。捡到了别人的包,要还给别人,别人享有的不当得利返还请求权,也是债。债,普遍存在于民事主体的日常生活和企业的生产经营活动中,企业甚至不能不举债。债法,是一套非常复杂的交易规则、社会财富变动规则。

□ 民法中的"债"

在民法中,什么是债?通过前面的例子可以看出来,物权、债权都是财产权利,物权法和债权法是市民社会的民法的两大财产关系规则。

物权解决的是物归其主的问题,谁有所有权以及用益物权、担保物权。物权法的规则,主要是从所有权的角度、权利人的角度,规定权利人可以怎么占有、使用、收益和处分。事实上的处分,如把物扔掉;法律上的处分,如把物送给别人,卖给别人。这是从权利的角度来理解物权,物权有没有义务问题呢?当然有,法律关系任何时候都是权利和义务的关系。物权是对世权、绝对权、支配权。义务人是权利人以外的任何人,不特定的社会主体都是义务人。但是法律怎么规定这种义务呢?其他人只要不妨碍权利人行使物权,就履行了义务。物权的法律规则主要是从权利角度规定。

债权的法律规则不一样。比如,张三和李四签订了手表的买卖合同,因为想引发手表的所有权变动,要通过一个债。通过合同可以形成一个债,出卖人有权利请求买受人支付价款,同时出卖人自己有义务交付出卖物,买受人有权利取得标的物的所有权,有义务支付价款,权利和义务都很重要。不仅如此,债法的规则更多从义务角度规定,而不像物权从权利角度规定。比如买卖合同,它更多的时候规定出卖人的义务是什么,买受人的义务是什么。把义务人的义务规定清楚了,权利人的权利也就清楚了,规矩就有了。债务人履行了自己的义务,对方的权利也就实现了。所以《德国民法典》第二编的名称是债务关系法。当然任何法律关系都是权利和义务的关系,但是在规则上、内容上,它们都有不同。

债权,是当事人的一种请求权。债权和物权不一样,它不是支配权,它是请求权,它是对人权、相对权。债权,是特定的债权人针对特定的债务人,按照法律规定或者合同约定,请求债务人为特定的给付——作为或者不作为。

债在社会生活中的意义

关于民事主体为什么会成为债务人?为什么会欠债?无论个人还是企业,其实在某种意义上,欠债非常正常,甚至非常必要。债的发生,不管是根据法律规定还是合同约定,有利于促进物的流转,促进人们的创造积极性,实现社会财富分配的公正性、公平性,有它的价值。

从企业角度来说,企业为了生产经营,都需要资金、资本或者其他的一些资源,特别是资金。资金从哪里来?比如几个人办一个房地产企业,要把房地产企业办好,他们要去投标、竞标、拿项目,这是最主要的。办公场地和员工工资,这些都要钱。怎么办呢?一种办法是通过股东、出资人缴纳注册资本。但是出资一般都很少,现在的《公司法》甚至取消了最低注册资本制。出资的初始资本一般不可能完全满足一个企业的经营需求。企业怎么筹集更多的资金呢?另一种办法是靠借贷。向银行借款、向股东借款或者向第三人借款,都有可能,这就会形成负债。即使企业经营得好,仍然会有负债。企业总要保持一定的负债率。完全靠在银行里的存款,靠自有资金去生产经营,实际上做不到,而且是一种落后的经营方式。在经营管理上,企业的负债率会有一个范围,过高不好,过低也不好。所以,企业要保持一个比较好的负债率,银行和信用评级机构才能给它一个很好的信用评级。企业借钱,当然要按时还钱,这能证明企业的诚信。如果一个企业根本就没有还贷记录,就不可能获得征信机构好的评价。因此,企业必须要保持一定的负债率。

对于个人,负债本身不可怕,很正常,甚至很必要。除非有意外之财(如股票中大奖）或者继承一笔巨额的遗产，一个人从出生到上学、求职、创业、结婚、生子，很难什么时候都不借钱。除了意定之债，还有法定之债。一个人可能不自愿地进入一个债的关系中，也许成为债权人，也许成为债务人。比如，某人家里很有钱，从来不欠别人一分钱，但是其开车不小心把别人撞伤，就会产生债，其成了债务人，别人可以起诉他。当然，还有各种各样的债，违法行为也会产生债。

国家为了公共利益，如国家建设、外交、国防等目的，发行国债，也会变成债务人。“人”会欠债，这个“人”是民法上的人，包括自然人、法人、非法人组织，甚至包括国家。其实如果没有债的发生、债的形成、债的关系，社会就是死水一潭，没有任何活力。当一个社会没有债的时候，当一个企业没有债的时候，几乎可以说它就停滞了，已经没有活力了。

■ 欠债还钱：原则与例外

欠了债怎么办？中国人认为欠债还钱天经地义，所以一旦成为债务人，原则上，确实应该还债，这没有问题。但是，是不是所有债权都能得到实现？是不是所有的债务都得按照法定或者约定来清偿？这涉及非常复杂的规则。社会财富在不同的民事主体之间变动、流通，要考虑各种价值因素以及各种具体的情形，所以有一套非常复杂的债法规则。法律不会鼓励人们去逃避债务，诚实信用原则是民法的第一原则，帝王条款。法律肯定并鼓励人们去还债，但是根据债法规则，存在合理逃债的可能性。

新闻报道中有这样的情况：某个人的儿子生前欠了很多债，出具了很多借条，有上百个债权人，都是亲朋好友。后来儿子不幸英年早逝，年老的父亲为了替儿子还债去捡废品，每天吃方便面攒钱，然后挨家挨户还钱。道义上，这很令人感动，但是法律上不是这样。老人愿意这么做肯定没有问题，大家不会谴责他，但是作为一个老人，他首先应该保证自己的生活、自己的尊严，在这个前提之下，能够替儿子还债更好，做不到也没有关系，因为法律上有相应的规则。儿子去世了，如果他欠的不是家庭的共同债务，而是个人债务，父亲可以不还，因为债务和父亲没有关系。父亲愿意还，是一个道义问题、道德问题、伦理问题，和法律没有关系。法律上，这个父亲可以不还。

欠了债,应当还,这是原则。从这个意义上讲,欠债还钱天经地义是成立的,但是它有很多例外。

第一种例外情形是,破产。某企业(我们国家目前只有企业破产法,西方国家还有个人破产法)确实欠了很多钱,也一直在努力还,还是还不了,最后资不抵债。所有的资产加起来,还抵偿不了所有所欠的债务,如欠银行、欠货款、欠租金,其已经没有起死回生的能力了,一直经营惨淡。为避免企业的投资人被永远困在这样一个企业里面,法律提供一个合法的逃避债务的途径——破产。在中世纪之后,法律开始创设破产制度,它是有价值的。某种意义上,破产好像是鼓励赖债,可能是这样。但是不能让投资人投资一个企业10万元,就永远被困在这个企业里面,最终债务越来越大,雪球越滚越大,企业没有起死回生的能力,实际上债权也得不到实现。但实际上,破产是一个合法地逃避债务的方式。当然,破产必须符合破产法的规则,不能恶意破产。企业确实资不抵债,经过债权人同意等程序,经过和解、整顿、重整程序,企业确实不能起死回生,就可以宣告破产。破产以后,按照企业现有的财产进行清偿,不够清偿怎么办?债就一笔勾销,没有了。

第二种例外情形是,限定继承和放弃继承权。自然人死亡了,真的会父债子还吗?原则上不是,例外情形下才会父债子还。在法律上,必须证明这个债是父和子的共同债务、家庭的共同债务,才可能父债子还。如果是父亲自己的债,子女没有义务替他偿还。在法律上,继承人只在继承遗产的价值范围之内,对被继承人债务承担清偿责任,超过的部分不用还。如果不行使继承权、放弃继承权,不管被继承人欠多少钱,都和继承人没有关系,债权人不能要求继承人还钱,不存在父债子还的问题。即使是家庭共同债务,也可以通过放弃继承权的方式来抗辩。

第三种例外情形是,各种抗辩权的行使。比如诉讼时效抗辩,债务人向债权人借了10万元,债务人不否认这个事实,债权人出示的借条、合同,债务人都认可,但是债务人可以以超过诉讼时效为由提出抗辩。欠债是事实,有证据证明,但是债务人基于诉讼时效的抗辩,法律允许债务人不还钱。债权法课程还会介绍各种各样的抗辩权,如不安抗辩权。又如,按照合同约定,先款后货,买方有先履行合同的义务,要先付款,卖方再发货,如约定8月1日付款,8月30日发货。8月1日到了,买方就应该付款,这是买方的债务,如果买方不履行,第二天就陷入了违约,卖方可以起诉买方。但是现在买方根据《合同法》第

68 条提出不安抗辩权,因为买方有证据证明,卖方存在严重丧失商业信誉、经营状况严重恶化、转移资产、抽逃资产以逃避债务以及其他可能导致卖方不能履行债务的情形。买方通过提出不安抗辩权,可以阻却自己 8 月 1 日未付款的违约性。

第四种例外情形是,债的免除。有时候债权人可能基于各种原因免除债务。政府之间、企业之间、个人之间基于各种情形都可能出现免除。比如,张三欠李四 10 万元,后来张三和李四结婚了,李四就免除了张三的债务。

债权法的体系

债权法主要分为两个部分:债法总论和债法分则。第一部分是债法总论,介绍债法的基本原理,包括债权、债务、债的特征、债法的特征、债的效力、债的履行、债的抗辩、债的保全、债的担保、债的消灭、债的移转等共性的基本原理。债有各种各样的发生原因,形成了不同的债的类型,可以一分为二:(1)基于当事人的约定,形成约定之债,或者称为意定之债;(2)基于法律的直接规定,形成法定之债。意定之债就是合同,法定之债的种类比较多,包括侵权之债、不当得利之债、无因管理之债和缔约过错之债。第二部分是债法分则,会介绍合同、不当得利和无因管理,但是这里不会介绍另外一种非常重要的债的类型,侵权行为之债,或者称为损害赔偿之债。

债法总论会被放在最重要的地位。在债法总论部分,会举很多合同的例子,分则里面重点讲合同,然后讲不当得利、无因管理,缔约过错会在合同部分讲。虽然本门课程不讲侵权行为之债,但是无论在立法体系还是法教义学体系上,它都属于债法的内容,是最重要的法定之债。合同法是债法分则的主要内容,本身又有总则和分则,其中总则是重点。

由于我们未来的《民法典》没有债法编,直接把传统的大陆法系的债法编拆分成合同编和侵权行为编,所以就没有一个独立的债法总论部分。由于没有债法总论,只能通过合同法的总则来替代债法总论。除了合同之债和侵权行为之债,其他类型的债既没有独立成编,又没有债法总论来规定它们。在传统的大陆法系,有四种债的类型或者债的发生依据,合同、侵权、不当得利和无因管理。《民法典》中合同和侵权行为独立成编了,不当得利和无因管理怎么办呢？现在的处理办法,是把它们规定在合同编里,在合同编的最后设一章,即“准合同”。“准合同”这个概念，其实不妥当，因为不当得利和无因管理与合同的不相容性、差异性远远大于它们的同质性，但是由于民法典体例的设计，只能作出这样的安排。

▣ 阅读指引

▢ 中文著作

1. 史尚宽：《债法总论》，中国政法大学出版社2000年版。

   史尚宽先生是著名法学家，中国历史上第一部正式颁行的民法典的起草人，迄今为止独立完成“民法全书”第一人。史尚宽先生的“民法全书”系列自我国台湾地区引入大陆后，对大陆民法学说和民事立法都产生了重大影响。

2. [德]迪特尔·梅迪库斯：《德国债法总论》，杜景林、卢谌译，法律出版社2004年版。

   迪特尔·梅迪库斯是德国著名民法学家、法律史学家，在德国民法学界享有很高的威望，《德国债法总论》是其重要代表作。德国是大陆法系代表国家，经过一个多世纪的发展，其民法理论博大精深，以严谨和体系性见长，而且对我国民事立法和学理发展都产生了重要影响。追本溯源，了解德国债法理论，对理解我国的债法制度非常必要。

3. 崔建远：《合同法》（第3版），北京大学出版社2016年版。

   崔老师是清华大学法学院教授、清华大学首批文科资深教授，中国法学会民法学研究会副会长，我国著名民法学家。通过崔老师的合同法著作，可以了解我国合同法研究的现状和代表学者的观点。

4. 韩世远：《合同法总论》（第4版），法律出版社2018年版。

   韩老师是清华大学法学院教授，联合国国际货物销售合同公约咨询委员会委员。该专著是韩老师的代表作，在我国学术界享有盛誉。本书属于研究性专著，具有广阔的比较法视野和很强的问题意识，是深入了解合同法原理的不二选择。

▢ 立法、司法解释资料

1. 全国人民代表大会常务委员会法制工作委员会编：《中华人民共和国合同法释义》（第3版），法律出版社2013年版。

   立法机关对《合同法》条文的逐条说明，其作为官方权威版本，有参考价值。

2. 人民法院出版社编：《司法解释理解与适用全集·合同卷》，人民法院出版社2018年版。

   最高人民法院历年出台的合同法司法解释的理解与适用的汇编，是对相关司法解释文件的权威说明。

3. 黄薇主编:《中华人民共和国民法典合同编释义》,法律出版社 2020 年版。

黄薇是全国人民代表大会常务委员会法制工作委员会民法室主任,其主编的民法典释义丛书是目前最权威的民法典释义版本。

☐ 网站

1. 中国民商法律网:https://www.civillaw.com.cn/。

创建于 2000 年,该网站遵循“学术、前沿、可读、精品”的价值理念,力争打造学术思想的交流平台、学术研究的资源中心、学界成就的展示阵地以及中国民商法律科学研究中心建设的宣传窗口。

2. 最高人民法院网:http://www.court.gov.cn/。

最高人民法院官方网站,了解相关指导案例、司法解释和司法政策的权威之选。

婚姻家庭继承法的基本范畴与逻辑

马忆南

马忆南

北京大学法学院教授，全国妇联执行委员会委员。兼任中国法学会婚姻家庭法学研究会副会长，北京市法学会妇女法学研究会会长，国家卫生健康委员会、民政部公共政策咨询专家，曾参与多部法律起草和修订，中国法学会《民法典婚姻家庭编继承编（专家建议稿）》执笔人。主要研究领域为婚姻家庭法，继承法，妇女、儿童、老人权益保护等。主要作品有《婚姻法修改论争》《婚姻家庭法新论》《婚姻家庭法原理与实务》等。

开设课程包括婚姻家庭继承法、婚姻家庭继承法专题研究、女性学专题研究。曾获北京市哲学社会科学研究成果奖二等奖、北京大学优秀教学奖、中国法学会“十大青年法学家”提名奖，两次获全国妇联“全国维护妇女儿童权益先进个人”称号。

■ 学习内容和要求

婚姻家庭法与继承法是高等学校法律专业的专业课,它依据婚姻家庭与继承法学的学科框架,系统、全面地提供了有关婚姻家庭继承法学的基础理论和基本知识。

婚姻家庭继承法学是实践性很强的应用法学。作为民法学的一个分支学科,本学科的研究对象主要是婚姻家庭继承领域中的各项法律制度和现实生活中的法律问题。婚姻家庭继承案件在全部民事案件中占有很大的比重,许多问题需要从法律理论和实务两方面深入研究。

婚姻家庭继承关系是人类社会中最广泛、最普遍的社会关系。依法调整婚姻家庭继承关系,不仅关系到个人利益,也关系到社会公共利益。法律专业的学生将来是从事法律专业的理论工作者和实务工作者,应当系统地掌握婚姻家庭继承法的知识体系,具有从事婚姻家庭继承法律实务的能力。

对学习者提出以下几项基本要求:第一,掌握有关婚姻家庭继承法的理论知识;第二,了解婚姻家庭继承法的历史沿革,特别是我国婚姻家庭继承制度的改革和法制建设;第三,理解我国婚姻家庭继承立法的基本精神、各项原则;第四,熟悉我国婚姻家庭继承领域的各项具体制度;第五,在掌握我国现行法中有关婚姻家庭继承的规定的同时,了解与此相关的重要的外国立法例,略知一些比较婚姻家庭继承法的知识;第六,结合社会生活和审判实践,重点了解我国婚姻家庭继承法在适用中的情况、问题和对策。

■ 认识当代中国婚姻家庭

婚姻,是为当时社会制度所确认的、男女两性互为配偶的结合。家庭,是以婚姻、血缘和共同经济为纽带而形成的亲属团体和生活单位。我国目前有4亿多个家庭。家是最小国,国是千万家。家庭既是一个人的身心归属所在,也是承担生育、家庭成员的生存发展、教育、心理与情感交流、品德行为习惯养成等多种责任的基本社会单元。所以家庭建设是国家建设和社会建设的重要任务之一,也是国家治理体系和治理能力现代化建设的应有部分。党的十八大以来,以习近平同志为核心的党中央站在治国理政、强国兴邦的全局高度,站在时代发展和民族进步的战略高度,十分重视家庭建设,针对家庭问题发表了一系列的精辟论述。习近平总书记指出:“天下之本在家”,“千家万户都好,国家才能好,民族才能好”,他强调“无论时代如何变化,无论经济社会如何发展,对一个社会来说,家庭的生活依托都不可替代,家庭的社会功能都不可替代,家庭的文明作用都不可替代”,提出了“我们都要重视家庭建设,注重家庭、注重家教、注重家风”。

□ 认识当代中国婚姻家庭的价值

一个健康稳健的自由社会,必须有发达的社会中间层,即各种小共同体,而家庭是这些共同体中最重要的一部分。家庭是社会的细胞和最基本的组织单位,家庭强则社会强,家庭优则社会优,家庭好则社会好。

婚姻家庭是具有特殊意义的社会机制,家庭成员之间相互承担义务,约定关爱与互助,分担各种风险,它仍然是我们社会中最温暖、最甜蜜、最有益、最受珍视的机制。家庭作为社会最基本和最可延续的单位,在维护世界和平、安全、公正、团结与繁荣等方面的重要作用,家庭是个人成长获得支持的源泉,它对每个成员的幸福负有久远的责任,理应受到全面的保护与支持。从总体上来看,婚姻家庭起着调节两性关系、维护两性关系的社会秩序,组合亲属生活,满足婚姻家庭成员物质和文化需要等重要作用。以婚姻为基础的家庭是社会中人口再生产的单位,也是社会中重要的经济单位和教育单位。

中国的婚姻家庭担负着重要的社会功能,首先是实现人口再生产的功能。以两性结合和血缘联系为其自然条件的婚姻家庭,是人的再生产的社会形式。宏观上的社会人口再生产,在微观上是通过婚姻家庭中的生育行为实现的。婚姻家庭实现人口再生产的功能,亦可称为生育功能。自婚姻家庭产生之时起,婚内生育便是生育的正常形式,婚外生育则是生育的反常形式。

其次是组织经济生活的功能。家庭的经济功能,是同一定社会中生产力和生产关系的性质和特点相适应的。从历史上来看,以婚姻为基础的个体家庭出现后,其便取代了氏族组织成为社会经济的基本单位,具有组织生产和组织消费的重要功能。在古代的农业和手工业相结合的小农生产经济中,家庭组织生产的功能十分强大。随着大工业的发展和生产组织形式的变化,近现代社会中家庭在组织生产方面的功能已经大为减弱,但部分家庭仍然是组织生产的经济单位。更为重要的是，家庭仍是组织消费的经济单位。家庭是社会分配和个人消费之间的中介。

我国现正处于社会主义初级阶段。中华人民共和国成立以后一段相当长的时期中，城乡人民的家庭的组织生产功能有所萎缩。改革开放以来，这方面的功能又有所增强。实行承包经营的广大农民家庭和城乡个体工商户的家庭，是组织生产经营的单位。它们是社会主义市场经济中活跃的细胞。随着社会生活的变化和广大人民物质和文化水平的提高，家庭组织消费的功能较之前更加强大。对于生活资料来说，家庭消费是社会中的终端消费。实现家庭的经济功能，对发展经济、赡老育幼、保障家庭成员的生活等多方面，都具有重要作用。

最后是文化教育功能。家庭的文化教育功能是在历史上长期形成的。作为人们基本生活单位的家庭，在文化教育方面有其特殊的功能。家庭是人最初的生活环境和活动场所，家庭成员之间在血缘、感情、经济、生活等方面的密切联系，使家庭教育有着不同于学校教育和其他社会教育的种种特点。在教育事业不发达的古代，家庭教育即使不是唯一的教育方式，其也是最重要的教育方式。随着近现代学校教育和其他社会教育的发展，家庭教育在全社会的教育事业中仍然起着不可替代的作用。良好的家庭教育，对养成健全人格、培养思想品德、实现文化传承等具有很重要的意义，这一切都是在潜移默化中进行的。

□ 认识当代中国婚姻家庭的特点

传统的中国婚姻家庭存在一些固有特点，比如大多数中国人，无论子女对父母还是父母对子女，都没有太多的隐私权概念；在婚姻方面父母往往对子女会具有更多的建议权，婚姻对于中国人来说往往不是男女个人的私事。在夫妻财产关系上，中国社会一直坚持的是夫妻共有的形式，对财产进行约定甚至对约定进行公证总体来说是不符合中国传统的。重视亲情，需要亲情，所以精神赡养才在当下中国成为重要的社会问题和法律问题。

家产的传承方面，中国人往往通过“分家”的形式而不是通过继承特别是遗嘱继承的方式来完成，父母为了防止老年时出现赡养纠纷，往往会预先对家产进行分配。家产的分配坚持的是平均主义的原则；父母要向子女，尤其是儿子平均分配财产，并不允许赠与没有血缘关系的外人，仍然是绝大多数中国人一种根深蒂固的心理习惯。其对现代继承法的一些观点和制度接受起来有难度，如男女平等理念、遗嘱处分、遗产管理和信托制度。

近现代以来，中国家族血缘社会已经解体，社会的基本结构已从过去的扩展家庭转变为核心家庭，夫妻关系成为家庭关系的主体，传统的家庭同居共财制为夫妻财产制所取代。改革开放以来，中国家庭更是发生了快速现代化转型，一方面，代表着年轻一代和城市白领个人主义的价值观迅速崛起，家庭对个人选择的强制力弱化；另一方面，面对制度约束和市场风险，个人又必须充分重视和调动家庭资源。家庭成员越来越有意识地根据具体情境，彼此协商如何最大化地运用家庭资源。家庭的居住安排、代际关系、角色分工以及内在的价值观念，不但反映了文化与制度的约束，而且反映了家庭成员的集体选择和有意识的构造。在特定的政策法律情境和制度约束下，家庭成员通过有意识地规划和行动应对风险或争取机会，以实现个人及家庭的目标。

当代中国婚姻家庭的类型是多元的，单亲家庭、单身家庭、同居家庭、同性家庭、重组家庭、丧偶家庭、空巢家庭、流动家庭成为常态家庭。家庭的结构双核心化，即夫妇核心和亲子核心，双核心家庭占主体，平均家庭户规模为 3 人。父母和成年子女分居导致家庭的代际关系离散化，近些年又出现父母和成年子女家庭联合的趋势。父母和成年子女财产瓜葛增加，父母的责任加重（为子女买房、带孙子），而子女赡养弱化。

当代中国的低结婚率引人注目。根据国家统计局和民政部公布的数据，2018 年，全国结婚率为 7.2‰，为 2013 年以来最低，其中经济发达地区的结婚率较经济欠发达地区的结婚率更偏低，上海结婚率为 4.4‰，全国最低，浙江排在倒数第二位，广东、北京、天津等地结婚率也偏低。

当代中国的高离婚率令人担忧。1979 年中国的粗离婚率为 0.3‰，此后持续递增，1990 年上升到 0.7‰，之后比较平稳，2000 年粗离婚率近 1.0‰，是 1979 年的 3 倍。2004 年粗离婚率为 1.28‰，2005 年至 2016 年逐年递增，2017 年和 2018 年为 3.2‰。

在生育和养老方面，2015 年 12 月 27 日全国人大常委会通过了《关于修改〈中华人民共和国人口与计划生育法〉的决定》，明确提出：国家提倡一对夫妻生育两个子女，实行全面二孩政策。现在和未来几十年，我国是并且将一直是一个长期低生育率、严重老龄化、高度城市化和广泛流动性的社会。相关法律政策一定会回应这些特点，如鼓励生育、家庭育儿福利、老人监护辅助等家庭友善型政策法律逐步出台。

在家庭财富的积累和传承方面，个体工商户、家庭联产承包责任制、允许私人购房，保障私有财产权益。改革开放以来的这些法律政策放松了对中国家庭致富的束缚，对家庭产生了重要影响，家庭借此得以积聚财富。相对于人民公社的废除和单位制的解体，家庭成为新的“经营单位”，这在农村土地承包关系中尤为明显。类似地，城市住房政策也影响到家庭与财富。20 世纪 80 年代中后期，房地产市场开始发展，越来越多的城镇家庭在单位福利分房体制之外，从市场上获得住房。家庭学会了如何利用政策机会（如银行贷款）和市场机会，在房产领域中快速积累家庭财富。城市住房市场化的政策与农村的土地承包经营政策，奠定了中国家庭的财富格局和物质基础，并使家庭在政策过程中成为越来越活跃的行为主体。追求家庭的美好生活成为新的奋斗目标，有助于凝聚家庭力量，培养家庭的组织经济生活能力。家庭所承担的组织经济生活功能对于转型期的社会稳定有巨大贡献，起到缓冲社会压力的作用。这也是国家经济能够快速发展的基础。

根据《中国工薪阶层信贷发展报告》，中国家庭资产分为房产、金融资产、工商业资产和其他资产。其他资产包括农业资产、土地资产、车辆、耐用品和奢侈品资产。金融资产分为存款类、债券类和股票类三种。工薪家庭的房产和金融资产占比较高，非工薪家庭工商业资产占比较高。总体来说，房产和金融资产是最主要的财产类型。

■ 认识婚姻家庭继承法的最新发展

当代法律对家庭概念的认识已超越了传统的婚姻家庭范畴。在许多国家，对非婚同居和同性结合相关权利的认可已经突破了婚姻制度在婚姻和性别上的预设前提；对家庭暴力的防范和制裁使家庭成员、家庭关系等概念有了因地制宜的灵活性。许多国家对“婚姻”和“家庭”的定义持更加开放、更加包容的态度。

从传统的法域划分来说，婚姻家庭法是典型的私法领域，为了保持个人及家庭生活的私密和安宁，公权力不应过多介入家庭事务和家庭纠纷。但随着时代发展和社会变迁，婚姻家庭领域的一些问题已经超出私法范畴，进入公法领域，家庭法的发展也融入了更多的社会法因子，公权力的干预不断深入和扩展,婚姻家庭法本身的边界也越来越模糊。比如,涉及儿童权益保护、妇女权益保护和老人权益保护方面,许多社会福利法对婚姻家庭关系产生了重大影响,如社会福利法中规定的对含未成年子女的家庭提供帮助、相关医疗与社会保险项目等。税法等也对婚姻家庭领域产生了强有力的影响。

当代婚姻家庭法在关注个人权益的同时,也认识到家庭价值的珍贵、儿童权益的脆弱,因此,其法律理念表现出注重维护家庭稳定、注重保护儿童权益的新趋势,在解决婚姻家庭纠纷的途径上则倡导善用替代性纠纷解决方式,力争低成本解决争议。许多国家对过高的离婚率表现出极大的担忧,如美国有些州倡导由当事人自己选择"契约婚姻",限制离婚自由,确保家庭稳定。从务实的角度来说,维护家庭稳定是为了更好地抚养和保护儿童,家庭法加强了对儿童权益的保护力度,除了强调父母的责任,政府也加大了投入力度,不仅竭力保障对儿童的经济资助,还设立专门机构负责对儿童的救助、照管等。在长期的法律实践中,各国法律界都认识到,用诉讼的方式解决婚姻家庭纠纷不仅花费不菲,还会增加家庭成员的负面情绪,因此,都开始倡导以调解的方式处理婚姻家庭争议,社会工作者和律师在家庭事务调解业务中发挥越来越大的作用,调解机制也受到公共政策的青睐并为法院所倡导。

婚姻家庭法的最新发展表现在很多方面,比如日益模糊无效婚姻与有效婚姻法律后果的界限,无效婚姻、可撤销婚姻的法律后果相对缓和,在财产分割、双方扶养以及子女抚养、监护等方面的处理与离婚的后果基本相同;坚持一定程度的离婚自由,同时予以适当限制,注意平衡离婚的法律后果,公平分割婚姻财产,承认家务劳动与职业劳动有同等价值;以保护"儿童最大利益"为原则,依子女最大利益原则处理抚养、监护、探视、交往等问题;以保护未成年被收养人利益为中心,收养要件以保护未成年被收养人健康成长为基准,收养程序实行国家监督主义;成年监护制度的发展,以人权保护为理念,重视意定监护、监护类型的多样化和监督机制。

继承法的发展兼顾个人利益、家族利益与公共利益,一方面要保护私人财富的家族传承,另一方面要维持社会均衡伦理关怀与实质公平。诸多社会政策和科学技术的进步都影响继承法的发展。

■ 认识婚姻家庭继承法的调整对象和特点

□ 婚姻家庭法的调整对象和特点

1. 婚姻家庭法的调整对象

婚姻家庭法调整对象的范围是相当广泛的,纵向来看,包括婚姻家庭关系、其他近亲属关系发生和终止的全过程;横向来看,包括婚姻家庭主体间、其他近亲属间的各种权利义务关系。

在我国,列入婚姻家庭法调整范围的主体有夫、妻、父、母、子、女、祖、孙(双系兼指,包括祖父母、外祖父母、孙子女、外孙子女)和兄弟姐妹等;在特定的情形下,还包括女婿和岳父母、儿媳和公婆,以及兄弟姐妹以外的其他三代以内旁系血亲。

列入婚姻家庭法调整范围的事项,是那些需要由法律加以规定,具有法律意义、法律后果的问题。例如,结婚、离婚,收养的成立和解除,夫妻、亲子、祖孙和兄弟姐妹间的权利义务等,都是由婚姻家庭法加以规定的。法律是调整婚姻家庭关系的重要手段,但不是唯一的手段。那些不具有法律意义、法律后果的问题,无须由法律加以规定,可由道德、习惯等加以调整。

婚姻家庭法的调整对象,按其性质可以分为人身关系和财产关系两类。其中,人身关系是主要的,起决定作用的方面。婚姻家庭领域的财产关系虽然也很重要,但它从属于人身关系、不能脱离人身关系而独立存在。这种财产关系对人身关系的从属性,表现在发生、终止和内容等诸多方面。婚姻家庭法就其基本性质而言是身份法,而不是财产法,它调整的是婚姻家庭主体间、其他近亲属间的人身关系以及与此相联系的财产关系。

(1)婚姻家庭领域的人身关系。这种人身关系存在于彼此具有特定亲属身份的自然人之间,其本身并不具有经济内容,也不是出于经济上的目的而创设的。但是,它是婚姻家庭领域的财产关系的发生根据。与其他法律中调整的人身关系不同,婚姻家庭法调整的人身关系是亲属身份关系。例如,著作权、发明权中的人身权是基于主体的创造性劳动而取得的,生命健康权、名誉权等是基于人格而享有的,这些均与亲属身份无关。婚姻家庭领域的人身权则是以主体间的特定亲属身份为其发生前提,如配偶权、亲权等。

(2)婚姻家庭领域的财产关系。这种财产关系具有一定的经济内容,涉及有关主体之间的物质利益。但它随着婚姻家庭领域的人身关系的发生而发生,随着上述人身关系的终止而终止。财产关系的内容反映了相应的人身关系的要求。例如,夫妻财产关系方面的权利义务,因当事人结婚取得配偶身份而发生,又因当事人死亡或离婚丧失配偶身份而终止。扶养、抚养和赡养等关系,均以权利人和义务人的亲属身份为依据。就法律关系而言,婚姻家庭领域的财产关系都是人身关系的法律后果,前者是以后者为基础法律关系的。

试将婚姻家庭法领域的财产关系同其他民事法律调整的财产关系作一比较,便可看出两者的明显区别。前者反映的主要是亲属共同生活和家庭经济功能的要求,其参与者须为具有特定身份的亲属,这种财产关系不是等价、有偿的。后者反映的则是商品经济(在我国发展的现阶段表现为社会主义市场经济)的要求,其参与者不以具有亲属身份为前提,包括一切可作为民事权利主体的自然人和法人,这种财产关系一般都是等价、有偿的,只有极少数的例外情形。

2. 婚姻家庭法的特点

不同的法律既有共性,又具有自身的特色。婚姻家庭法的特色,是由其调整范围、调整手段和价值取向等决定的。

(1)婚姻家庭法具有鲜明的伦理性。婚姻家庭关系既是一种重要的法律关系,又是一种重要的伦理关系。在某种意义上来说,婚姻家庭法堪称道德化的法律或法律化的道德。我国婚姻家庭法中的许多规定,都是社会主义婚姻家庭道德的必然要求。道德的支持,有利于法律的贯彻执行。法律的保障,有利于道德的发扬光大。

(2)婚姻家庭法多为强行性规范。强行性规范是相对于任意性规范而言的。为了保护公民的婚姻家庭权益和社会公共利益,婚姻家庭法规范大部分都具有强行性规范的性质。婚姻家庭法律关系借以发生和终止的法律事实、婚姻家庭法律关系中的权利义务,都是定型化的,而不是选择性的。民法中的意思自治原则,在婚姻家庭领域受到严格的、多方面的限制。当一定的法律事实(如结婚、离婚、出生、死亡、收养等)出现后,必然导致相应的法律后果。这些后果是法律预先指明、依法发生的,当事人不得自行改变或通过约定加以改变。例如,结婚与否虽属当事人的自由,但一旦结婚后,夫妻间的权利义务便基于婚姻的法律效力而发生,在婚姻终止以前,这些权利义务是不能抛弃,也不能加以限制的。当然,婚姻家庭法中也有一些任意性规范,如法律允许夫妻就财产问题作不同于法定夫妻财产制的约定,以协议处理离婚时的财产清算、离婚后子女的抚育问题等。这些规定为数不多,适用时也要符合婚姻家庭法的有关原则,当事人选择的余地并不是很大。

□ 继承法的调整对象和特点

继承法是调整平等主体之间因被继承人死亡而发生的财产继承关系的法律,属于民法的一部分。继承法为亲属关系上的财产法,从继承法的历史沿革上考察,继承原为亲属关系之效力。当今社会中,财产属于个人支配,身份继承大都已被废止,继承实际仅为财产继承。在法定继承中,继承权虽然仍为附随于一定亲属关系或家属地位之权利,但已不是亲属关系的当然效力。特别在遗嘱继承中,多数国家规定指定继承人不以有亲属关系为前提。在私人所有权基础之上,法定继承仍以家族的共同生活关系为着眼点,继承法实为财产法与亲属关系之融合。

在我国,继承在绝大多数情况下是按法定继承进行的,即使是遗嘱继承,被继承人也只能在法定继承人的范围内指定继承人,换言之,我国的遗嘱继承人也是与被继承人有密切的亲属关系的人。

1. 继承法具有鲜明的民族性

与其他民事法律制度相比,继承法具有鲜明的民族性。民法的许多制度,如法人制度、法律行为和代理制度、债权制度、知识产权制度以及民事责任制度,各国的规定大同小异,而且有逐渐趋同的趋势。立法者大多博采他国之精华为己所用,即使社会性质不同的国家亦不例外。我国为建立和发展社会主义市场经济,学习、借鉴发达资本主义国家的有关法律制度,就是最好的例证。但是,各国的继承立法则多注重自己的国情,特别是本国的经济政策、家庭形态、伦理观念和民族传统,使各国的继承法具有鲜明的民族特点。例如,英美等国以遗嘱继承为主,法定继承仅是一种补充的继承方式,因而称为遗嘱继承;而我国和日本、法国、德国等国,则以法定继承为主要的继承方式。德国、瑞士、美国等国,凡有血缘可寻之处即有继承权,对血亲继承人的范围没有限制;而我国的法定继承人以配偶、子女、父母、兄弟姐妹和祖父母、外祖父母为限。英美法系国家多实行间接继承制度,而大陆法系国家多实行直接继承制度。有些国家,如德国、瑞士、匈牙利等国,有继承契约制度;另外一些国家无此种制度。有的国家有特留份制度,有的国家没有特留份制度。

当然,我们强调继承法的民族性,也并不否认随着社会的进步,各国继承法所发生某些共同性的变化。例如,配偶继承权的加强、身份继承的普遍废除、非婚生子女和养子女继承地位的提高、遗嘱自由的适当限制等。但是,这些共同性的变化远不如其民族性突出。在继承法的学习和研究中,要特别注意研究本国的国情,研究本国的婚姻家庭形态、人民的伦理观念、民族的传统习惯、政府的经济政策。

2. 继承法多为强行性规范

继承法虽然是民法的组成部分,但是却与其他民事法律制度特别是债法不同。一般民事法律规范多为任意性规范,继承法则是强行性规范。例如,法定继承人的范围和顺序、应继份、特留份、遗嘱的形式、继承的接受和放弃、遗嘱的执行等,都必须按照法律的规定,不能由当事人任意决定。当然,继承法中也有一些任意性规定,如关于遗产分割的时间以及分配份额得由当事人协商决定,但从整体上说,继承法应为强行法。之所以如此,主要是因为继承事关家庭关系的和谐、稳定,而家庭稳定是社会稳定的基本条件之一。

■ 民法典婚姻家庭编和继承编编纂中的热点问题

民法典婚姻家庭编和继承编在编纂中有几个最棘手的问题:第一,结婚制度如何应对当代多元化的婚姻观?第二,夫妻关系制度如何才能在个人权益与家庭价值之间保持平衡:婚姻家庭的财产关系是否完全服从于财产法规则?第三,离婚制度应不应该、能不能够负载维护家庭稳定的职能?如果是,该如何在法律规则中体现?第四,家事法如何应对少子化和老龄化的社会问题?这些问题有些在民法典里作出了回应,有些没有作出回应。

□ 关于民法典婚姻家庭编

1. 民法典婚姻家庭编对夫妻共同债务作了新规定。

近年来,夫妻债务如何认定一直是热门话题。夫妻共同债务的认定是婚姻家庭编立法过程中的热点、难点问题。2018 年 1 月,最高人民法院在充分调研的基础上,根据婚姻法的相关规定,颁布了《关于审理涉及夫妻债务纠纷案件适用法律有关问题的解释》(已失效),规定夫妻双方共同签字或者夫妻一方事后追认等共同意思表示所负的债务,应当认定为夫妻共同债务。夫妻一方在婚姻关系存续期间以个人名义为家庭日常生活需要所负的债务，债权人以属于夫妻共同债务为由主张权利的，人民法院应予支持。夫妻一方在婚姻关系存续期间以个人名义超出家庭日常生活需要所负的债务，债权人以属于夫妻共同债务为由主张权利的，人民法院不予支持，但债权人能够证明该债务用于夫妻共同生活、共同生产经营或者基于夫妻双方共同意思表示的除外。

经过反复研究讨论，婚姻家庭编草案最终将司法解释上升为法律，对如何认定夫妻共同债务作出了明确规定：夫妻双方共同签字或者夫妻一方事后追认等共同意思表示所负的债务，以及夫妻一方在婚姻关系存续期间以个人名义为家庭日常生活需要所负的债务，应当认定为夫妻共同债务；夫妻一方在婚姻关系存续期间以个人名义超出家庭日常生活需要所负的债务，不属于夫妻共同债务，但是债权人能够证明该债务用于夫妻共同生活、共同生产经营或者基于夫妻双方共同意思表示的除外。这一规定平衡了夫妻双方与债权人各方的利益，特别注意保护未举债一方（主要是女方）的权益，基本解决了司法实践中一方“被负债”的问题。

当然，我们也应当看到这一规定只是确立了对夫妻共同债务的认定规则，并没有真正解决夫妻共同债务的范围问题。对于认定为夫妻共同债务的清偿规则，仅规定了夫妻共同债务，应当共同偿还。对于共同财产不足清偿的，双方协议清偿，协议不成的，由人民法院判决。问题是人民法院依据什么判决，是由有清偿能力的一方承担清偿责任，还是由双方平均承担清偿责任？或者由以个人名义举债的一方承担清偿责任，未举债一方仅以夫妻共同财产承担清偿责任？这些问题仍然有待进一步深化研究，并在立法解释或司法解释中作出相应规定。

2. 将疾病婚的效力从无效婚姻修改为可撤销婚姻，具有进步意义。

当事人患有哪些疾病属于医学上认为不应当结婚的疾病？这个问题在法律上一直是不清楚、不明确的。从科学的角度讲，试图列举影响婚姻的疾病是困难的。医学越发展，发现的病态基因就越多，而治疗疾病的技术也在不断更新和进步。由于法律的稳定性和滞后性的特点，立法列举“医学上认为不应当结婚的疾病”是不可能的。

在这一问题上，民法典婚姻家庭编草案尊重当事人的婚姻自主权，规定一方患有重大疾病的，应当在办理结婚登记之前如实告知对方。根据新的规定，患有重大疾病的一方的告知义务非常重要，如果没有如实告知的，对方有请求人民法院撤销婚姻的权利。换句话说,就是一方有重大疾病,对方又知情,其婚姻自由是受到保护的,如果一方患有重大疾病,但对方仍然愿意与之结婚,这样的婚姻也是受法律保护的。所以,将疾病婚从禁止结婚、婚姻无效改为可撤销,是为了保障那些患有疾病的人的结婚权利,保障他们的结婚自由。

将疾病婚从禁止结婚、婚姻无效改为可撤销,具有进步意义。有权依法请求宣告婚姻无效的,是婚姻当事人和利害关系人(包括当事人的近亲属及基层组织),婚姻有无效力只能根据客观事实依法认定,并不取决于案件当事人的主观意愿,因为这并不是当事人有权处分的权利。而婚姻撤销请求权属于婚姻当事人中受害一方,其他任何人或单位均无此权利。受害一方是否行使撤销请求权,只能由本人自行决定。可撤销婚姻只是可以撤销而不是必须撤销。他人是无权主张撤销该婚姻的。

婚姻家庭编还新增一款规定:婚姻无效或者被撤销的,无过错方有权请求损害赔偿。因为患病的一方明知自己有病而故意隐瞒,欺骗了对方,违反了民法的诚信原则,应当承担损害赔偿的民事责任。

3. 增设离婚冷静期是对滥用离婚自由权的限制。

反对轻率离婚是我国离婚立法指导思想的组成部分。轻率离婚,是指对婚姻家庭不负责任,以轻率的态度对待和处理离婚问题,这是滥用离婚自由权的行为。增设离婚冷静期的规定是对轻率离婚的限制和约束。

近十几年来,我国的离婚率逐年增长,多数离婚案件是通过行政程序办理的登记离婚。根据《婚姻登记条例》,办理登记离婚非常容易,当事人申请离婚需要出具的证件与证明材料只有户口簿、双方的身份证、结婚证、离婚协议书,婚姻登记机关仅对这些材料作形式审查即发给离婚证。

离婚增加带来了家庭的离散趋势和妇女儿童利益受损等一系列问题。保护和稳定婚姻家庭是世界各国制定法律政策的基本价值取向。对于缓解离婚率上升,各国有如下共识:(1)鼓励缔结以感情为基础的婚姻。(2)积极开办新婚夫妇学校、婚姻咨询门诊和离婚学校,为一些常见的婚姻危机的化解提供对策和心理辅导。(3)提倡对离婚案件的冷处理。法院加强对离婚案件的调解,对行政程序的离婚增设一段时间的考虑期。(4)增设法定的分居制度,规定其适用的条件、程序、法律后果,为有裂痕的夫妻提供离婚前的深思熟虑阶段等。

登记离婚以双方当事人完全自愿并达成协议为前提,反映了婚姻法尊重婚姻当事人的婚姻意思自治的现代法治精神。这种离婚方式,不仅手续简便、节省时间和费用,而且为无因离婚,无须陈述离婚的具体原因,有利于保护婚姻当事人的隐私。同时,这一离婚方式使当事人双方能够友好地分手,避免了当事人在法庭上相互指责、造成更深的敌对情绪,从而使当事人在没有外来压力的情况下,平心静气地达成比较符合双方意愿的协议,有利于离婚协议的自愿履行。

但是,这一离婚方式也易造成轻率离婚。事实上有很多婚姻,客观上并未完全破裂,只因当事人意气用事即行离异。此种欲和欲离,任由当事人决定,与婚姻要求的永久共同生活本质不合,其离婚后果任由当事人以协议决定,易为恶意配偶滥用,而很可能变成强者欺负弱者的工具,甚至危害未成年子女的利益。正因如此,欧美国家大多不承认登记离婚,即使协议离婚也必须经过诉讼程序。承认登记离婚的国家,也在登记离婚的条件及程序上予以必要的限制。主要有:(1)登记离婚必须在结婚满一定期间后才能提出。各国规定的期限从 6 个月至 3 年不等。(2)登记离婚的当事人必须没有未成年子女。(3)当事人提出离婚申请后须经过一定时间的考虑期才能正式办理登记手续。有的还规定考虑期满后重新提出一次申请。关于考虑期各国规定也不尽一致,短的 3 个月,长的达 1 年。这些限制对于防止登记离婚过于简便所滋生的弊端,是有实益的。

4. 现行婚姻家庭法存在"重婚姻关系,轻家庭关系"的特点,这在民法典婚姻家庭编中没有得到根本改善。

民法典婚姻家庭编增加了对家庭关系的规定,针对"亲子关系诉讼""收养原则""收养条件"等内容作出了重要调整。但目前章节体例和内容的安排仍然比较重婚姻关系、轻家庭关系。亲子关系是当代各国家庭立法的重点,且各国基于儿童最大利益原则日益强化对儿童的法律保护,我国也应当构建以儿童最大利益为核心价值的家庭关系制度体系,包括父母照护责任、亲生子女的推定、各类子女的法律地位等。

轻家庭关系调整还表现在,婚姻家庭编没有规定家庭财产制。现阶段的中国社会,成年家庭成员一起共同生活、共同经营的情形比较常见,特别是农村土地承包经营制。对于家庭共有财产制度的法律规制问题,我认为起码有几点应当是由法律作出明确规定的:首先,家庭共有财产概念和性质应当得到法律上的明确;其次,如何认定家庭共有财产的范围,明确区分家庭共有财产和家庭成员个人所有的财产;最后,家庭共有财产的分割方式、分配比例以及对妇女儿童权益的保护。分割家庭共有财产时是平等分割还是依家庭成员贡献的大小进行分割,也是一个重要的问题。如果家庭成员约定按份共有,在家庭这样一个特殊的经济体中对按份共有协议应如何进行限制,特别是按份共有人对自己份额的处分权应如何限制?法律应当有相关的规定。对于按份共有协议对第三人的效力问题是否遵循物权法对于按份共有的外部关系的规定,抑或考虑到家庭成员的特殊身份关系而作出特别规定,也是需要明确的。家庭成员约定财产共有,主要是基于亲属身份关系和感情,与一般民事主体之间的财产合同有一定区别。

5. 民法典婚姻家庭编对同居问题未予规定。

同居关系作为一种社会现象,在当今中国社会非常普遍,但我国目前法律层面对其并无作出明确具体的调整,导致大量因同居而产生的身份关系、亲子关系和财产纠纷的处理无法可依。比如,非婚同居中的女性遭受暴力和虐待的问题;非婚同居的一方因为生活困难而无人扶养帮助的问题;女性在非婚同居过程中的家务劳动贡献无法得到法律评价的问题;同居关系不稳定、易出现以性服务为对价的同居协议等。

现实生活中,男女双方未办理结婚登记而像夫妻一样同居生活的现象大量存在。基于身份关系的事实先在性,婚姻家庭编对此不应回避,应作出回应。但同居关系的情形非常复杂,对同居关系的调整需要在条件成熟时通过单行法来实现,目前在婚姻家庭编中可仅作原则性规定。为鼓励并引导人们缔结婚姻,维护婚姻法律制度的严肃性和权威性,除法律另有规定外,非婚同居当事人一般不具有人身方面的权利义务;而在财产方面,适用按份共有之规定。同时,法律也应尊重当事人对于个人生活事务的自我决定权,允许其通过特别约定对财产关系作出其他安排。

6. 民法典婚姻家庭编对采取人工辅助生殖技术出生的子女权利未予规定。

中国法学会婚姻家庭法学研究会的专家建议稿对人工生育子女的法律地位有一条原则性规定:采取人工辅助生殖技术出生的子女,是同意采取该方式生育子女的男女双方的亲生子女。依本条,采用人工生殖技术所生子女与父母之间亲子关系的确定,亦采推定的方式,即以同意采取人工生殖技术的方式生育子女的男女为子女的亲生父母。这是人工生殖技术生育子女这种方式中,亲子关系确定的最基本的原则。目前,各国倾向于保护同质人工授精,有限制地允许使用异质人工授精,以防止和避免人工生育技术的滥用。婚姻家庭法学研究会设想以本规定为一般条款写入民法典婚姻家庭编,关于人工生育子女和代孕等的具体内容,由国家相关部门另行规定。

民法典草案未采纳专家建议。目前我国只有卫生部门一些规章对人工生殖技术进行规范,明文禁止代孕。但是由于这些主要是针对医疗机构和医务人员的规范,对代孕亲子关系的认定并未明确。而且《人类辅助生殖技术管理办法》作为部门规章,只能对医疗机构和医务人员有约束力,不能禁止人们到域外进行代孕,更有很多人通过地下代孕中介来寻求帮助。除此之外,民法领域并未涉及相关的代孕子女身份认定问题。如果发生代孕纠纷,则会产生无法可依的情况。面对我国现行法对代孕子女亲子关系的认定无所适从的情况,我国立法有必要作出调整,以适应人工生殖技术所带来的挑战,而不应该采取回避的态度。

7. 民法典婚姻家庭编中未设专章规定监护制度。

尽管《民法总则》已经对监护制度作出了明确规定,但监护制度内容日趋繁杂、精细,与《民法总则》日益体系化、逻辑化、高度抽象化的发展趋势不相适应。且现代监护制度中的具体权利与主体制度中的一般性、原则性的权利无法共同规定,监护制度已不能被主体制度所覆盖和吸收。为系统完整地实现监护制度的价值,更好地保障特定群体的权利,统一协调民法典总分立法架构,由《民法总则》总括式规定监护制度,并在婚姻家庭编中设专章规定监护制度具体内容,实为最优选择。

在相关制度完善上,有必要将父母对未成年子女的照护从监护制度中分离出来,规定于“父母子女的权利义务”一节,将非在父母照护下的未成年人监护规定在监护专章中。父母对子女的照护制度与监护制度在功能、渊源上存在相似之处,但两者法律基础不同,不能相互包含。有必要区分二者,并将监护制度置于父母照护之后,作为对父母照护的补充和延伸。

此外,还应区分“未成年人监护”与“成年人监护”,扩充监护种类,对监护制度进行系统性重构。未成年人监护制度的设定,应以保障被监护的未成年人的最大利益为目的;成年人监护制度,则应包括支持决策——尊重本人的自我决定权,与替代决策并行,通过协助决定与监护制度共同保障老年人及成年被监护人的权益。

□ 关于民法典继承编

民法典继承编在一些方面进行了制度完善:一是完善了继承权丧失制度。

增补了丧失继承权的法定情形,明确了丧失继承权的绝对事由与相对事由,规定了丧失受遗赠权的法定情形。继承权丧失制度的完善有助于整肃继承秩序、维护公平正义,有助于维护被继承人、继承人的人身权益和财产权益。二是完善了代位继承制度。增加了旁系血亲的代位继承权——"被继承人的兄弟姐妹先于被继承人死亡的,由被继承人的兄弟姐妹的子女代位继承。"三是完善了遗嘱形式。增加了打印遗嘱、录音录像遗嘱,完善了口头遗嘱的效力界定。四是增设了遗产管理制度。填补了遗产管理制度的立法欠缺,明确了遗产管理人的产生路径、争议解决程序、职责内涵、过错责任的承担以及报酬请求权,实现了遗产管理的制度化、规范化,在避免遗产毁损、保证遗产安全的同时,贯彻了权利与义务相统一的原则。

民法典继承编还存在一些立法盲点。比如,法定继承一章欠缺第三顺序继承人、特留份等规定;遗嘱继承和遗赠一章欠缺共同遗嘱、后位继承、补充继承、继承扶养协议等规定;遗产的处理一章欠缺遗嘱执行人、归扣等规定。

▣ 阅读指引

◫ 权威教材

1. 马忆南:《婚姻家庭继承法学》(第5版),北京大学出版社2021年版。

   该教材紧密联系立法、司法和学术研究,吸取最新的立法、司法和学术研究成果。各章均以《民法典》为依据,并借鉴外国立法。书中对学科体系结构和内容的设计,使学生能够了解本学科的前沿动态,并获得进一步学习、研究的信息。

◫ 推荐著作

1. [德]恩格斯:《家庭、私有制和国家的起源》,载《马克思恩格斯全集》(第1卷),人民出版社1995年版。

   主要以科学实证方法阐释家庭、私有制和国家的起源,用唯物主义历史观揭示了家庭生成变迁的规律。本书是研习社会科学的学生的必读书籍,能够从中学习知识、视角和逻辑。

2. 瞿同祖:《中国法律与中国社会》(修订本),商务印书馆2010年版。

   瞿同祖先生的代表作,主要讲述了中国古代法律的基本特征与社会史的关系,涉及家族、婚姻、阶级、宗教等。本书也是研习社会科学的学生的必读书籍。

3. 史尚宽:《亲属法论》《继承法论》,中国政法大学出版社 2000 年版。

史尚宽先生是我国台湾地区著名法学家,《亲属法论》(1964 年初版)、《继承法论》(1966 年初版)是其“民法全书”(共六册)中的两册。“民法全书”取材广泛、资料丰富,学生研读之,可以开阔视野,启发思想。但是读者要注意,书中所引我国台湾地区民事规定和其他国家民法的发展变化。

4. 林秀雄:《婚姻家庭法之研究》《夫妻财产制之研究》,中国政法大学出版社 2001 年版。

学者林秀雄教授的专题论文合集,介绍了我国台湾地区相关亲属规定及其他国家和地区的规范内容与理论架构,亦有大量林教授的研究心得。

5. 余延满:《亲属法原论》,法律出版社 2007 年版。

一部有特色的专著性教科书,作者将理论与实务糅于一处,对现实的法理思考贯穿始终。

6. 裴桦:《夫妻共同财产制研究》,法律出版社 2009 年版。

夫妻共同财产制研究的一部力作,最大的特点在于:一是密切联系实际;二是研究系统深入。

7. 王丽萍:《亲子法研究》,法律出版社 2005 年版。

立足于我国现实,从制度完善的层面探讨如何修正和补充我国现有的法律,从而为制定民法典的亲子关系法奠定理论基础。

8. 陈苇主编:《外国婚姻家庭法比较研究》,群众出版社 2006 年版。

对大陆法系和英美法系主要国家婚姻家庭制度进行了全方位和多角度的比较研究,准确把握了当代婚姻家庭法在世界范围的发展趋势。

9. [美]哈里 · D. 格劳斯等:《美国家庭法精要》,陈苇译,中国政法大学出版社 2010 年版。

对我们了解美国家庭法立法以及在实务中的运用非常有帮助。

10. [德]迪特尔 · 施瓦布:《德国家庭法》,法律出版社 2010 年版。

对我们了解德国家庭法立法以及在实务中的运用非常有帮助。

11. [德]凯塔琳娜 · 博埃勒 - 韦尔基等主编:《欧洲婚姻财产法的未来》,樊丽君等译,法律出版社 2017 年版。

对欧洲家庭法的前沿问题进行了讨论,如大陆法系和英美法系离婚法、夫妻财产法上的协调问题、同居关系的法律调整、老年人照顾的法律问题等。

12. 郭明瑞、房绍坤、关涛:《继承法研究》,中国人民大学出版社 2003 年版。

分为上下两编,上编为继承法基本问题研究,主要就继承权法定继承、遗嘱处分等问题进行了探讨。下编为继承法立法建议条文,分别从说明、理由、立法例三个方面对每个条文加以阐述。

13. 陈苇主编:《当代中国民众继承习惯调查实证研究》,群众出版社 2008 年版。

揭示了当代中国民众有关遗产、继承及其他遗产转移方式的观念和行为,考察了当代中国民众的遗产继承意愿和继承习惯,分析其原因,研究和预测其发展趋势。该书为我国制定21世纪具有中国特色的民法典的继承编提供了基本的国情依据。

14. 陈苇主编:《中国继承法修改热点难点问题研究》,群众出版社2013年版。

由两个部分构成:第一部分为中国继承法修改难点热点问题研讨会论文;第二部分为继承法修正案学者建议稿。

15. 夏吟兰、龙翼飞主编:《家事法研究》,社会科学文献出版社各年卷。

中国法学会婚姻家庭法学研究会主办的专业学术集刊,每年出版一卷,基本囊括了本年度婚姻家庭继承法学领域的最新研究成果。可读性和可借鉴性强。

立法资料

1. 黄薇主编:《中华人民共和国民法典婚姻家庭编释义》《中华人民共和国民法典继承编释义》,法律出版社2020年版。

全国人大常委会法制工作委员会民法室对《民法典》条文的逐条说明,作为官方权威版本,有参考价值。但必须提醒,该书并不代表全国人大的观点,需要辨析阅读。

2. 最高人民法院民法典贯彻实施工作领导小组编:《中华人民共和国民法典婚姻家庭编继承编理解与适用》,人民法院出版社2020年版。

最高人民法院对《民法典》条文的逐条说明,体现了司法机关对待《民法典》的态度,与司法实践结合紧密。

网站

1. "家事法苑"家事律师网:http://www.famlaw.cn/。

该网站可以查询由杨晓林律师带领的"家事法苑"律师团队编辑的《"家事法苑"婚姻家庭法律资讯简报》,是关于家事立法动态、典型家事案件、案件评述、家事法律界的学术活动和最新研究成果的展示。

2. 最高人民法院网:http://www.court.gov.cn/。

最高人民法院官方网站,了解司法政策、司法解释的权威之选。

民事诉讼法的三重结构

刘 哲 玮

刘哲玮

北京大学法学院副教授，博士生导师。北京师范大学法学学士（2003年），北京大学民事诉讼法学专业法学硕士（2006年）、法学博士（2010年）；清华大学法学院博士后研究人员（2010～2012年）；美国加州大学洛杉矶分校法学院访问学者（2008～2009年），最高人民法院研修学者（2017～2019年）。主要研究领域为民事诉讼法学、证据法学、司法制度。

2012年开始在北京大学法学院任教，主讲以下课程：（1）初阶讲授类：民事诉讼法学、民事证据法、纠纷解决、中国民事诉讼法与仲裁法；（2）高阶研讨类：民事诉讼法学专题；（3）案例研习类：民法案例研习、民事诉讼案例研习。

今天我们介绍民事诉讼法学导论性质,讲解关于民事诉讼法学入门的内容,即“民事诉讼的三重结构”。具体来说,主要涉及三个问题:首先,必须要讲清楚核心内容——什么是民事诉讼,什么是民事诉讼法。其次,所谓的三重结构是什么,也即学习民事诉讼法的时候需要注意从哪三个维度来理解和思考。最后,从方法论上谈一下怎样学好民事诉讼法,需要注意哪些问题,有哪些参考资料。

■ 民事诉讼和民事诉讼法

第一个问题是我们的学习和研究对象——什么是民事诉讼和民事诉讼法?

关于民事诉讼,在任何一本教材都可以看到相关的定义,这里也罗列了一些民事诉讼学说,有“行为说”——当事人诉讼行为和法院审判行为的综合;有“制度说”——法院根据当事人请求,保护当事人正当权利和合法利益的审判程序制度;有“活动+关系说”——法院在所有诉讼参与人的参加下,审理和解决民事争议的活动以及形成的各种法律关系的总和。而什么是民事诉讼法呢?法理学上有一个对于法的定义的万能公式——法是调整某一种法律关系的所有法律规范的总和。那么民事诉讼法的定义就是调整民事诉讼法律关系的法律规范的总和。

这样的概念有意义吗?至少对初学者来说没有任何意义。通过记诵一堆概念,讲了一堆名词,说了一堆的内容,好像知道了一些东西——制度、活动、法律关系。但是又有什么用呢?我们很难依靠这些抽象的概念来真正理解民事诉讼或民事诉讼法。所以,下面将会从功能主义的角度,而不是从概念的解释和定义的角度,去阐释民事诉讼和民事诉讼法到底是什么。

认识民事诉讼必须要首先要讲它的前端,也就是引发民事诉讼的事物。直观地看,民事诉讼其实是用来解决民事纠纷,没有纠纷就不可能有诉讼。如果社会没有纠纷,那么就不会存在民事诉讼这样一种制度。因此,我们首先要理解什么是民事纠纷,然后看什么是民事诉讼,进而再看什么是民事诉讼法。

□ 民事纠纷

1. 纠纷

欲理解什么是民事纠纷，首先要理解什么是纠纷。纠纷并不是一个法学上的概念，而是一个社会学概念，[1]对于每个人来说都是能够遭遇、能够直接感受的问题。所谓的纠纷就是指因为各种各样的原因，包括感情纠葛、利益分配而产生的各种冲突。

大到国家和国家之间，中到各种组织体之间，小到个人之间，都可能产生冲突，这种冲突就是纠纷。纠纷有各种各样的形态，有可能会以战争兵戎相见的形式发生，也有可能是一般性的争吵、拌嘴、互相不理对方等形式。纠纷的原因也会多种多样，而且同样的原因可能引发不同类型的纠纷。所有的纠纷其实都是冲突，而冲突的原因是各种各样的。纠纷是普遍存在于人类社会的一种情形。

冲突和纠纷是普遍存在的，与人类社会共存。因此，很难想象我们要去建立一个没有纠纷的社会，也很难想象我们的终极目标是让这个社会没有冲突、纠纷乃至最后没有诉讼。如果某一个政治家有这样的想法，那么他其实没有理解冲突、纠纷的真正作用。一个社会的诉讼和纠纷很多，是各种各样的原因造成的，并不能简单因为纠纷多，就断言这个社会一定出现了问题。

2. 民事纠纷

“民事”二字，决定了我们的研究对象只限于民事纠纷。国家之间的战争是国际法要关心的问题，而民事诉讼法要关心的是民事纠纷的解决。什么是民事纠纷呢？纠纷是一种冲突，民事纠纷需要在其上增加一些特定的条件。

如何界定民事纠纷？可以联系民法上的定义：民法调整民事法律关系，民事法律关系的特征、核心是平等主体之间的人身财产关系。所以如果要对民事纠纷下定义，就把这些民法上的特征放进纠纷中来——平等主体之间因为人身和财产问题产生的争议、产生的冲突就是民事纠纷。所以它的特点是主体具有平等性，内容是财产关系、人身关系。诸如行政相对方和政府之间发生

[1] 齐美尔反对将冲突视为破坏社会和谐的因子，而认为协调与冲突、吸引与排斥是一种常见的，普遍存在的形式。科塞认为社会冲突指的是“对有关价值、对稀有地位的要求、权利和资源的斗争，在这种斗争中，对立双方是试图破坏及伤害对方”。参见[美]科塞：《社会冲突的功能》，孙立平等译，华夏出版社 1989 年版，第 2 页。

的纠纷,就是行政性质的冲突,属于行政法和行政诉讼法调整的对象。

但是,二者之间的边界其实是非常模糊的。表面上看,平等主体、财产关系、人身关系都在民法上有非常明确的判断标准,但是落到很多具体问题上,就会引发争议。例如,有些合同是否经相关行政部门审批可能影响其效力,进而也影响纠纷解决的方式。[1] 如果被批准,合同可能有效,就应该按合同来处理纠纷;如果没有批准,那就不是一个有效的合同,可能就变成了不当得利纠纷。房屋买卖也如此,很多房地产纠纷最后变成了登记问题,到底是登记错误这样的行政法问题,还是不动产买卖交付、物权变动这样民法上的问题?可见,很多时候不同类型的纠纷交织在一起,在一个事件中同时出现。更不用说还有很多机构的身份本身具有特殊性,它到底是一个平等的市场主体,还是一个行使行政管理权力的机构也并不清楚。这样一些边界上的模糊性,使我们在理解纠纷的性质时会产生疑问。它涉及人民法院的民事审判庭对这种案件有没有管辖权限。[2]

至此,我们大概可以理解,民事纠纷是我们要解决的问题,是平等主体之间因为人身关系、财产关系所产生的冲突。但到底它的判断标准是什么,还要留待未来我们讲授具体的主管规则时来进一步分析。

□ 民事诉讼

1. 民事诉讼是民事纠纷的公力解决方式

在理解了民事纠纷之后,我们要考虑民事纠纷有什么样的解决方式?是

---

〔1〕《合同法》(已废止)第 44 条第 2 款规定:“法律、行政法规规定应当办理批准、登记等手续生效的,依照其规定。”最高人民法院《关于适用〈中华人民共和国合同法〉若干问题的解释(一)》(以下简称《合同法解释一》)第 9 条进一步明确“依照合同法第四十四条第二款的规定,法律、行政法规规定合同应当办理批准手续,或者办理批准、登记等手续才生效,在一审法庭辩论终结前当事人仍未办理批准手续的,或者仍未办理批准、登记等手续的,人民法院应当认定该合同未生效”。如“陈某树与云南红塔集团有限公司一般股权转让侵权纠纷”[(2013)民二终字第 42 号]一案,最高人民法院在判决书中称:本案所涉股份转让协议依法属于应当办理批准手续的合同,需要经财政部批准才能生效,但因红塔有限公司上级主管部门中烟总公司不同意本次股权转让,报批程序已经结束,股份转让协议已确定无法得到有权机关批准,故应依法认定为不生效合同。

〔2〕一个例证是,PPP(Public – Private Partnership)协议纠纷究竟属于行政诉讼还是属于民事诉讼,在实务部门一直有争议,一直到 2019 年年底的最高人民法院《关于审理行政协议案件若干问题的规定》第 2 条第 5 项将“符合本规定第一条规定的政府与社会资本合作协议”纳入行政协议的范畴,这一问题才基本解决。

不是发生了纠纷就全部都要通过民事诉讼解决？显然不是。民事纠纷的解决方式有很多，因为民事纠纷太普遍了，平等主体之间因为人身、财产关系产生的纠纷都是民事纠纷。

比如，同学甲放假前向乙借了300元买车票，到现在一直没还，乙应该怎么办？我们会有很多解决方案，比如乙会说自己现在手头紧，提醒甲还钱。这其实是一种私力救济——通过两个人之间的沟通，不借助其他的外部力量解决纠纷。

如果甲不还，明确告诉乙自己没钱，那乙怎么办？乙可能会考虑找人来帮助自己，如告知辅导员，这就是社会救济。借助不享有国家公权力、非法律规定的权力机构的外部力量解决纠纷的方式，都属于借助社会第三方力量进行救济的社会救济。

还有一种是公力救济，也就是借助作为第三方的公权力机关。除了民事诉讼外，公权力机关解决民事纠纷还有很多其他方式。比如，派出所有时候也会解决民事纠纷：邻里之间发生矛盾之后报警，警察会过来调解，这也是公权力机关解决民事纠纷的表现。行政法上所谓的行政调解、行政裁决，都可能针对民事纠纷，此时就是行使行政权力来解决民事纠纷。但是放眼全球，解决民事纠纷的公权力机构主要是法院，是司法机关，这一趋势现在在中国也越来越明显了。

所以，人民法院是由国家设立的专门的公权力机构，用来解决平等主体之间的民事纠纷。人民法院的职能、民事诉讼的功能就是解决民事纠纷，这种情况下我们就能理解，民事诉讼的核心或者本质就是解决平等主体之间人身财产关系发生的纠纷。

2. 民事诉讼的特点

民事诉讼的特点主要表现在四个方面：

第一，主体上的特殊性，即法院的参与。和其他的社会救济不一样：社会救济的主体有可能是居委会，也有可能是一个组织，如消协、妇联、工会；但是民事诉讼的解纷主体非常确定，是且只能是法院。

第二，民事诉讼的目的是解决民事纠纷。当然，关于民事诉讼的目的理论还有很多其他的学说，我们在这里不展开，但从我国司法实践来看，解决纠纷是民事诉讼最重要的目的。

第三，民事诉讼的过程有严格的程序规范。民事诉讼是国家规定的法定公权力机关解决纠纷的机制，所以程序非常严格，只要是法律规定的程序就必须得到遵守，如果没有遵守，也即违反了程序，就可能导致相关的民事诉讼行为无效。

第四，民事诉讼的结果具有强制效力。民事诉讼判决要受到国家强制力的维护和保障，如果不遵守判决，对方当事人可以向法院申请强制执行，强行由国家强制力保障判决落到实处。这和调解不一样，调解的最后可能仍然是双方当事人自己决定履行，以当事人自愿为原则，而民事诉讼可以看出有很强的刚性色彩，还有很强的公权力色彩，结果也有很强的保障。这也是民事诉讼的特点，是和其他的纠纷解决方式所不一样的地方。

这样一种和国家紧密关联的机制有优点，因为其结果有保障，如果胜诉了，那么原告很可能得到想要的结果。但也存在缺点，如像刚才说的熟人之间的借款纠纷为什么不第一时间到法院去起诉呢？因为诉讼有严格的程序规范，也就意味着成本比较高，非常的刚性，并且纠纷一旦进入法院场域，几乎意味着双方“撕破脸”。所以我们经常说民事诉讼是民事纠纷解决的最后一道关卡，其耗费的成本、时间、精力等，都会远远高于其他的纠纷解决方式。

所以，上述民事诉讼独有的特征，以及其与各种纠纷方式错落有致的格局应该得到坚持，如果得不到坚持，整个国家的民事纠纷解决方式就会出现高度同质化，使得真正需要民事诉讼这种公力救济的当事人没有办法得到严格意义上的救济。

3. 民事诉讼的价值

除了解决纠纷这一本身的功能外，民事诉讼还有没有其他的功能值得我们重视呢？不仅在中国的法学院，民事诉讼法在大陆法系、英美法系等各个不同的法律体系中也都被作为必修课。在所有大陆法系国家及地区，民事诉讼法都是必修课。在我国台湾地区，很多学校的民事诉讼法是要用两个学期的学时来完成，其重要性可见一斑。而美国的“Juris Doctor”（JD）课程，一年级的必修课要远远少于中国法学院的课程，但是民事诉讼法却几乎是所有美国律师协会（ABA）认证的法学院的必修课。不学民事诉讼，似乎就根本不足以成为一个真正的法律人。为什么民事诉讼有这样重要的作用呢？我们认为，除了刚才所说的解决纠纷的作用外，还有两个特别的价值或者说功能：

第一，民事诉讼是各种纠纷解决程序最原始的形态，或者说是解决纠纷最规范的样板。也就是说，其他的解决纠纷机制，不管是调解还是仲裁，乃至行政诉讼或者刑事诉讼,在某种意义上都是对民事诉讼的模仿或改革。比如,仲裁也是一种解决纠纷特别是解决商事纠纷的典型机制,仲裁的各种程序几乎都能在民事诉讼中找到缩影。又如行政诉讼,中国的《行政诉讼法》是在1989年才制定,[1]在制定的时候具体程序部分主要参考的模板就是《民事诉讼法》。我们北京大学民事诉讼法学的开创者刘家兴教授,当年就深度参与了《行政诉讼法》的立法起草工作。行政诉讼当然有它的特色,但是除去那些特色以外的诉讼机制,其实是模仿民事诉讼。刑事诉讼法当然也有其特殊的价值,如限制公权力机关,在强大的公权力机关和弱小的犯罪嫌疑人之间进行力量的平衡。但在审判程序上,怎么样去审判、怎么样去开庭、怎么样去辩论,主要都是由民事诉讼法提供理论的资源、技术的支持。所以民事诉讼能够成为各种解纷程序的模板。

因此,一个国家如果民事诉讼程序非常烦琐、复杂、苛刻,会影响这个国家的其他程序,因为其他程序的效仿对象就是这个国家的民事诉讼程序;相反,如果一个国家的民事诉讼程序太简单,也会导致整个国家其他的解纷程序非常地简陋、粗犷。这就是民事诉讼特有的价值——能够通过了解一个国家的民事诉讼来了解整个国家对诉讼程序乃至程序法持何种态度和看法。

第二,民事诉讼是各种政策、各种法律最后的作用场所。也就是说,我们学了很多实体法,很多的规章制度,但这些都是抽象的法条,怎么样能够作用于一个又一个的交易和经济往来呢?当事人在起草合同的时候会当然地遵守国家的相关法律规定吗?假如没有民事诉讼,没有法院去判断这个合同到底是有效还是无效,那么当事人起草的合同其实没有意义。我们很熟悉一句法谚:“无救济则无权利。”如果没有最后的解纷机构作为支撑,没有民事诉讼机制作为支撑,实体法律规范就没有办法得到真正落实。我们可以在纸面上规定被欺诈的合同可以撤销、无效,但假如一个国家的法院从来不受理关于撤销欺诈合同的诉讼,那么这种撤销权的规定没有任何意义。所以民事诉讼是各种政策、法律的最终作用场所,在任何国家都是如此。托克维尔曾说,在美国,所有的政治问题最终都会转化为法律问题。政治问题的范围很大,我们中国人最好理解的例子就是“布什诉戈尔”案,连总统选举最后都是由法院决定。当然美国联邦最高法院解决的政治问题还有很多,以至于很多观察者都认为

---

[1] 1989年4月4日第七届全国人民代表大会第二次会议通过。

它其实是一个政治法院，与一般的民事法院不能画等号。但我们也必须看到，联邦最高法院解决这些政治问题所适用的程序绝大部分都是民事诉讼，如大家都熟悉的"罗伊诉韦德"案、"布朗诉教育委员会"案，都是通过民事诉讼作出了最终裁判。这说明民事诉讼为解决这些政治问题提供了基本的场所。

或许有人会认为，制定法律后，相关主体自己遵守法律就可以保证法治实现了。但事实上，如果没有中立的第三方做判断，社会就无法相信守法与否。此时必须要有中立的、权威的第三方，对双方争议的事实予以确定，根据相关的证据，适用相关规则做最终认定。这个第三方，其实就是司法机构，而认定事实和适用法律的过程就是诉讼。当然，具体的司法机构的名字可以叫法院，也可以叫衙门、调查组、裁判所、卡迪……但必须应当是第三方适用规则来裁判纠纷。这其实也就是司法的含义，双方能够表态，能够提交证据，能够进行辩论，只要它符合这样的形态，名称并不重要。

□ 民事诉讼法

最后一个问题就是民事诉讼法。如前所述，民事诉讼法是调整民事诉讼的法律规范的总和。但概念不重要，重要的是要理解它的性质，也即民事诉讼法是什么样的法。

1. 民事诉讼法的性质

首先，民事诉讼法是基本法。所谓基本法，就是一个国家重要的法律部门。第一，地位很重要，因为民事诉讼法是解决民事纠纷，是调整民事诉讼这一国家基本的民事纠纷解决机制的法律。第二，民事诉讼法的调整对象包括了所有的民事诉讼。《民法典》的内容上千条，民法的部门法若干个，但是《民事诉讼法》一部法解决所有的民商事争议解决问题。不管是婚姻、物权、债权、侵权、知识产权、海事海商，还是各种保险、证券，只要属于民商事争议，并且进入民事诉讼中，就都是用民事诉讼法来做相应解决。这体现了其广泛的覆盖面，也说明了民事诉讼法的基础性。第三，民事诉讼法的立法主体在我国是全国人民代表大会，它是比较少的由全国人民代表大会直接制定的法律，是基本法，因此具有非常高的地位。

其次，民事诉讼法是程序法。这个性质比较容易理解，民事诉讼法和民事实体法是对应的关系，和行政诉讼法、刑事诉讼法一起构成了程序法的框架和体系。

最后,民事诉讼法是公法。它虽然包含“民事”两个字,但是确实是一部公法。民事是平等主体之间的人身、财产关系,但是民事诉讼法解决的是法院公权力介入民事纠纷解决时,其具体应当怎样去行使权力的问题,所以民事诉讼法实际和行政法一样,是解决公权力机关权力行使的形式、边界的法。

2. 民事诉讼法的范围

广义的民事诉讼法包括法典、其他的法律规定、条约、司法解释、指导案例,我们国家的《立法法》承认的法律渊源不包括司法解释和指导案例,《立法法》承认的只有国家制定的法典、行政法规、部门规章、地方性法规和地方性规章。所以广义的民事诉讼法当然包括这些规范,也包括国际条约,如《纽约公约》涉及仲裁裁决的执行的问题。

其实,司法解释和指导性案例都是最高人民法院颁布的,只是解释法律的一种方案,并不是有拘束力的民事诉讼法的组成部分。但因为是最高人民法院颁布的,意味着下级法院审理案件遇到相关法律问题时会尊重最高人民法院的意见。如果不尊重,上诉或再审到最高人民法院之后还是会被最高人民法院驳回。所以按照这个逻辑,这样的解释方案也具有非常高的权威性,以至于全国的法官不可能真正违反。因此,从实证而非规范的意义上来说,我们也应当承认司法解释和指导案例在民事诉讼中是具有效力的法律渊源,要认真对待。但是,如果不是在民事诉讼中,而是在仲裁中或者是在行政争议解决这些程序中,这些司法解释和指导案例其实就没有了法律上的拘束力,而只是一种和学理解释等值的解释方案。

3. 民事诉讼法的内容

如果我们通读中国《民事诉讼法》的目录,会发现《民事诉讼法》虽然分为四编,但其实内容却可以打散重组为四个部分:第一部分是司法制度,涉及法院的组织制度、司法行政制度,如合议制度、陪审制度、两审终审制度,这和刑事诉讼法、行政诉讼法类似。第二部分是民事诉讼程序,包括一审、二审、再审的具体规则。第三部分是非讼程序,主要涉及特别程序、督促程序、公示催告程序三章,它们不是民事诉讼但规定在《民事诉讼法》中,是很特别的程序。第四部分是执行程序,即关于判决生效后的落实。民事执行程序已经启动了单行立法,很有可能在最近的几年中从《民事诉讼法》中脱离出来,但目前还是《民事诉讼法》的一部分。

所有民事诉讼法学课程的主体都是第二部分民事诉讼程序制度内容,但是大家要知道中国的民事诉讼法除了这部分的核心主体之外还有三部分内容,从而理解民事诉讼法整体的体系。

4. 民事诉讼法的效力

任何一部法的效力,都包括对人、对事、时间、空间的效力。

对人的效力上,中国民事诉讼法采取属地原则,只要在中国进行的民事诉讼都适用《民事诉讼法》。

对事的效力上,《民事诉讼法》涉及民事诉讼、特殊的非讼程序,执行程序,还解决一些特别的仲裁调解问题。所以,对事的效力涉及刚才提到的内容范围问题,当然具体的民事诉讼又涉及前面所说的民事纠纷的范围问题,与主管制度紧密相关。

时间的效力上,程序法有一个特殊之处,即程序法遇到法律冲突时,原则上都是依照新法。实体法从旧是基本原则,而程序法适用的是从新原则,其原因主要是确保诉讼程序的安定,尤其考虑到程序是动态的,是可能正在进行过程中的诉讼,如果从旧,会对整个诉讼体系造成动荡。

空间的效力上,跟前面提到的对人的效力实行属地管辖是一致的,就是在中华人民共和国领域内进行的民事诉讼,统一适用中国《民事诉讼法》。

■ 民事诉讼的三重结构

民事诉讼的三重结构,也就是我们说的三重线索问题,可以从整体上帮助我们更好地理解民事诉讼。

□ 流程结构

第一个结构是流程结构,主要涉及以下内容(见图1)。

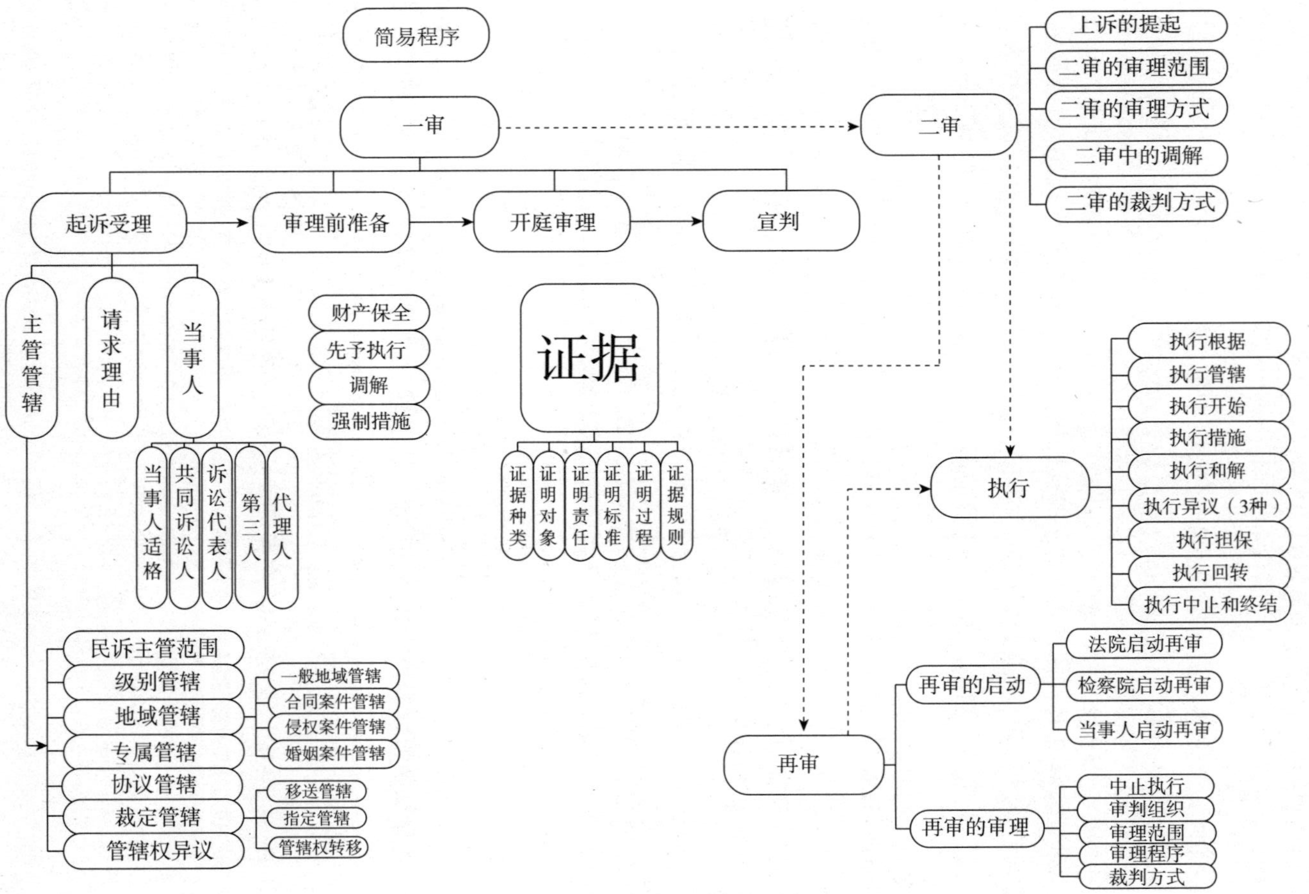
简易程序
一审
起诉受理
审理前准备
开庭审理
宣判
主管管辖
请求理由
当事人
当事人适格
共同诉讼人
诉讼代表人
第三人
代理人
财产保全
先予执行
调解
强制措施
证据
证据种类
证明对象
证明责任
证明标准
证明过程
证据规则
民诉主管范围
级别管辖
地域管辖
专属管辖
协议管辖
裁定管辖
管辖权异议
一般地域管辖
合同案件管辖
侵权案件管辖
婚姻案件管辖
移送管辖
指定管辖
管辖权转移
二审
上诉的提起
二审的审理范围
二审的审理方式
二审中的调解
二审的裁判方式
执行
执行根据
执行管辖
执行开始
执行措施
执行和解
执行异议（3种）
执行担保
执行回转
执行中止和终结
再审
再审的启动
法院启动再审
检察院启动再审
当事人启动再审
再审的审理
中止执行
审判组织
审理范围
审理程序
裁判方式

图1　民事诉讼流程结构

大部分人学完民事诉讼法之后最熟悉的就是这些,认为民事诉讼法就是讲一审、二审、再审、执行,按照时间的流程走下去,导致的结果就是感觉知识很多而且很乱。

按照时间顺序学习的一大问题是缺少体系感——每一个时间点上都可能发生很多事情,事无巨细,而每一个案子又有不一样的案情,也会经历不同的程序。这种单纯流程化的学习导致很多同学反映程序法没有体系感。

那么这样一种基本流程的学习有没有必要呢?有必要。因为我们的法律文本顺序、一般教科书的顺序,乃至我们所理解的诉讼就是按照这个流程进行。但是一旦要适用法律的时候就会发现这个结构不好用,它造成你找法条的时候非常困难,也难以实现融会贯通。所以,时间顺序流程结构是民事诉讼法的第一层结构,这层结构是我们在初学阶段必须掌握的线索,但如果仅仅只有这一线索还远远不够。

□ 权利(力)结构

第二个结构权利(力)结构是从主体的角度去理解,一是法院的审判权,二是当事人的处分权,以及它们之间所形成的一种关系。

1. 审判权

(1)审判权的定义和特征

审判权是法院对民事案件进行审理,并通过审理作出裁判的一种权力。国家建立法院,目的就是要通过民事诉讼解决民事纠纷。具体来说就是通过法院审理、裁判案件来解决。

审判权的主体只限于法院,它的对象是民事纠纷,其程序必须按照民事诉讼法规定的程序进行。这三个特点——主体的唯一性、对象的特定性、程序的合法性——分别对应司法权的三重特点。

第一,主体的唯一性是指人民法院独立行使审判权。只有国家规定的相关机构可以行使审判权,在我国就是由人民法院来行使这个权力,其他机关、个人都不得干涉人民法院独立地行使审判权。这是写到宪法中的一个条款。第二,对象的特定性,即民事审判权只解决民事纠纷。需要强调的是,尽管司法是社会正义的最后一道防线,但它是有限救济,不解决所有的纠纷,不能让所有的纠纷都交给法院来解决。第三,程序的合法性,即审判权的形式要严格遵守民事诉讼法程序法的规则,体现了程序正义。民事诉讼不光要保障实体权利,而且要维护、坚守基本的程序正义。这是整个国家司法权的特点,而最后是通过民事诉讼或民事审判权,当然也包括刑事审判权、行政审判权这种权力来解决。我们前面提到的民事诉讼以及其蕴含的民事审判权,其实就是国家司法权的最典型代表。

(2)审判权的权能

民事审判权在中国的具体权能主要表现为下列三个方面:

第一,法院的程序控制权/指挥权。法院可以通过各种各样的文书、各种各样的行为行使这个权力,作出相关裁定,发出相关通知、传票、决定命令,进行调查、询问、释明等。上述都是人民法院行使程序控制权的方式,从而推动民事诉讼程序的正常运行。具体哪些是裁定,哪些是通知、询问、释明,后面会结合具体制度来详细讲授,但是总体上可以看出,在中国的民事诉讼法上,法院有大量的程序控制、程序指挥权力。

第二,裁判权。法院通过审理案件推动程序,通过适用法律、认定事实,最终作出裁判。判决书的作出体现的是法院享有最后的实体裁判权,裁定主要针对程序问题,判决主要针对实体问题。

第三,中国法院还有一个特殊的权力叫调解权,绝大多数国家的法院都没有,它是中国法院的特点,通过调解案件最后作出的文书是调解书。

(3)审判权的监督和制约

审判权具有很大的权能,自然要对其进行监督和制约。中国规定了很多监督和制约机制,我们有内部监督,我们也允许当事人进行监督。

第一,内部监督。内部监督首先包括法院内部监督,如法院系统内上级法院的监督,某个法院内院长、庭长的监督。这里面有一些有意思的问题大家可以去研究,如上级法院监督下级法院是否违反审判独立?或院长、庭长监督法官办理案件是否违反审判独立?这些命题都属于需要在一个国家的宪法框架下去解决的问题,因为上级法院和下级法院的关系其实涉及央地关系。

在英美法国家中,一个法院的院长去过问不属于他自己审理的案件,或者去问另外一个法官的案件情况,并给出相关意见,可能是很严重的司法伦理问题。但是在大陆法国家可能就没有问题。为什么出现这种情况?像审判独立、司法协作这样一些概念并不是一个抽象的,而是深深地嵌刻在这个国家的传统文化以及当下社会所面临的情况中的,如有没有相应的律师配合,有没有相应对案件的数量、完成程度、时间的绩效考核,其实有可能决定着国家在某些具体的司法制度上采取的态度。

这些问题我们不展开了，它虽然也属于民事诉讼法的重要问题，但理解和解决都涉及宪法上国家权力应当怎样分工和行使。但是它们都值得大家深入思考和研究，对待每一个有价值的问题，我们都需要避免意识形态式的捍卫或反对，而是应该从问题本身出发，调动各个学科的知识，审慎地追问、反思、并最终得出能够说服自己的结论。

第二，外部监督。我们还有外部的监督，检察院、人大、舆论包括当事人的监督和制约。但是从中国司法实践的经验来看，总体上，我们的外部监督相比于内部监督来说不够有效。为什么会出现这种情况？这也是值得思考的问题。

一种解释是因为司法太专业了，非专业人士很难真正地进行监督。人大代表不懂法，甚至检察院也不太懂民商法。这导致民事诉讼是非常专业的内容，外部监督其实十分困难。另一种解释方案是不够透明。当事人查阅卷宗只能够查到正卷的内容，副卷的记录，包括领导批示、审判委员会记录等根本看不到。这种情况下，外部力量如何能够监督？还有另外的思路，那就是可能虽然法律规定了外部力量有权监督，但是没有相关程序进行保障。检察院、人大、媒体都没有监督的具体程序。这些解释思路都有一定道理，大家可以去研究、解释、分析和思考，从不同的进路得出的答案很可能是不同的。

2. 处分权

处分权是指当事人在民事诉讼中，在法律规定范围内自主决定是否行使诉讼权利和实体权利，类似于民法中的意思自治原则在诉讼中的体现。既然它是民事权利，那么就要充分尊重当事人的自愿，由当事人决定是否行使以及如何行使相关权利。

处分的具体内容包括实体权利和诉讼权利。实体权利当然就是民法中规定的各种请求权、抗辩权、形成权等内容，在具体诉讼中可能表现为具体的诉讼请求。比如，根据请求权可以要求甲赔偿乙损失 2 万元，所以乙的诉讼请求就是赔偿损失 2 万元。诉讼权利就是民事诉讼法规定的各种程序的权利，《民事诉讼法》第 49 条第 1 款和第 2 款规定了一些相关的规则，如委托代理人、回避、收集提供证据、辩论、上诉、执行、查阅卷宗等，除此之外还有很多散见在其他法条中的当事人的诉讼程序上的权利，这些都是在学习过程中会遇到的问题。

为什么要考虑这些权利？这就涉及第二重结构的问题，第一重结构只是在具体的时间流程上一审、二审、再审要做什么事情，而现在是在一审时要去起诉谁，当事人起诉要满足什么样的条件？法院在这时可不可以主动调查、搜集证据？如果可以，要满足什么样的条件？保全是当事人申请启动还是法院启动？当事人申请需要满足什么条件？法院启动要满足什么条件？这就是我们说的第二重视角——去理解每一个具体流程环节中当事人和法院所享有的权利范围和要满足的相关要件。

3. 民事诉讼模式

所谓民事诉讼模式，就是法院审判权与当事人处分权之间的关系，进而形成的一个国家或者一个法系中民事诉讼的结构性特征，这种结构性的特征就构成了所谓的民事诉讼模式。

日本民事诉讼法学教授兼子一说：在民事诉讼中，法院和当事人同为诉讼主体，哪一方是整个诉讼程序的主导，诉讼的启动、运行、终止、终结由哪一方控制，是当事人主义和职权主义分类的关键。所以民事诉讼模式划分中有一种叫当事人主义与职权主义的分类。很明显，如果由当事人主导程序，就应该叫当事人主义；相应地，如果由法院审判权主导，可能就叫职权主义。这是最主要的一种分类，这也是整个法学界公认的观点。当事人主义以英美法的对抗制为主，职权主义以大陆法系的纠问制为主，所以很显然，在英美法系国家当事人占据主导地位，而大陆法系国家审判法院的审判权占据主导地位。当然，如果大家仔细观察，英美法系其实不是当事人，而是律师占据主导地位，因为程序太复杂，如果没有律师，当事人将寸步难行，所以由律师主导案件的前进。当事人主义和职权主义是两大法系世界主要的诉讼模式，这是整个比较法学界都接受的观点。

那么中国属于哪一种比较典型的模式？很多人认为，我们国家属于职权主义的诉讼模式，因为法院有很多权力，比如调解、判决，同时还有程序指挥权，有很多的事可以做，很像职权主义的模式。因此，我国从 20 世纪 90 年代开始司法改革时，在诉讼法上改革的方向就是要从职权主义向当事人主义推进，认为中国的民事诉讼模式有问题，法院的权力太大了。但是也有人提出，如果要将职权主义改成当事人主义，预设的前提是职权主义不好，当事人主义好。可是大陆法系国家为什么不改？当比较法学界描述民事诉讼模式的两种分类的时候，并未说英美法好、大陆法差，恰恰相反，“二战”之后两大法系呈现交融的状态，双方互相承认彼此的优势，两边是平等、互相借鉴的，可为什么到中国就认为职权主义不好、当事人主义好?

这个问题在改革开始的时候就困扰了学界很久。当时在西南政法大学任教的张卫平教授对这个问题给出了非常好的回答。张教授的研究指出的,我们不能够把职权主义和当事人主义简单、直接地对立起来,否则我们就没有办法找到中国在这个谱系当中的位置。张教授认为其实在诉讼模式的分类上要再细一点,不能仅看谁主导程序的运行,而是要分为两种情况,即程序的运行环节是由当事人控制,还是由职权来控制。我们国家当时继受了苏联东欧的法律传统,显然采取的是职权进行主义。由谁来推动各有利弊,所以两大法系也各自承认,这里面涉及传统、历史、文化的原因。总之,英美法系和大陆法系在这个问题上有区别,它们也互相看到了对方的优点。

但是在另外一个问题上,英美法系和大陆法系是相同的,而正是由于相同,它们在比较的时候只比较了不同的问题——程序的推动者,根本上忽略了这个共性的问题——具体审判对象的确定。在这个问题上,大陆法系和英美法系都采取了同样的一个原理,就是辩论主义。辩论主义的核心就是以当事人辩论的内容作为法院审判的基础,法院认定的事实、证据都要来自当事人的辩论,不管英美法系还是大陆法系在这个问题上都是一致的。可是我国不一样,我国采取的是职权探知主义,即使双方当事人都没有主张,法院也要去主动调查。

所以我们认为,我国改革的方向是从苏东法系的状态向大陆法系的状态改革,审判对象的确定上要更多地依赖当事人。而至于具体的程序运行是由当事人主导还是法官主导,恐怕并不特别关键。

□ 思维结构

不管是流程也好,还是权利也好,都是民事诉讼法所规定的内容。一个案件拿到手中,要知道从诉讼的角度来说,现在是在哪一个阶段、哪一个环节,在这个环节可以做哪些事,谁有权利(力)做,满足什么条件可以做。

但是如果我们再往前一步走,如何从整体上考虑这个案件到底应该怎么处理,我们会发现,这不就变成一个实体问题了吗?确实,如果抛开我们前面所说的那些事实问题,从第三人视角来分析,这就是一个实体法上的法律分析。可是当事人递交案件的时候,并不是第三人视角,因为他提供的只是当事人的一面之词。我们不知道对方还有哪些证据,也不知道对方还可能主张哪些事实、提出哪些抗辩。这种情况下,需要设计一套诉讼方案。

当事人不会告诉我们这个案件需要用什么法,而是会向我们描述整个的事情经过,然后问这个案子应该怎么办。此时有可能可以走侵权的路径,也有可能走合同履行的路径、违约损害赔偿的路径、不当得利的路径,在民法上就会有不同的选择。我们还要考虑违约的事实能否得到认定——有没有证据,能否拿出合同上的条款和相关生活事实进行有效涵摄,最终让法院相信对方确实构成违约。如果做不到这一点,也就是说表面上其实并没有违约,那可能得走另外一条路,如解除合同或者是履行合同,相应的诉讼请求就完全不一样,需要结合的事实也就大不相同。而如果走违约的路径,可能面临管辖协议,那又涉及如何规避管辖协议,可能需要更换请求权。

这些问题将决定我们拿到案件之后需要有一个整体的思维结构:这个案件要诉什么?怎么样去设计这个诉讼?诉讼请求是什么?能够引入的事实、援引的法律是什么?手上有哪些证据?这就涉及讲处分权和审判权的关系时提到的一个很核心的问题——法院到底审什么?大量的证据和事实要由当事人或律师来提交或主张的,那提交或主张什么呢?

思维结构就意味着在整个民事诉讼中,要知道法院的审判对象在四个层次上的内容(见图2)。

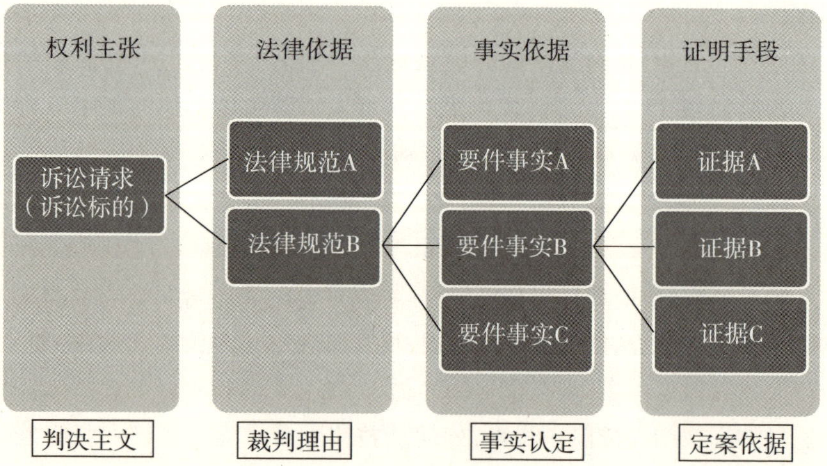

图2　法院的审判对象

第一个层次也是最核心的就是诉讼请求。整体上的诉讼请求怎么确定?首先要有请求权基础。当事人之所以有这样一个权利,其法律依据是什么?

为回答该问题，我们要去找相关的法律规范，找到法律规范之后，要看要件。法律规定的要件有哪些，对应的民事诉讼法上所谓的要件事实、待证对象有哪些。进而需要考虑当事人能够提供什么样的证据，可能通过什么样的渠道收集到这些证据，才能够去证明相关事实。我们需要从整体上对诉讼有一个方案的设计。当然，每一个诉讼请求后面还会有延伸，就是这个请求到哪里去起诉，诉谁才最为合适。

同时，程序法和实体法在一个案件分析上也是紧密结合在一起的。拿到一个案件后要考虑，如果是诉侵权，可能就不受管辖协议的约束。但如果选侵权，侵权责任的要件中可能就有过错这样一个很重要的却比较难证明的要件，有没有相关的证据？如果选合同，可能要遵守管辖协议，但是由于合同法的违约损害赔偿或者履行都实行严格责任，所以可能在证明上较为有利。

这就是我们民事诉讼的思维结构。怎么选诉讼策略，权利主张是什么，法律依据是什么，事实依据什么，证明手段有哪些，这是作为一个律师、当事人要考虑的问题。

反过来作为法院来说，同样要从这四个角度去分析审什么。首先要审证据，双方当事人有哪些证据能够证明这些相关的事实？这些事实能否体现相关的法律规范所规定的权利？相关的要件事实能否得到证明？以及这样一个法律规范如果确实存在，最后的判决能否支持？所以一个案件判决主文和原告的诉讼请求紧密对应，裁判理由和原告的法律依据紧密对应，法院审理认定的事实要和当事人主张的事实紧密对应，法院认定事实的定案依据要来自当事人双方提供的证据手段。这样的逻辑才是清晰的，才能够分清楚我们双方当事人争议的焦点到底在哪里——是在请求这个层面，还是在对规范的理解这个层面——即对法律解释这个层面有不同的意见，或者是在具体的某一个事实到底有没有发生这个层面，还是在某一个证据上，如证据的合法性上有争议层面。

争议层面不同，意味着资源要投放在不同的地方，如果是在法律解释上有不同的观点，那可能要找到相关权威的法律解释，要去找最高人民法院、学术界的观点或者是上级法院的裁判，看他们是怎样对待相应法律的；如果是在事实上有问题，要去找各种各样的证据尽可能地证明这个事实，让法官相信所主张的事实；如果是在证据上有问题，可能要找鉴定，通过鉴定这些其他的辅助手段来证明这个证据本身的真实性、合法性。

我们学习法律的时候，还是需要有体系化的民事诉讼的思维结构，它是整体上的思维结构，是要把实体法的内容和程序法的内容全部结合到一起去分析一个具体案件的思维方法。

总之，学习民事诉讼法，不是去记背一些基本的法条、概念，而是要真正地学会分析，运用实体法和程序法去解决、推动民事诉讼。这个能力仅仅依靠实体法是解决不了的，只有在学诉讼法的时候将其结合起来，才能够对民事诉讼作出准确的策略分析和走向预测。

■ 如何学习民事诉讼法

关于学习民事诉讼法的方法，简单提四点建议。

□ 理解理论

学习部门法，都会讲很多的概念、观点、原理，那么对这样一些理论，一定要真正理解，而不只是记忆。如果只是记了一堆名词，而没有真正理解这些名词的含义，那么只可能去“蒙外行”。重要的不是去记概念、特征、类型划分，它们都是为了帮助理解理论。所以当看到任何一个分类的时候，都要问为什么要做这个分类？这样划分的意义是什么？自己要会提这个问题，并且和老师、同学进行讨论。只有这样，才会成为一个真正理解了这些知识，并且能够运用这些知识的人，而不是记了一堆名词。

对理论的理解和学习，一定要注重理解和运用，而不是背诵和记忆。而理解的最好方式，就是辨析、举例和证伪。

□ 重视法条

对于部门法的学习来说，一定要重视法条。所以至少上课的时候，手上一定要有法条。

重视法条需要坚决地依靠法条。我们回答一个问题的时候，一定要注意避免上来就是“根据我国民事诉讼法的相关规定”。什么是“相关规定”？到底是民事诉讼法的哪一条规定？作为一个法律人不会查法条，说话不引法条，是绝对的错误，是没有入门的表现。只有坚决依靠法条，才能确保任何一个观点都言之有据，法条依据。

重视法条的具体表现就是认真地熟悉法条。包括看教科书的时候,因为目前大量的教科书不引法条,当我们看到教科书时,要去寻找这个观点的法条依据何在,是否发生了修改,有没有被新的司法解释取代。熟悉法条不是要求每一个法条条文都要背诵下来,但是在说到某个知识点的时候,要大概知道这个问题的相关法条应该是在哪一个章节,大概多少条的范围,能够迅速地查找得到它。所以这也是为什么我认为需要纸质版法条,因为来回翻阅比较容易,而电子版的法条体系感不够强。

重视法条的更高境界是要勇敢地解释法条。我们要熟悉法条,要依靠法条,但是不能成为机械的法条搬运工。一流的法律人一定能够真正理解法条背后的原理,从而能够解释法条的意义。有的法官在审判时完全拘泥于法条的文义,忽略了法条背后的原理、立法的意图、整个法条的体系。法律的解释除了文义解释之外,还有历史解释、体系解释、目的解释,这些方法都是为了正确地适用法律。

大胆解释的前提是要会论证解释方案,也就是说要去找相关的材料能够支持这种观点。而这些都是围绕着法条来展开的。只有这样才能够一方面重视法条、依靠法条,另一方面避免染上“三流法律人”所具有的那种匠气——只看到法律是这样规定的,根本不管最终的实质结果,是不是符合基本的原理、基本的法律正义。

□ 关注实践

我们部门法,特别是民事诉讼法,与中国的司法实务是紧密结合的,必须要看中国现在的民事司法到底是怎么做的。所以我们要关注实践,要看判决,要看新近出台的司法政策文件、司法解释。对一些公共案件、敏感案件、社会影响力比较大的案件,也需要关注。有的东西没有总结成文字,那么需要通过访谈、实习耳濡目染来了解。

但是对于司法实践,要避免两个极端:

第一,要避免完全迷信实践。我们要尊重实践,要了解中国司法实践做法,但是不要迷信地认为实践就是对的。我们现在有这样一种思路,以实践为师,把自己贬得很低。有些法官律师对实习或者是刚刚招募进去的同学说的第一句话就是“把你在法学院学的那些给我收起来,现在我告诉你真正的法律是怎么运作的”。诚然,他们有实务中具体操作的做法,但并不代表这种做法就一定正确。因此,要了解要尊重实践,但是同时要想想这样做到底有没有违背基本的原理,有没有违反法律的明确规定。

第二,要避免只会批判实践。有的学者把中国的司法说得一塌糊涂。确实有法官、法院的做法可能有不当的地方,有违法的地方,该批评的可以批评。不管是作为一个学生,作为一个独立于司法的外人,还是将来从事法律相关的职业——律师,甚至做法官做检察官,正常的批评都可以。但是应该就事论事地去批评,同时要强调错误的发生原因,是现实的客观不能,还是理论的理解错误,如此方能有的放矢地提出改进建议。

□ 综合运用

民事诉讼法的学习一定要注意综合运用。包括两方面,第一是程序法与实体法知识的综合运用。学好民事诉讼法,首先要学好一些相关的学科。刚才介绍了宪法,民事诉讼法中很多问题与宪法有关,与民商法等实体法的很多东西有关联,和刑事诉讼法、行政法等公法也有诸多关联。所以,我们对民商事实体法、对公法、对宪法的知识的学习和应用要注意综合性,不能就法条学法条,就民事诉讼法学民事诉讼法。

其次就是检索和写作的训练。我们一定要避免法律学习只是记法条。我们背不下来法条,但是我们会检索。遇到问题之后,一个没有学法律的人是不知道该从哪去找这个法条,但是学过法律的人能够很快地找到这个法条,并且能够写作。法律人的基本功是写作,一定要写,不能只是看,一定要写。因此我们会有一些配套的相关训练。

参考资料包括教材、法条和司法解释、案例(包括公报案例和最高人民法院做的与民商事争议解决相关的案例),学有余力还可以关注一些高质量的公众号,阅读相关案例和文献的推送。总体来说,阅读非常重要,阅读的范围也可以宽泛一点。

▣ 阅读指引

◻ 权威教材

1. 张卫平:《民事诉讼法》(第5版),法律出版社2019年版。

张卫平教授系清华大学法学院教授,中国法学会民事诉讼法学研究会会长。近20年来，其在诉讼模式、证明责任、当事人等领域的理论观点都深深地影响了中国民事诉讼法学界和中国民事司法界。这本独著教材体现了他一贯的学术观点，很多见地也已经或者正在成为中国民事诉讼法学理论的通说。

2. 刘家兴、潘剑锋主编：《民事诉讼法学教程》（第5版），北京大学出版社2018年版。

北京大学民事诉讼法专业的传统教材，该书自1994年第1版面世起就是全国性的民事诉讼法教材，影响深远。刘家兴教授两次深度参与民事诉讼法的立法工作（1982年、1991年），潘剑锋教授两次深度参与民事诉讼法的修订工作（2007年、2012年），使得本书与立法和司法实践紧密结合，在诉、审判权、当事人等章节中也能体现出北京大学自身的教学特色。

3. 江伟主编、傅郁林副主编：《民事诉讼法学》（第3版），北京大学出版社2015年版。

重在阐释中国现行民事诉讼制度的要义和原理，同时关涉民事诉讼制度的发展动态和理论评价，条理清晰、逻辑一致，可读性和理论性兼具，是对民事诉讼法学有重大影响的教材。

4.《民事诉讼法学》编写组：《民事诉讼法学》（第2版），高等教育出版社2018年版。

马克思主义理论研究和建设工程民事诉讼法指定教材，体系完备，在相当程度上代表了官方认可的民事诉讼法学通说。

▣ 中文著作

当下，中国民事诉讼法学者的专著已是汗牛充栋，且大多是对某一具体问题展开的专题性的深入研究，很难一一罗列。但有一些较为综合性的著作文集，可作为了解民事诉讼法的辅助资料。

1. 刘荣军：《程序保障的理论视角》，法律出版社1999年版。

对大陆法系民事诉讼理论的介绍较教材更深入，又比博士论文性质的专著要通俗明了。其将很多枯燥抽象的理论介绍得十分清晰。

2. 傅郁林：《民事司法制度的功能与结构》，北京大学出版社2006年版。

傅老师的文集，收录了傅老师2006年之前发表的若干论文、评论和书评。

3. 王亚新、陈杭平、刘君博：《中国民事诉讼法重点讲义》（第2版），高等教育出版社2017年版。

颠覆了现有民事诉讼教材的既成框架，运用大量中国现实案例来表达作者在中国民事诉讼法领域的观念。因此，本书虽然名为讲义或教材，但有非常浓厚的王老师的个人色彩，所述观点也与传统理论有较大差异。

4. 张卫平：《诉讼架构与程式》，清华大学出版社2002年版；张卫平：《转换的逻辑》（修订版），法律出版社2007年版。

张老师是民事诉讼领域少有的高产作家。他本人认为的代表作是《转换的逻辑》，其从宏观的视角分析了诉讼模式(体制)的类型。除此之外,张老师对民事诉讼制度和民事诉讼理论的分析也十分到位,且文笔清新,可读性很强。

回 立法、司法解释资料

1. 全国人大常委会法制工作委员会民法室编:《中华人民共和国民事诉讼法:条文说明、立法理由及相关规定》,北京大学出版社 2012 年版。

   立法机关对民事诉讼法条文的逐条说明,作为官方权威版本,有参考价值。但必须提醒,该书并不代表全国人大的观点,需要辨析阅读。

2. 最高人民法院民事诉讼法修改研究小组编著:《〈中华人民共和国民事诉讼法〉修改条文理解与适用》,人民法院出版社 2012 年版。

   最高人民法院对民事诉讼法条文的逐条说明,体现了司法机关对待民事诉讼法的态度,与司法实践结合紧密,对民事诉讼法在司法实务中存在的问题进行了总结。

3. 沈德咏主编:《最高人民法院民事诉讼法司法解释理解与适用》,人民法院出版社 2015 年版。

   最高人民法院关于 2015 年民事诉讼法司法解释的权威说明,体现了司法解释的颁布宗旨和立法目的。

回 网站

1. 民事诉讼程序网:http://www.civilprocedurelaw.cn/。

   中国民事诉讼法学研究会官方网站,关于民事诉讼法学界的学术动态和最新研究成果,在该网站上都有所提示。

2. 最高人民法院网:http://www.court.gov.cn/。

   最高人民法院官方网站,了解司法政策、司法解释的权威之选。

回 微信公众号

1. 燕园瀛家。

   北京大学民法学、民事诉讼法学联合发布学术动态的微信公众号,从北京大学民法学科和民事诉讼法学科的开创者魏振瀛教授和刘家兴教授名讳中各取一字,既是对两位老师的永久怀念,也是谐音"赢家"这一纠纷解决的核心目标。

2. 民事程序法研究。

   中国法学会民事诉讼法学研究会官方微信号,和其官网一样,会推送中国民事诉讼法学界的学术动态。

3. 天同诉讼圈、金杜研究院、中伦视界、君合法律评论等。

   中国知名律师事务所的研究公众号,推送律师界对法律问题的第一手研究资料。

刑法的规范体系与历史渊源

车 浩

关于作者

车　浩

北京大学法学院教授，博士生导师。教育部长江学者特聘教授，第九届“全国十大杰出青年法学家”。主要研究方向为中外刑法学。著有《阶层犯罪论的构造》《刑法教义的本土形塑》等。

在北京大学法学院讲授以下课程：（1）本科生必修课：刑法总论、刑法分论；（2）研究生专业必修课：刑法总论、刑法分论；（3）案例课：刑法案例研习（国家级一流本科课程）；（4）实务课：刑事辩护实务；（5）写作课：法学研究与论文写作；（6）通识课：法律思维与法学方法。

■ 刑法的规范形式

从今天开始，我们正式进入刑法总论的学习。刑法到底面相如何？对这个问题，先来看一下两个大家耳熟能详的规定。一个是“约法三章”，另一个是“三大纪律八项注意”。约法三章来自汉高祖刘邦跟老百姓的约定：“杀人者死，伤人及盗抵罪。”按照《汉书·刑法志》的记载，刘邦入关时，认为秦律繁杂复苛，就挑出最简单的三条固定下来，也就是杀人的要偿命，伤害他人身体以及盗窃财物的要按照损害程度，处以相应的刑罚来抵罪。“三大纪律八项注意”的背景是：红军刚成立的时候，因为主要成员都是农民，为了能够让他们形成纪律约束，就不断总结一些注意事项，最后补充完善而成。

这两个规定，都是当时的领导人对军队提出的要求，简明扼要，很容易让人记住。但是比较一下，我们还是能看出两者的差异。在文字表述上面，“三大纪律八项注意”明确地提出了一些不能做什么的禁止性要求，以及必须做什么的命令性要求。比如说，“不拿群众一针一线，不打人骂人”，这是明确地提出禁令；“一切行动听指挥，一切缴获要归公”，这是明确地提出命令性要求。不过，虽然有这些明确的表述，“三大纪律”并没有说明违反这些禁令和命令的后果。相比之下，“约法三章”只是说了杀人者死，并没有在文字上直接地讲“不得杀人”“禁止杀人”这样的话。但是，它明确规定了行为的后果，如“杀人者死”。在这样一个逻辑结构当中，我们会很清楚地看到，虽然立法者没有用文字去写明“不得杀人”这样的话，但是通过明确宣示行为的不利后果，使“不得杀人”“禁止杀人”这样的禁止性要求和立法意思，通过文字表露无遗，让每个人能够清楚地获知和理解。

□ “若……则……”的规范结构

法律规范都是通过条文规定表现出来的，规范是条文的内容，条文是规范的表现形式。法律规范在条文中的基本形式，是构成要件＋法律后果。从这一角度来衡量的话，“约法三章”与“三大纪律”相比，前者更贴近一个完整的法律规范。“杀人者死”这四个字，甚至可以说是法律规范的一种表达典范。它的前半部分规定了行为模式，后半部分规定了行为后果。在杀人行为和被处死的后果之间,存在一种“若……则……”,或者说是“如果……那么……”的逻辑关系。“若”之后的文字,描述了一种假设的事实,被用来作为适用这个法律规范的前提条件,通常被叫作成立条件或者构成要件。“则”后面的文字,表述了一种法律后果,它表示当构成要件在具体个案中被满足的时候,在法律上必然会出现什么样的后果。简言之,一旦构成要件被实现,就会引发相应的法律后果。或者说,如果要适用一个法律条文,首先要满足构成要件。这一点几乎是古今中外所有法律规范的基本结构。

例如,我国《民法典》第459条规定:“占有人因使用占有的不动产或者动产,致使该不动产或者动产受到损害的,恶意占有人应当承担赔偿责任。”这个规定意味着,如果“占有人因使用占有的不动产或者动产,致使该不动产或者动产受到损害”这个前提条件成立的时候,就会出现“应当承担赔偿责任”的后果。又如,我国《刑法》第232条中也有这样的规定:“故意杀人的,处死刑、无期徒刑或者十年以上有期徒刑”,这一规定是“杀人者死”的升级版,它意味着如果实施杀人行为,就会出现死刑或无期徒刑等法律后果。

□ 无罪无罚与无罚无罪

同学们可能会问,既然民法的规定和刑法的规定都差不多,法律规范形式都是“若……则……”,那么它们的区别到底在哪里?怎么区分其是一个民法规范还是一个刑法规范呢?对此,当然不能仅仅说,因为前者写在《民法典》的条文里面,后者写进了《刑法》条文。这只是一个形式上的定位。它们的根本差异在于,跟随构成要件的法律后果不一样。刑法规定的法律后果,如死刑、无期徒刑、有期徒刑、没收财产等,是一种极其特殊的法律后果,是对个人的生命、自由和财产具有严重损害性的内容,会给人们带来痛苦的感受,具有一种明显的剥夺性和限制性。这种法律后果被称为刑罚,我们可以把它理解成是对一个犯罪行为的反作用,是对实施犯罪的那个人施加的一种最严厉的惩罚和制裁。由此可见,判断一个行为究竟是民事上的侵权或违约,还是构成刑法上的犯罪,要看这种行为附随的法律后果是什么;正是因为有了刑罚作为某个构成要件的法律后果,我们才把这种引动刑罚的行为称为犯罪。

在中国的刑法中,刑罚种类被分成主刑和附加刑。主刑包括五种,管制、拘役、有期徒刑、无期徒刑和死刑。附加刑包括三种,罚金、剥夺政治权利和没收财产;对于外国人在中国犯罪的情况,有时候还会处以驱逐出境。附加刑既可以在罪行严重时附加主刑来适用,也可以在罪行较轻时独立地适用,它是补充主刑的一种刑罚方法。对同一个人不能直接地适用两种主刑,不能说把他判处10年有期徒刑后,然后再对他执行死刑。也就是说,主刑只能判一种,而附加刑却可以和主刑并罚。

总之,从法律规范的"若……则……"的形式上来说,如果没有前面的符合构成要件的犯罪行为,就不会有后面的刑罚后果。如果又问,如何将犯罪区别于民事侵权,那也可以简单地回答说,所谓犯罪就是指"针对其实施而应予科处刑罚的行为"。以上关于规范的结构形式以及犯罪与刑罚的关系,可以简单用一句法谚来总结:无罪无罚,无罚无罪。

□ 禁止规范与命令规范

前面提到的"杀人者死",向人们传递了不得杀人的禁令。而《刑法》第234条规定,伤害他人要处以有期徒刑,这就是明确地告诉我们,不能去随便伤害他人。从向人们提出不得做哪些行为的要求的角度制定的刑法规范,称为一种禁止规范。

与禁止规范相对的,是命令规范。禁止规范是要求人们不得做什么事情,命令规范则是要求必须去做什么事情。例如,我国《刑法》第261条规定,"对于年老、年幼、患病或者其他没有独立生活能力的人,负有扶养义务而拒绝扶养,情节恶劣的,处五年以下有期徒刑、拘役或者管制"。这个遗弃罪的规定就是一个命令规范,要求人们必须承担扶养义务。有的国家,为了维护社会团结,专门规定了见危不救罪,也就是当你有条件去救助他人,帮助他人摆脱困境的时候,如果你不去施以援救,法律上是要对你定罪的。在我国还没有这样的立法,因为立法要符合社会实际的情况,现在还没有达到这样的道德水平。但是,我们也会有一些结合刑法理论提出来的命令规范,比如说,当父母看到自己的小孩子溺水的时候,作为父母是有救助义务的,其他人不救也没有关系,但父母不救,要被认定为不作为的故意杀人罪。在这种情况下,见危不救的父母就违反了刑法上的命令规范。

在这个地方我们会看到,禁止规范也好,命令规范也罢,有些具有一般性,是面向所有人发出的,有些则是面向特定的主体。比如,不得伤害他人,这样的规范要求,是向所有人发出的禁令,而一个父母必须要救自己的儿女,则是针对特定的主体、特定的关系人才能提出的命令。又如,刑法上规定的受贿罪,是向国家工作人员提出的禁止规范,如果你是一个普通老百姓,你都没有犯受贿罪的资格,至多只能认定为行贿罪。因为行贿罪对主体没有要求,它是向所有人发出的禁令。

□ 容许规范(豁免规范)

禁止规范和命令规范,都是向人们的行动自由提出某种限制性的要求。与之相对应的是,刑法上也存在一些豁免性规定,能够抵消禁止规范或命令规范的法律后果,我们把它称为容许规范或者豁免规范。

例如,我们前面讲到,《刑法》第 234 条规定了故意伤害罪,这是一个不得伤害他人的禁止规范。但是同时,《刑法》总则第 20 条规定,当你面对不法侵害的时候,为了使自己免受侵害,可以对不法侵害人实施防卫反击,造成不法侵害人损害的,不负刑事责任。这个正当防卫条款的意思是说,刑法允许你用防卫行为去伤害不法侵害人。这就是一种容许规范。所以,我们要把第 234 条的不得伤害他人的条款,和第 20 条在正当防卫时可以伤害他人的条款结合在一起,去判断一个伤害行为在刑法上到底要不要承担责任。有了伤害行为,也未必就一定会受到惩罚,因为它也可能是正当防卫。所以,一个行为触犯了禁止规范,但如果又符合容许规范的话,仍然可能得出无罪的结论。

又如,前面讲到刑法要求父母有救助自己子女的义务。在电影《唐山大地震》中,有一个场景是儿子和女儿都被压在废墟下,母亲只能救一个孩子,最后她救了儿子,于是女儿就恨了她一辈子。这是情感戏,但这个故事在法律上有很深刻的道理。作为母亲,不救女儿,是违反了刑法上的作为义务,构成不作为的杀人罪。你可能提出抗辩的理由说,之所以没有救女儿,是为了救儿子。在只能救一个子女的情况下,无论救哪个人,对于被放弃的另外一个人来说,父母都要构成犯罪,法律这不是强人所难吗?

为了解决这个难题,刑法上有一个正当化事由叫作"义务冲突",就是在一个人同时负有几种义务而不能兼顾时,如果因为履行较高或同等义务,而被迫无法履行其他义务时,应当排除行为的违法性。在上面这个情境中,母亲为了救儿子而放弃了救女儿,这就是为了履行一个救助义务而放弃了另一个同等义务。根据义务冲突这个理由,就可以豁免她的刑事责任。这就是一个容许规范。

义务冲突的法理,还可以回答一个千古难题,那就是"母亲和老婆同时掉进水里,只能救一个的话,先救谁?”在一般人眼中,这是个考验你更爱谁的段子。但在刑法上,由于一个人对自己的母亲和妻子都负有在生命危急时的救助义务,因此无论先救哪一个而放弃另一个,根据义务冲突的法理,都是被允许的。不过,如果转换一下,把老婆换成女朋友,答案可能就不同了。因为你对女朋友没有刑法上的救助义务,所以,先救女友不救母亲的话,会承担不作为杀人的责任。当然,如果这是一个与你长期同居的女朋友,可能由此衍生出一个基于生活共同体的救助义务,来与父母子女之间的救助义务对抗,进而形成一个义务冲突,那这个问题就复杂了,等以后讲不作为犯时我们再讲。

上面说的是电影和故事。在我们生活中,真实场景也比比皆是。2008 年汶川大地震的时候,有一个新闻报道,说有一个小女孩被压在一个大梁下,如果要救她出来的话,就必须先锯掉她的腿,这个选择对这个从小就喜欢跳芭蕾舞的小女孩来说,太过残酷,而对救援人员来说,也面临着一个法律上的问题,锯掉他人的腿显然是一个伤害行为,是符合刑法上的故意伤害罪的构成要件的。但这是为了保全小女孩的性命,是为了相对于身体而言更大的生命的利益,所以在得到当事人认可的情况下,这个伤害行为是可以被正当化的,正当化的理由就是被害人同意。这也是一个容许规范。

□ 行为规范与裁判规范

上面所说的禁止规范和命令规范,都是向公民提出一种禁止性要求或者命令性要求,从这个角度,可以把刑法称作一种行为规范。简单地讲,就是规范作为人们的行动指南,以每个公民作为呼吁对象,告诉人们应当做什么,或者不允许做什么。并且,针对违反或者背离规范要求的行为人,通过刑罚予以否定评价。如果我们换一个角度,也可以把刑法规范视作一种裁判规范,或者叫制裁规范。裁判规范和行为规范,是从两个不同角度来理解规范,可谓是刑法规范的一体两面。行为规范的接收者是普通公民,为他们提供行动指南和后果威慑;而裁判规范的接收者,则是司法机关,包括作为刑事追诉机关的公安和检察院,以及作为审判机关的法院。

裁判规范的意义,在于指导和约束国家权力在限定的轨道上行驶。按其要求,司法者应当在特定的条件下,对实施了某个行为的某人,以特定的程序和方式,对他进行追究和惩罚。比如,张三与李四发生口角,争吵时张三一把将李四推到了马路中间,此时王五开着大货车经过,避让不及撞死李四。这个案件发生了,对司法机关来说,需要考虑的问题是:李四死亡的结果要算在谁的头上?是张三还是王五?要适用哪一个刑法条文?是《刑法》第232条规定的故意杀人罪,还是第233条规定的过失致人死亡罪,或者是第133条规定的交通肇事罪?又应当在哪个法定刑幅度内量刑?要判处死刑、无期徒刑还是有期徒刑?此时,刑法条文对于司法者来说,就是一种裁判规范。必须按照这些规范的要求,去正确地运用国家的刑罚权,而不能凭借个人道德情感的好恶,任意地去决定一个公民所受的惩罚。

在这个意义上,裁判规范在为司法者提供依据的时候,也是约束他们的行为规范。如果司法者不遵守裁判规范,那就违反了专门为他们而设的行为规范,也要面临相应的惩罚。例如,《刑法》第399条规定了徇私枉法罪,"司法工作人员徇私枉法、徇情枉法,对明知是无罪的人而使他受追诉、对明知是有罪的人而故意包庇不使他受追诉,或者在刑事审判活动中故意违背事实和法律作枉法裁判的,处五年以下有期徒刑或者拘役;情节严重的,处五年以上十年以下有期徒刑;情节特别严重的,处十年以上有期徒刑"。比如说,上面提到的王五被货车撞死案,如果法官和张三是高中同学,为了徇私情而完全不考虑张三推李四的前行为,直接把李四死亡结果全部算在大货车司机王五的头上,这样的判决就涉嫌徇情枉法了。这里的"枉法",就是背离了裁判规范,该追究的时候不追究,不该追究的时候乱追究,因此违反了专门针对司法工作人员的行为规范,也就构成相应的犯罪了。

刑法的内部体系

相对于其他部门法,刑法体系具有较高程度的封闭性和自洽性。在形式上,我国的《刑法》分成总则、分则和附则三编。第一编总则分设五章,包括刑法的任务、基本原则、适用范围、犯罪和刑罚的定义以及刑罚的具体应用等。第二编是分则十章,包括危害国家安全罪、危害公共安全罪、破坏社会主义市场经济秩序罪、侵犯公民人身权利民主权利罪、侵犯财产罪、妨害社会管理秩序罪、危害国防利益罪、贪污贿赂罪、渎职罪和军人违反职责罪。第三编附则仅有一条,规定修订后的刑法的施行日期,以及修订后的刑法与以往单行刑法的关系。

□ 总则与分则

我们通常讲的刑法典的总则部分，也就是第一编的五章，是关于犯罪和刑罚的一般性规定。认定所有的犯罪，都要受到总则规定的指引和约束。而刑法典的分则部分，规定的是各种犯罪的成立要件和法律后果，解决对具体犯罪定罪量刑的标准问题。比如说，构成杀人罪需要哪些要件，构成合同诈骗罪会判刑几年等。

与总则和分则这样的立法安排相对应，刑法学理论通常也分为刑法总论和刑法分论两个部分。刑法总论是对刑法总则规定进行理论诠释而构建的一个知识体系，刑法分论则是探讨如何围绕分则具体规定展开定罪量刑活动的个罪研究。总则和分则，以及总论和分论，首先是一般和特殊、抽象和具体的关系。总则就是把不同犯罪要件的共同点抽象并提炼出来，作出一般性的规定，比如说故意、过失、未遂、中止、共同犯罪等，这些问题可能都会在各个具体犯罪中出现。相反，分则是针对个别犯罪的成立要件和法律后果的规定，既体现了总则规定的一般性内容，同时又具有自身的独特性，比如说，抢劫罪和杀人罪，在成立条件和刑罚后果上，都是不一样的。所以，在具体案件当中，往往要把总论知识和分论知识结合在一起，才能正确地定罪量刑。

例如，《刑法》第 236 条规定："以暴力、胁迫或者其他手段强奸妇女的，处三年以上十年以下有期徒刑。"这个规定看起来非常简单。如果张三使用暴力强奸了李四，直接适用这个分则条文就可以了，似乎并不需要总则规定。但是在司法实践中，案件情况是千变万化的。比如说，张三只有 13 岁，或者是个外国人，应如何处理？张三在实施暴力的过程中，突然听到警车鸣笛的声音，受到惊吓转身就跑掉，该怎么处理？张三在对李四实施暴力犯罪的过程当中，突然一抬头，看到电视上播放"今日说法"或者"明星大侦探"之类的节目，心里一颤，就放弃了，没有继续下去，这种情况又该怎么办呢？再比如说，张三受到王五的怂恿，去强奸了李四，该怎么处理王五？张三和王五、赵六一起去强奸李四，张三望风，王五摁手摁脚，赵六实施性行为，这几人该如何处理？对于这些问题，如果仅仅是围绕分则第 236 条这个条文本身进行解释，是没有办法找到妥当的答案的。

或许有人会说，那干脆就修改立法，完善第 236 条的内容。可是，如果在每一个条文当中，立法者把这些问题都规定的话，那么整个刑法的体量可能一下子就暴增不知多少倍。对此，在立法技术上的解决方案就是，分设总则和分则。从立法史的角度来考察，总则和分则的确立，最早是明确地出现在1810年的《法国刑法典》中，它也成为后面欧洲各个国家模仿的一个样本。追溯中国立法史，在公元前407年，第一部比较成熟的成文法典，也就是李悝的《法经》，当时区分了盗、贼、囚、捕、杂、具六篇。前面几篇讲的是关于盗贼等犯罪内容的规定，关于囚禁、审判、抓捕等程序性规定，最后一篇"具"则是关于定罪量刑中从重从轻原则的规定，有点类似于现代刑法典总则的一般性规定。可以说，中国在非常早的时候，其实就已经有了这种具体和一般相分离的立法思想的雏形，只不过是先把具体的部分放在前面，把一般性的部分放在后面，而且抽象化的程度还不太高，仅仅是提到了一些量刑方面的原则和规则。

从这个意义上讲，把个罪中可能出现的各种问题提炼和抽象出来，规定在总则当中，这是人类文明史上立法技术渐趋成熟的一种表现。当然，反过来讲，抽象性有时候也会有它的问题。我们在课上会经常提到很多真实的案例，是因为在学习总论时，需要一些理解问题的把手，在生活当中并没有一般的杀人，或者抽象的强奸，而一定是要有具体的情形，如谁杀了谁，谁偷了谁的财物，谁受贿了什么财物等，只有在这些具体的案件当中，才能体现出来我们所讲的这些概念。因此，在学习总则当中的一般性规定和概念的时候，大家要明白，立法者规定这些条文，学者提出这些概念，是为了什么？最终是为了解决分则当中出现的各种定罪量刑的问题。

虽然我们现在还没有学习分论，但是大家平常也要多关注一些现实生活当中的案例，要养成一种回归案例的思维，把所有这些总论上学到的概念，都能够辐射到一些具体的案件和场景中去。只有这样，这些概念才是鲜活的，有实益的，有用的，是能解决问题、断人生死的；而不是被当作死记硬背的枯燥的东西，大家记完笔记考完试就忘掉了。当然，从教学顺序上讲，是先讲总论，再讲分论，所以避免不了从一开始就进入抽象性的、一般性的概念世界中，但老师会在讲课过程中多举些案例，也希望大家慢慢养成一个将概念落到具体案例中去的思维习惯。

总则和分则的关系，也有些比较特殊的地方。比如说，总则规定的刑种包括死刑、无期徒刑、有期徒刑、管制和拘役，附加刑还有罚金等。实践当中，很多被判处无期徒刑的罪犯，由于减刑或者假释，实际上并不是真正地"把牢底坐穿"。所以不少人认为，我们国家的无期徒刑是"假无期"，没有真正的无期徒刑。但是,《刑法修正案(九)》规定,犯受贿罪或者贪污罪,被判处死刑缓期执行的,人民法院根据犯罪情节等情况,可以同时决定在其死刑缓期执行两年期满,依法减为无期徒刑后,终身监禁,不得减刑假释。

这里要注意的是,立法者是在《刑法》第 383 条中作出了关于终身监禁的规定,“终身监禁”不是出现在总则部分,而是出现在分则部分,因此它只适用于分则条文中的贪污罪和受贿罪。这也帮助我们从一个侧面来把握总则和分则的关系。关于终身监禁的规定,不应当认为是刑法新增设了一个一般性的刑种,它也没有对无期徒刑作出质的改变,而仅仅是针对特定犯罪的特定判罚的执行方式作出了特殊规定,所以这是一个分则性的规定,不是总则的一般性规定。到目前为止,终身监禁适用的范围仅限于贪污贿赂犯罪。这一点,也有助于我们理解总则和分则的基本关系。

□ 章、节、条

目前中国刑法的体例是总则和分则各是一编,编是最上位的级别,在编之下,又根据法律规范的性质和内容,有序地划分成章、节、条、款、项等各个层次。

总则部分除了第一章和第五章之外,在其他各章下都设了若干的节。分则部分设节的章并不太多,主要集中在第三章和第六章,由于下面的具体犯罪比较多,因此通过章之下再设置节进行细分。比如说,第三章是破坏社会主义市场经济秩序罪,涉及方方面面的经济犯罪,根据具体破坏到哪一方面的市场秩序,分成若干节,如妨害对公司、企业的管理秩序罪,破坏金融管理秩序罪,危害税收征管罪等,在每个节下面又有不同的具体犯罪。

在总则和分则之外,我国刑法还有附则,它只有一个条文,即《刑法》第 452 条。这个条文内容很简单,主要是规定刑法开始施行的日期,规定修订后的刑法与以往单行刑法的关系,也就是宣布在这个刑法修订之后,以往的一些单行刑法的废止,以及某些单行刑法当中关于刑事责任条款的失效。将来大家学习分论时,涉及具体法条的解释,会经常处理章、节和条文之间的关系,这里先简单提一下。比如说,《刑法》第 170 条规定的伪造货币罪中的“货币”,包不包括外币?

2000 年,最高人民法院和最高人民检察院(以下简称“两高”)发布的司法解释中说,“货币”是指“可在国内市场流通或者兑换的人民币和境外货币”。

按照这一司法解释,境外货币也可以受到伪造货币罪的保护,但是有一个限定,就是它要能够在中国的境内市场上流通和兑换。怎么理解这个规定?因为第170条是《刑法》规定在第三章里面,属于破坏社会主义市场经济秩序的犯罪,而且是处在破坏金融管理秩序罪的这一节下面的一个罪名。从体系解释的角度来看,我们在讨论这个条文的时候,自然要追溯到它上位的章节,也就是说伪造货币的行为,必须是对社会主义市场经济秩序之下的金融管理秩序的破坏。这样一来,问题就变成,伪造不在我国境内流通的外国货币,会不会影响到社会主义市场经济秩序?从2000年最高人民法院发布的《关于审理伪造货币等案件具体应用法律若干问题的解释》的规定来看,当时"两高"的回答是否定的。如果某一种外币不能在境内市场上流通和兑换,就意味着,它还没有被中国的金融货币市场所承认,既然如此,伪造了这种货币,就不会对社会主义市场经济秩序造成影响,那就不在《刑法》第170条的保护范围之内。基于这样的理解,2000年的司法解释对刑法保护的货币范围限制得很严。

但是,过了10年,到了2010年,最高人民检察院和公安部联合出台了一个追诉标准,规定伪造货币的"货币",除了人民币,也包括其他国家以及地区的法定货币。之后最高人民法院也出台了新的司法解释,即《关于审理伪造货币等案件具体应用法律若干问题的解释(二)》,规定假币犯罪的对象包括"正在流通的境外货币"。与2000年的"两高"司法解释相比,2010年的司法解释突破了"在国内市场流通"的限制,而是不分国内外市场,只要是正在流通就可以了。当然,流通这一要求始终是保留的,因为如果某些货币不再流通了,这时候去伪造它,就谈不上对于货币的基本功能的侵犯,也不会影响任何金融秩序。2010年的司法解释扩大了货币保护的范围,这主要是由于社会主义市场经济秩序也在不断变化和发展,司法者对于它的理解当然也必须与时俱进。

□ 条、款、项、段、但

接下来讲的条、款、项、段、但,组成刑法规范的具体内容。刑法条文是以统一的序号出现的,从第1条、第2条、第3条,一直到第452条,都是按照一定的次序进行了编号。有些条文里面的内容比较多,会分成几个段落,每个段落称为一款,比如说,第246条第2款。有的款下面又分为几项。我们在引用法条的时候,要把它说得全面准确,比如第153条第1款第2项的规定,就是对具体的法律适用根据的一个表述。有的条文只有一款,但是下面又规定了几项,这个时候就不用提“款”了,直接表述成第309条第3项就可以了。

这些“法言法语”是在引用法条时需要注意的地方。有的刑法条文在一款当中包含了两层或两层以上的意思,各层意思之间,用分号或是句号的方式来隔开。比如,《刑法》第17条之一,首先规定“已满七十五周岁的人故意犯罪的,可以从轻或者减轻处罚”,然后紧接着是一个分号,“过失犯罪的,应当从轻或者减轻处罚”。这个地方使用分号,实际上表达了两层意思。前面一层是针对故意犯罪的处罚原则,适用可减或者叫得减原则;分号之后规定的是针对过失犯罪的原则,适用必减原则。当法条用“应当”这个表述的时候,意味着必须要对老年人的过失犯罪从轻或者减轻处罚,司法者没有不从轻或不减轻的余地;但如果是故意犯罪的话,则是可以从轻或减轻,也可以不从轻或减轻,司法者有自由裁量的空间。在这种情况下,我们把分号前面的这部分称为前段,把分号后面的部分称为后段,有时候还有中段。

此外,刑法条文中还有些地方,需要表达一种转折的关系,使用“但是……”这样的表述,“但是”往后的文字,被称为但书。比如说,《刑法》第7条规定,“中华人民共和国公民在中华人民共和国领域外犯本法规定之罪适用本法,但是按本法规定的最高刑为三年以下有期徒刑的,可以不予追究”。这句话中“但是”之前的意思是说,只要是中国公民实施了中国《刑法》规定的犯罪行为的,即使是在域外实施,仍然可以追究其刑事责任。但是,如果犯的罪比较轻微,在我国《刑法》中的最高刑才3年有期徒刑,那就可以不予追究。“但是”之前讲的是属人管辖,体现了只要是中国公民都必须受本国刑法约束的司法主权。但是,我国《刑法》规定的3年以下有期徒刑的犯罪属于轻罪,该罪行甚至很有可能在犯罪地的外国刑法中不认为是犯罪。一方面,由于该罪行不是在中国境内实施,因此客观上对中国社会的危害性程度较低;另一方面,行为人对自己行为的违法性认识也可能并不充分,未必是有意违逆和抗拒中国的法秩序。因此,综合来看,就会出现一些欠缺处罚必要性的情形。于是立法者就使用“但是”在这里起到一种转折作用,留给司法者个案裁量的空间。

刑法的外部关系

介绍完刑法的内部体系,我们再从一个外部的体系性视角来看待刑法,即刑法在整个法律体系当中的位置,以及它和其他部门法的关系。刑法是一个部门法。部门法也称法律部门,是一个国家根据一定的原则和标准划分的本国同类法律规范的总和,各个部门法根据一定的规则形成的整体,就是国家的法律体系。

□ 部门法的调整内容

刑法是法律体系当中的一个部门。在这个法律体系当中,宪法的法律位阶最高,位于各个基本法律之上,宪法之下处于第二个法律位阶层次的是刑法、民法,以及诉讼法等一些基本法律。再往下,级别再低一点,有一些法律是为了处理更加具体的问题,比如在刑法下面,还有很多关于刑事执行方面的法律。因此,整个法律体系是按照不同的位阶,根据一定的规则和原则层层组织起来,而不是简单地堆砌而成。基本的部门法,是刑法在整个法律体系当中的大致定位。

在整个法律体系中,刑法的定位较为独特。通常情况下,各个法律部门往往是按照规范所调整的社会关系来划分的。调整同类社会关系的规范,就放到一个部门法里面。比如,民法调整的对象,是平等主体之间的人身和财产的关系,凡是属于调整这一类关系的法律规范,都把它归置到民法典当中,形成了民法这样一个部门法。又如,行政法调整的对象,是行政关系和监督行政关系,包括行政机关相互之间,行政机关与公民、法人或其他组织之间的关系,以及其他国家机关对行政机关的监督关系。调整这一类关系的规范,虽然没有统一的法典,也都被归入行政法中。此外,调整商业关系的有商法,调整劳动关系是劳动法,等等。

但刑法是一个例外,不好简单地说它是专门调整哪一类社会关系。为什么这么说?等到后面讲分则具体罪名的时候,大家会进一步了解到,从国家安全到公共安全,从市场经济的各个领域到公民个人的财产、人身权利,从社会秩序的方方面面到国家工作人员的各种职务行为,以及国防利益和军人利益等,举凡我们能够想到的、社会生活中各个领域、各个方面涉及的各种重大利益,都处在刑法规制和调整的范围之内。劳动关系、商业关系、人身关系、财产关系、国家和个人之间的关系等,都在刑法统摄之下。在这个意义上,刑法与其他部门法的区别,主要不是依靠法律规范调整的范围来划分的,而是依靠调整的手段和方法。这就是前面所提到的,如何从形式上区分一个刑法条文和一个物权法条文?如果跟随某个行为的法律后果是刑罚,调整行为的方法是要依靠刑罚这种特殊制裁手段的时候,就将这个行为称为犯罪。从这个角度可以说,刑法所调整的范围,是由它所实施制裁的手段所决定的。简言之,刑罚的法律后果是刑法和其他部门法在形式上最重要的区分。

□ 公法与私法

在这里,也涉及对刑法的一些基本特征的理解。比如说,大家之前学法律基础的时候,肯定会提到自古罗马以来就有公法和私法的划分。在这种划分方式里面,有一个基本问题,就是刑法到底算是公法还是私法?这个问题一直存在重大的争议。

关于公法和私法的划分,有一种观点是,从权力来源和行使的方式来看,私法调整的是平等主体之间的关系,处理平等主体之间的纠纷;而在公法领域,权力的行使主体是国家,公民个人处于一种被强制的、服从的地位。如果从这个角度观察,刑法具有公法的特征。另一种影响力更大的标准是,以保护国家和社会利益为目的的是公法,而以保护私人利益为目的的是私法。可是对刑法来说,无论是国家和公共的利益,还是个人的私益,都属于刑法的保护对象。如果从这个角度来理解的话,又很难把刑法单纯地归到公法或者私法之中。所以,很多学者索性将法律体系分成公法、私法、刑法三大类。还有的观点,虽然只区分了公法和私法,但在公法下面又单列出了刑法以及其他的公法规范,以此体现刑法规范的特殊性。

□ 任意法与强行法

此外,也可以在强行法与任意法的分类上,对刑法作一个体系性的理解。任意法是指在这个法律范围内允许法律关系的参与者,根据彼此之间的意愿进行协商,来确定相互之间的权利和义务关系。比如合同法,大家订立合同的时候要遵循意思自治的原则,合同内容是根据双方的意愿共同商定的。形成法律关系之后,这个合同就会受到法律的保护,双方都要遵守这个合同,如果违反的话就会受到法律的某种制裁。应该说,私法领域中大量的条款和规范都具有任意法的特征,推行意思自治的原则。

相反,强行法则是必须要得到执行的法律。刑法作为一种强行法的表现就是,一个人犯罪之后,公安机关要对他立案侦查,检察院要对他公诉,法院要对他审判,在这个过程当中不允许犯罪人和被害人之间的"私了"。以往出现过这样的讨论，强奸罪能不能“私了”？因为在某些地区，女方会觉得公开承认自己被强奸，对自己名誉也是一个重大损害，就不愿意把事情闹大变成刑事案件。但是从原则上来讲，刑法规定的犯罪，基本上都是不可以根据被害人的个人意愿来决定要不要追究，而是必须由国家的司法机关进行刑事追诉。这就是诉讼法上讲的公诉，我们把检察官叫作公诉人，就意味着检察官是代表国家公权力进行追诉，而不是让双方私下商定这个事情要怎么处理。

随着现代社会生活的发展，现在也开始逐渐地去推行一些刑事和解的理念。对于一些相对比较轻微的犯罪，如果犯罪人和被害人双方能够达成一定的谅解关系，那么司法机关就可以对它作出从轻的处理，检察院甚至可以作出不起诉的决定，在审判阶段也可以从轻判处判罚。还有就是认罪认罚从宽制度，如果犯罪嫌疑人、被告人自愿如实供述自己的犯罪，对于指控犯罪事实没有异议，同意检察机关的量刑意见并签署具结书，那么这类案件就可以依法从宽处理。除此之外，刑法当中还有一些条款，给公民预留了一点空间，像侮辱罪、诽谤罪等，规定了“告诉的才处理”，也就是通常所说的交予被害人自诉。

例如，男女朋友俩吵架，女生骂男生“猪头”，在男生没有起诉意愿的时候，公安就介入了，把女生抓起来。那男生可能不愿意了，他认为这是他们之间的一个爱称，起这个外号他都习惯了。如果司法机关说那也不能随便给人起外号，那是对人的侮辱，必须要定罪处罚，显然，这么处理的话，大家都会觉得是不太合适的。所以这种事情，一般来说是遵行不告不理的原则，只有侮辱和诽谤的内容涉及国家和公共利益的时候除外。又如，在虐待罪的场合，通常的家庭成员内部之间的这种争斗，如果没有出现严重后果的时候，一般也是采取告诉乃论的。比如丈夫和妻子之间，两人脾气都不好，都是拳击队的，如果经常打起来，也不好判断谁虐待谁。如果一方不去提起告诉，国家公权力贸然介入，就会有很大的问题，过去讲“清官难断家务事”，在民事关系当中，有时候法官都感觉很难判断家庭内部的恩怨，再用刑事手段去追究，就更不容易。

我记得以前有一个案件，一个男士遭受家暴，走投无路，也不敢提离婚，提离婚更会惨遭殴打。最后他想出一个办法：他偷东西，宁可被抓到监狱里面去，因为只有这样才可以终局性地摆脱他老婆。这个案子就很离奇，但确实是真实案例，大千世界无奇不有。他偷东西的本意是摆脱他老婆，不是说要去伤害他人或者为了获利。他偷些什么呢？偷左邻右舍的扫帚、簸箕、螺丝钉，但是这些东西长年累月积累起来，终于有一天引起对方注意，加起来也达到了盗窃罪的入罪标准。后来追溯他的犯罪动机，为什么要偷这些东西，他才把原因说出来。

□ 法律责任与刑罚的谴责性

现在再回过头来说法律责任的问题。出现一些纠纷的时候，比如说张三醉酒驾车，把李四撞伤了，可能会产生三种法律责任。第一种是民事责任，因为被撞伤，李四可以对张三提出损害赔偿请求，张三承担损害赔偿责任。第二种是行政责任，按照《道路交通安全法》的相关规定，张三可能因交通肇事而被处以暂扣驾照，甚至直接吊销驾照的处罚，并处罚款。这是交警根据行政法规作出的一个行政处罚。第三种就是刑事责任，根据《刑法》规定，张三有可能构成相应的犯罪，这还要根据张三的主观心态和李四受伤的程度判断。如果李四仅仅是一般的轻微伤，那可能是危险驾驶罪；如果造成李四重伤甚至死亡的，可能就涉及交通肇事罪；当张三以一种间接故意的心态醉驾时，甚至可能被认定为以危险方法危害公共安全罪。

从这里可以看出刑法上的刑事责任与其他部门法的法律责任的差异。作为民事制裁的损害赔偿责任，由李四作为原告，通过提起民事诉讼来实现，以弥补李四在经济上和精神上的损害。作为行政制裁的吊销驾照，主要目的是确保将来的道路交通安全。与之相对，作为刑事制裁的刑罚，是以预防这类交通犯罪作为惩罚目的。在刑事责任的场合，检察官代表国家提起公诉，通过刑事诉讼程序，法院对张三判处刑罚。由此可见，各种法律责任和制裁后果，在目的、性质和程序上均存在较大的差异。其中，作为民事责任的损害赔偿，既然是以弥补个人的经济或者精神损害为目的，那么李四就有很大的决定权，要不要对张三提起诉讼？可以告，也可以不告。但是在刑事诉讼当中，如果张三涉嫌构成犯罪，李四就丧失决定权，必须要由司法机关来对张三追究刑事责任。

进一步再去比较的话，承担刑事责任的主要方式是科处刑罚，把一个人判处监禁刑关起来，与其他责任方式相比，它本身会带来一种很大的痛苦，是以对行为人施加恶害为内容的一种惩罚手段。所以刑罚不是什么善行，它是一种特殊的恶。通过对这个行为人施加一种恶害，传达出来的，是法律对于行为人所实施行为的一种谴责，或者说责难。正是由于这样的一种责难性，使得刑罚在根本上有别于其他的法律制裁手段。不管强制性的民事损害赔偿，还是旨在预防危险的行政处罚,它们都不具备这种责难和谴责的性质。

因此,刑法是通过施加刑罚的恶害,谴责已经实施犯罪的行为人,对他进行伦理意义上的责难,同时发挥预防犯罪再次发生的作用。

■ 刑法的渊源

接下来讲一下刑法的渊源。刑法的渊源,是指当适用刑法的时候,会指向哪些法律规范?它的具体形式是什么?通常认为,刑法的渊源包括刑法典、单行刑法和附属刑法三类。

□ 刑法的渊源

最重要的刑法渊源是刑法典,即《中华人民共和国刑法》,它是国家用刑法名称颁布的系统地规定犯罪和刑罚的法律。我国在 1979 年颁布《刑法》,在 1997 年进行大修,成为现行有效的刑法典。通常讲到刑法第多少条,指的就是刑法典中按照次序指向的那个条文。

刑法的第二类渊源是单行刑法。国家不用刑法这个名称颁布,而是用决定、条例、规定等这样一些名称来颁布,内容也是规定了某一类犯罪或者法律后果的法律。从 1981 年到 1995 年,全国人大常委会曾经用这些名称颁布了 23 个单行刑法。这些单行刑法要么是对旧刑法的漏洞作了补充性规定,要么是对旧刑法的缺陷作了修改性规定。根据现行 1997 年《刑法》附则第 452 条的规定,包括《惩治军人违反职责暂行条例》在内的 15 个单行刑法被废止;《关于禁毒的决定》等 8 个单行刑法有关犯罪和刑罚的规定失去效力,有关行政处罚和行政措施的规定继续有效。因为这 8 个单行刑法不仅规定了犯罪和刑罚的内容,还有一些关于行政处罚的内容,现在关于犯罪和刑罚的内容失效了,都已经被并入统一的刑法当中,但剩下的关于行政处罚的部分继续有效。举个例子,刑法典就像吸星大法一样,把以往的很多单行刑法的内容都吸过来,有些被吸光了功力,彻底干瘪了;有些只留下了部分血肉,也是留给其他部门法适用的,刑事的部分都已经被刑法典吸走了。

特别需要注意的是,1997 年《刑法》修订之后,全国人民代表大会常务委员会在 1998 年 12 月 29 日又颁布了一个《关于惩治骗购外汇逃汇和非法买卖外汇犯罪的决定》,这被认为是现行唯一有效的典型的单行刑法。这个决定里面特别规定了骗购外汇的具体行为特征，同时对行为的法律后果作了规定，完全符合我们前面讲过的刑法规范“若……则……”的形式，形成了一个明确完整的罪刑规范。所以，在骗购外汇的场合，相关的罪刑规定没有被刑法典吸收进来，仍然是处在刑法典体系之外的、行之有效的单行刑法。除此之外，这些年来全国人民代表大会常委会也陆续地也公布了一些涉及刑事犯罪的决定，如《关于取缔邪教组织、防范和惩治邪教活动的决定》《关于维护互联网安全的决定》《加强反恐怖工作有关问题决定》等。严格意义上来说，这些决定不能算是单行刑法，因为它们没有完整地、直接地规定具体犯罪的行为特征和相应刑罚，要么是重复刑法的内容，要么仅规定“构成犯罪的”，要适用还得链接到刑法典。所以，即使认为这些决定是单行刑法，也是一种非典型的单行刑法。

刑法的第三种渊源是附属刑法。附属刑法是指在其他部门法当中，比如说民商、经济、行政等非刑事法律、法规中规定的罪刑规范。但是，就我国现在这些所谓附属刑法的内容来看，基本上也都是重申了刑法典的一些规定，仅起到强调和提示的作用，并没有创造或直接规定新的罪刑内容，没有对刑法典作出补充、修改和完善等实质性变动。从这个角度讲，学界的主流看法认为，这些都不属于真正意义上的附属刑法，也可以说，我们国家没有附属刑法。尽管刑法典、单行刑法和附属刑法这样一个分类，在各个国家当中都有，但在我国的立法语境下，可以说没有真正意义上的附属刑法。反过来讲，只有当非刑事法律当中出现了真正意义上的关于具体犯罪的行为特征及其刑罚后果的规定时，才可以称得上是附属刑法。

除上述三种渊源之外，有些民族自治地方的省级人民代表大会，根据当地的政治、经济、文化、宗教各方面的特点，以及刑法典基本原则，制定一些变通或补充的规定，其在一定意义上也可以称为刑法的渊源。这些规定在这个特定的地区是可以适用的，但只是局限于此，不具有普遍的效力。

□ 刑法的分类

接下来简单地说一下刑法的分类，让大家有一个知识性的了解。首先是广义与狭义之分。前面讲到，刑法典、单行刑法和附属刑法，统称为一个广义的刑法。狭义的刑法通常就指刑法典。还有普通刑法与特别刑法的区分，普通刑法具有普遍性，就是刑法典，单行刑法和附属刑法被称为特别刑法。

其次，有一种分类是核心刑法和行政刑法。前者指的是刑法中比较稳定和基础的一些规定，各个国家的刑法典在这部分内容上面往往较为相似，如杀人、盗窃、强奸等自然犯。后者一般是指在行政法中规定的、当违反行政法规且情节严重时，会产生刑罚后果。人们常说“法与时俱转”，特别是行政法经常处于变化之中，所以行政刑法的特点也具有很大的变动性，而且不同国家和社会的不同时期差别很大。

最后是国内刑法和国际刑法的分类。国内刑法是指适用于中国领域内的刑法规范。国际刑法不太好定义，通常提到这个概念时，针对的是违反各个国家公认的一些国际公法原则或者人类共同的利益的犯罪，包括反人类罪、战争罪等。

值得注意的一种学理分类，是行为刑法和行为人刑法。区分标准在于处罚的根据，到底针对行为还是针对这个行为人。具体来说，如果是因为这个人实施了某一个行为而惩罚他，这是行为刑法；如果是因为这个行为反映出了这个人的人格特点而惩罚他，就是行为人刑法。假设目前有200多人，都实施了同一个偷盗行为，按照行为刑法的立场，应当根据行为和它造成的损害后果来评价，那对所有人的处罚就是一样的。但是站在行为人刑法的角度，尽管两个人实施了同样的行为，可是张三与李四不一样，张三向来德智体美劳全面发展，是个优秀的好学生，这次只是在超市的自助结账机面前被勾起了贪念，一时失足，教育一次就不会再犯了，所以应当从宽。李四是“老油条”，平时在宿舍里就喜欢顺手牵羊，屡教不改，属于惯犯，今天偷了明天还会偷，很难改造，所以必须从严。这就是根据行为人的特点决定是否惩罚以及惩罚的强度。

行为刑法与行为人刑法是刑法学理论发展史上真正重量级的学派之争，关涉刑法的根本走向，但是在今天基本偃旗息鼓了。在刑事古典学派眼中，每个人都是一样的抽象的理性人，只能评价外部行为，而不是去评价行为人。这当然是彰显了人权保障的价值，问题是在和犯罪实际作斗争时往往捉襟见肘。现实中每个人的情况差异很大，以行为作为标准统一处罚尺度，有时候是没有效果的。于是关注的视角转向了实际的个人，但这又带来了很多问题，特别是在纳粹期间，出台了一些针对流浪汉、酗酒者等被认为是社会当中不稳定、不安定的人进行处罚的法律。这些法律后来被认为是行为人刑法，遭到了很大的批判，慢慢地行为人刑法的力量就减弱了。目前，各国刑法至少在表面上都认可并声称自己实行的是行为刑法，即刑法是要评判一个人的外部行为，而不是去谴责一个人的内在人格。但实际上，直到今天为止，各国刑法中相当大一部分还是结合了行为人刑法的因素，比如累犯从重、未成年人处罚从宽等，包括自首、立功、假释等多种制度，里面都反映出行为人刑法的思想。

刑法的沿革

接下来为大家简要介绍一下我国刑法创制修改的历史。通过回顾立法史，可以获得一种时间和发展的视角，有利于大家更好地理解现行法律。总的来说，我国刑法创制修改的过程大致分成三个阶段。

□ 1949 年之前的刑法

1949 年中华人民共和国成立之前，刑法在社会当中当然也是一直存在的。在之前这段时间里，晚清是一个重大的转折点，所以我们进一步再分割为到晚清前后。

中国古代早期把规定犯罪和刑罚的法律称为法。在春秋时期，李悝制定的《法经》，被认为是古代中国最早的比较成熟的成文刑法。后来商鞅变法，其中包括变法为律，有关刑法的内容被称为律。传统观点认为中国古代的刑律始于汉朝，由于湖北省云梦县睡虎地秦墓被发现，秦代竹简面世，确认了秦律的存在，所以时间又往前推到秦代。中国古代的刑律从秦律开始，汉律、晋律、唐律，一脉相承，除了在宋代被称为宋刑统之外，各个朝代一直沿用的是“律”的称呼。到了清朝，沈家本奉诏变法修律，在 1905 年制定了《大清新刑律》。尽管官方名称还叫刑律，但在日本的影响下，“刑法”的说法开始流行起来。到 1928 年，中华民国制定的第一部刑法典就称作《中华民国刑法》了。其实，“刑法”一词中国古已有之，班固从《汉书》开始创制刑法志，此后历代修史者都沿用了下去，二十四史中多撰有“刑法志”，内容主要是记载王朝法律和司法制度并加以评述。但是具体指向刑事法律规定时，历代一直是“刑律”的用语，直到中华民国开始使用“刑法”。

人们通常把晚清之前的中国古代的法律体系称为中华法系。中华法系的一个重要特点是诸法合体，刑律与其他部门法杂糅在一起。在历代刑律中，唐律是立法技术比较高超和成熟的代表，所以中国古代法律的概括，可以说是以唐律为代表的诸法合体的中华法系。过去关于刑律的研究，是以条文注疏为主要方式，被称为律学，其实就是中国古代的刑法学。律学的特点，是以儒家思想为背景进行解释,关于条文中个别字眼的注释非常精强,但比较缺乏一般理论模型的构建。简言之,精于法条文字解释,而疏于理论体系的构建。

这是传统律学与西方特别是大陆法系的刑事法律科学之间的一个重大区别。人们当然也可以认为,这个区别实际上体现在各个学术领域当中。中国学术的总体特点跟西方不一样,从一开始,就不是像柏拉图、亚里士多德那样构建起理论体系,注重分析、推演和概念的构建。诸如论语、庄子、老子等的一些经典著作,就带有非体系性化的特点。

到了晚清,诸法合体的立法模式以及律学研究模式都发生了重大改变。1902 年,清廷上谕指出:现在通商交涉事益繁多,著派沈家本、伍廷芳将一切现行律例,按照交涉情形,参酌各国法律,悉心考订,妥为拟议,务期中外通行,有裨治理。沈家本、伍廷芳被任命为修订法律大臣,开始了修订法律馆的筹建。当时的变法修律承载着救亡图存的强国梦,基本上是以欧陆法系,特别是以日本作为学习榜样,邀请日本学者到中国讲学,翻译日本著作,派员去日本留学。自此,中华法系开始瓦解,大陆法系明确区分总则和分则的刑事立法模式,成为中国制定刑法的一个基本架构。刑法学理论也告别传统律学,转轨到大陆法系刑法学理论的研究范式中。之后十多年间,中国以日为师,近学日本,远学欧陆。但是,由于时局动荡,朝代更替,法典的生命力也不稳定,《大清律例》、《大清现行刑律》以及《大清新刑律》,前后颁布相隔不到几年就被废止。"枪炮作响法无声",法律不显,是当时的历史背景所决定。

晚清变法修律期间,也出现了一些波澜壮阔的大争论,主要涉及的是礼法之争。比如说,杀害尊亲属与普通的杀人有没有区别?杀害尊亲属以一般的杀人罪论处就可以,还是说考虑到背后的纲常伦理关系,认为尊亲属有别于一般的被害人,因此,杀害尊亲属者要比杀害普通人处罚更重?晚清变法修律的时候,围绕着这一条的存废,有很大争议。今天回过头来看,其实很多外国刑法也都有相关的规定,特别突出地强调针对尊亲属的伤害,有别于针对一般的普通人的伤害,包括法国、比利时、葡萄牙、摩洛哥、韩国等,在这些国家杀害尊亲属,刑法规定要比杀害一般人处罚更重。

又如,中国古代执行死刑的方式是五花八门的,像凌迟,就是对一个人千刀万剐的刑种,要割三千多刀,技术上还要求到最后一刀的时候,这个人就死掉,不能说他刀数割完了还没死,那就是技术不过关;或者说还没下到最后一刀,这个人就死了,那也不行,因为他没有尝到足够的痛苦。一定要一刀一刀割过去,在这个过程当中让犯人尝够折磨与痛苦,是非常残忍的一种杀人方法。“凌迟”本义是指逐渐缓慢升高的山坡,把“凌迟”一词借用来作为一种刑罚的名称,是“杀人者欲其死之徐而不速也,故亦取渐次之义”(沈家本《历代刑法分考》)。还有枭首,把一个人斩首之后,要把头颅挂起来暴晒示众。在执行死刑的方式里,绞刑和斩刑到底要不要区分?当时存在一个很大的争议,因为西方很多国家只保留了绞刑,但中国有斩立决和绞立决、斩监候和绞监候这样不同的处理方式。这两个方式有轻重之别。绞刑是保留全尸,斩刑的话,就要把头割下来,头割下来就身首异处,因此斩刑在一般人看来是更为严重的死刑方式。要不要区分,针对什么情形区分,在晚清变法当时也是一个很大的争议。

再如,卑幼,也就是子女,能不能对尊长进行防卫?中国法律传统当中,原则上父亲可以打儿子,但儿子不可以反击。正当防卫不能适用于卑幼对长辈尊亲属,这一点当时也讨论很多。我曾经在司法机关论证过一个案子,就是父子打架。父亲爱喝酒,回家就开始向儿子找茬。父子俩脾气都很“爆”,双方打起来之后,父亲就拿起刀追砍儿子,儿子跑出家门,父亲继续追,在小胡同里快追上的时候,儿子回身,把刀抢过来砍死了父亲。这个案子如果放在晚清讨论卑幼能不能对长辈进行正当防卫,就是一个典型的个案。即使到了今天,认定正当防卫的时候,也会考虑到家庭内部成员之间,不能比照社会一般人的那种强度进行防卫。其中父母子女之间的防卫关系,根源性的思想就在这里,卑幼防卫长辈的限度。

还有就是当时讨论的一个重点,就是父亲杀儿子,或者叫“因故杀子孙”,法定刑要不要从轻?这其实也有很大争议,在古代的伦理纲常中说“父慈子孝”,但是难道一定说儿子被父亲打就活该被打死,或者就比其他的杀人完全从轻,甚至不处罚吗?因为这个过程当中,中国传统这套伦理纲常,特别遭遇到西方人格平等学说的反对,与以个人主义、自由主义这一套观念发生了很大的抵触,在观念碰撞当中,传统刑律当中的基本条款到底是继续保留,还是说要因而废止?

当时的礼法之争,争论特别大。中国刑律的上千年传统,曾经对东亚诸国影响深远。很长一段时期内,日本受这种儒法文化的影响,杀害尊亲属者要比普通人从重处罚,普通人之间的杀人可能有比较低的刑罚,但杀害尊亲属可能首选死刑和无期徒刑,其直到 1995 年的时候才被废止。中国台湾地区的“刑法”中,一直有通奸犯罪的规定,也是晚近才修改废止的。

在晚清之后,民国政府制定了《中华民国刑法》,这个时期也出现所谓中华民国旧刑法和中华民国新刑法之别,其实就是两次刑法修订前后的不同名称。旧刑法更偏重客观主义,新刑法强调主观主义。当时的刑法,连同宪法、民法、民事诉讼法、刑事诉讼法、行政法,构成了所谓“六法全书”。民国的这个六法体系或者六法全书,实现了中国法律的近代化。从晚清开始,经过几十年的探索改革,我国的法律彻底告别了中华法系,演变成一个现代的法律体系。像晚清以前的诸法合体,以刑为主的编撰形式,即刑事、民事、行政等各种法律规范混为一体,用刑罚方法调整各种法律关系的形式,在民国时期就彻底发生了改变。

□ 1949 年中华人民共和国成立之后的刑法

1949 年之后,民国的传统转移到了我国台湾地区。1949 年 2 月即中华人民共和国成立前夕,中共中央明令废止六法全书,强调人民的司法工作不能再以国民党的六法全书为依据,应当以人民的新的法律为依据。

在这样的一个背景下,我国把旧的法律全部废除,另起炉灶,重新立法。主要是向苏联学习,派人去苏联留学,邀请苏联专家到中国讲学,翻译苏联的法律著作,类似于 50 多年前清政府向日本学习的方法。新中国第一代刑法学家,像高铭暄老师,都属于新中国自己培养起来的、受苏联刑法学熏陶成长起来的刑法学者。1950 年前后,中央人民政府法制委员会着手进行一些立法准备工作,从 1950 年到 1954 年 9 月,先后拟定了两个刑法草案,但是都没有公布。到“五四宪法”颁布的时候,刑法的起草工作再次推进,之后两年多,先后起草了 13 稿,截至 1957 年 6 月已经草拟的 22 稿,被提交全国人大常委会讨论审议。准备作为草案公布试行的时候,“反右”斗争来了。处在这个阶段,刑法草案没有公布,整个刑法起草工作也停顿下来,后来又紧接着“四清运动”“文化大革命”等,所以从 1949 年到 1979 年的 30 余年间,中国社会是没有一部刑法典的。“文化大革命”结束后,十一届三中全会的召开,推进了刑法起草的工作。在全国人大常委会组织下,1979 年 7 月 1 日通过了《中华人民共和国刑法》,于 1980 年 1 月 1 日起施行。我们今天所称的旧《刑法》,指的就是 1979 年《刑法》。

1979 年《刑法》本身有很大的进步性,但是社会发展一日千里,很多内容规定已经不能适应时代变化。在1979年《刑法》颁布之后，立法机关先后又颁布了20多个单行刑法，到1997年时，经过将近20年的摸索，国家决定对《刑法》进行大修，包括把之前的各个单行刑法都吸收进来。这次大修就形成了1997年《刑法》，我们称为新《刑法》，一直沿用到今天。

□ 刑法的修改

1997年到今天也有20多年了，这部刑法典还在发挥作用。在1997年《刑法》之后，一方面把以往的单行刑法当中的内容吸收转化到新《刑法》当中，将那些单行刑法宣告废止或失效。另一方面，为了应对一些新形势下出现的犯罪情况，《刑法》需要进行修改和完善，就采取刑法修正案的方式，不断地去将其补充进来。刑法修正案和单行刑法、附属刑法的差别，就在于这些修改是在刑法典内部完成。

例如，如果现在要新增设一个现有法条的局部修改尚不足以容纳的新条文，但原来的刑法典已经规定了固定的条文序号，那技术上该怎么处理？立法者考察现在要针对这种情况，与哪些已有的刑法条文规定的情形类似？例如，与第133条相近，在它下面增设第133条之一，规定了一个新的罪刑规范。与第295条相近，就在它下边规定之一，后来又规定之二。采用的这种方式，即以刑法典为大本营，在体系内立法，而不再采取单行刑法在刑法典体系外立法的方式，就是刑法修正案。所以迄今为止我们国家已经出台了11个刑法修正案。这是一个大致的刑法创制和修改的历史。

▣ 阅读指引

⊡ 教材及学术著作

1. 陈兴良：《规范刑法学》（第2版），中国人民大学出版社2018年版。

   以“罪体—罪责—罪量”为阶层框架，简明易懂，适用于刑法入门。

2. 张明楷：《刑法学》（第6版），法律出版社2021年版。

   以“违法—责任”为阶层框架，容量较大，适用于刑法进阶。

3. 周光权：《刑法总论》（第4版），中国人民大学出版社2021年版。

   以“客观要件、主观要件、排除要件”为阶层框架，更加偏近实务。

4. 高铭暄、马克昌：《刑法学》（第9版），北京大学出版社2019年版。

1949年之后普及程度和影响力最大的教科书之一，代表了以“四要件”犯罪构成理论为核心的传统刑法学的通说框架。

5. 车浩：《阶层犯罪论的构造》，法律出版社2017年版。

多重视角勾勒阶层犯罪论的中国命运，为进入刑法知识转型的核心地带和理论争鸣现场提供向导。

6. [德]乌尔斯·金德霍伊泽尔：《刑法总论教科书》(第6版)，蔡桂生译，北京大学出版社2015年版。

内容精当，论理扼要，显示了德国刑法学者思辨特色的规范论教科书。

7. [日]西田典之：《日本刑法总论》，王昭武、刘明祥译，法律出版社2013年版。

逻辑顺畅，简明易晓，快速了解当代日本刑法总论全貌的首选。

工具资料书

1. 李立众编：《刑法一本通》(第15版)，法律出版社2021年版(法条工具书)。
2. 何帆编著：《刑法注释书》(第2版)，中国民主法制出版社2021年版(法条工具书)。
3. 最高人民法院刑事审判第一、二、三、四、五庭主办：《刑事审判参考》(法律出版社连续出版物)。
4. 最高人民检察院第一、二、三、四检察厅主办：《刑事检察工作指导》(中国检察出版社连续出版物)。

网站和微信公众号

1. 中国法律评论、法学学术前沿。

这两个是法律类综合性微信公众号，推送法学界的重要资讯、论文和评论。

2. 刑事法判解、刑事法评论。

这两个是依托北大主办的连续出版物《刑事法判解》设立的微信公众号，主要推送各类刑事法学术信息和文章。

刑事诉讼法的思维方式

陈瑞华

关于作者

陈瑞华

北京大学法学教授。教育部“长江学者奖励计划”特聘教授，第四届“全国十大杰出青年法学家”。兼任北京大学法学院学术委员会主任、中国法学会常务理事、最高人民检察院专家咨询委员。主要研究领域为刑事诉讼法学、证据法学、企业合规、司法制度和程序法理论。出版学术著作20余部，在《中国社会科学》《法学研究》《中国法学》《比较法研究》等刊物发表论文200余篇。

代表性作品有：《刑事诉讼法》《比较刑事诉讼法》《刑事证据法》《企业合规基本理论》《刑事审判原理论》《刑事诉讼的前沿问题》《程序性制裁理论》《程序正义理论》《刑事诉讼的中国模式》《刑事证据法的理论问题》《司法体制改革导论》《刑事辩护的理念》《刑事辩护的艺术》《论法学研究方法》等。

今天的刑事诉讼法课程,我们主要围绕“刑事诉讼法的思维方式”这一主题对刑事诉讼法做一个导论性质的介绍。首先,我们要初步了解本门课的核心内容,即什么是刑事诉讼、什么是刑事诉讼法。其次,所谓的刑诉法思维方式是什么?具体分为:静态的“程序”与动态的“过程”、“事实上有罪”与“法律上有罪”、定罪的三大法律障碍、程序法中的“事实”、程序法中的“责任”、程序法中的“权利”、程序法中的“裁判”七大思维方式。最后,再和大家谈一谈掌握这门课程需要学习哪些文献。

■ 导言

什么是刑事诉讼?“刑事诉讼”的英文是“Criminal Procedure/Proceedings”,其由两个词构成,分别为“犯罪”与“程序/诉讼”。简单来说,刑事诉讼解决的问题是犯罪问题,跟刑法密切相联系。犯罪一旦发生,除了在刑法上有所回应,如设定构成要件,规定刑事责任以外,在诉讼程序上也要有所回应。因此,刑事诉讼的第一个特点是解决犯罪问题的一种制度设计。犯罪现象一旦发生,不管是财产犯罪、暴力犯罪还是经济犯罪,国家都会启动相应的诉讼程序。其次,再看刑事诉讼的第二个特点,即国家要以何种方式处理犯罪问题。历史上曾出现过无数种方式,如军事镇压、水审、火审等,但都是特殊时期出现的,无法延续至今。就当下而言,犯罪问题必须要纳入诉讼轨道之内,以诉讼的方式加以解决。

所谓“纳入诉讼的轨道”,一般有三个基本特征,第一,要设置一个中立、公正的审判阶段。在侦查、起诉完结后,必须要有中立、公正的第三方裁判者,一般是法院加以审理。第二,要有平等对抗的控辩双方。尽管国家作为原告,但也必须以诉讼的方式充当指控一方参与诉讼。被告人尽管涉嫌犯罪,在未经审判之前都不能被视为有罪,需要有律师帮助行使辩护权。诉讼中必须要有平等对抗的控辩双方,否则便不能成为一种诉讼,而只是单方面的镇压而已。第三,必须经过一套法律程序。立案、侦查、审查起诉、一审、二审,只有经过这套完整的、合法的程序才能解决犯罪问题,才能确定是否追究刑事责任。总结来看,刑事诉讼的概念就是,国家将犯罪问题通过诉讼的方式加以解决的一个法律实施过程。

与刑事诉讼关联的有三种诉讼，分别为民事诉讼、行政诉讼、宪法诉讼。宪法诉讼在中国尚未建立，目前仅处于理论层面。民事诉讼也是诉讼，区别在于其解决的是平等法律主体之间的民事纠纷。民事纠纷有很多，包括合同纠纷、侵权纠纷、婚姻纠纷等。国家为解决民事纠纷所设置的程序是民事诉讼。刑事诉讼与民事诉讼最大的区分在于，民事诉讼程序遵循的是当事人处分原则，又称"处分主义"，刑事诉讼实行的则是国家追诉主义，由检察机关代表国家提起公诉，不能随便撤诉、和解与调解。行政诉讼也是将一种纠纷纳入诉讼轨道，但处理的是行政争议。行政机关对相对人作出了行政处罚被认定为违法，就可能出现相应的合法性争议，即行政争议。将这些争议纳入诉讼轨道，便是行政诉讼，其最大特点是"民告官"，即相对人是原告、行政机关是被告。综合来看，民事诉讼处理平等主体之间产生的民事纠纷，行政诉讼处理个人与政府间发生的行政争议，刑事诉讼则是国家与个人之间发生的诉讼，其中，国家是原告，个人作为被告。如果将视线转向西方国家，在美国，如果是联邦案件，原告是"U. S."，被告则是个人，在英国同样如此。

国家规范刑事诉讼活动的专门法律称刑事诉讼法，与刑法一起构成了国家的"刑事法律"。对于刑事诉讼法发展的历史沿革，这里简要介绍一下。随着沈家本清末改制，中国从西方引进了刑事诉讼法，但尚未实施便因辛亥革命爆发、清政府灭亡而"流产"。后来，这部法律由民国政府颁布，但于 1949 年终止实施。自中华人民共和国成立，长时间没有刑事诉讼法，直到 1979 年基于法制恢复运动进程才出现了中国第一部《刑事诉讼法》。这部法律经过了多次的修改，包括 1996 年的修改、2012 年的修改、2018 年的修改。除此之外，还有许多刑事诉讼法的司法解释。法律加上司法解释，是刑事诉讼法规范的基本框架。

刑事诉讼法发展的脉络主要有如下几点：第一，涉及国家司法体制的改革问题。司法体制改革主要发生在：一是法院的权威性越来越高，法院独立审判权下，其权威性、独立性不断增强；二是完成了监察体制改革；三是检察机关的法律监督地位逐步提高，对法院、公安机关的监督强度逐渐提升；四是公安机关的权力逐步削弱。第二，人权保障逐步加强。刑事诉讼法涉及的最大难题是嫌疑人、被告人的权利保障问题。如何保障被告人的权利、保障辩护律师权利是刑事诉讼永恒的主题，甚至可以说，一部刑事诉讼法的历史就是人权保障的历史。这一层面的改革主要发生在:一是被告人的地位逐步得到加强,如从1979年的“人犯”,到1996年改为嫌疑人或被告人,这是极大的进步。又如,1979年所有嫌疑人尤其是被告人在法庭上都要剃光头、穿黄马甲、戴手铐脚镣,而到2016年所有被告人都可以穿便装、西装或夹克,这就是去犯罪标签化改革。二是辩护律师介入越来越广泛。1979年,律师只能在法庭上进行辩护,而在当下被逮捕拘留后24小时就要通知家属,可以委托律师,并且在审查起诉、一审、二审、死刑复核等阶段,律师都可以全方位介入。三是国家在保障人权的同时注重惩罚犯罪的科学性,兼顾惩罚犯罪和保障人权。惩罚犯罪有法律手段,要注重合法性,不能为打击而打击,刑事诉讼法要引导打击犯罪的活动,从而符合司法的规律。举几个例子,1979年至2018年逐步把惩罚犯罪、打击犯罪的活动纳入诉讼轨道,开始注重其科学性:如引入了秘密侦查手段,又称技术侦查,把技术侦查手段纳入法治的轨道;又如,为了惩治腐败进行了监察体制改革,实现了国家反腐败资源的有机整合,由监察委员会统一对反腐败案件进行调查,并设置了一套特别程序,将其纳入法治轨道。

刑事诉讼法与刑法之间的关系是什么?两者都是国家处理犯罪问题的法律,是国家为处理犯罪问题而颁布的法律。但两者还有不同的地方,刑法主要规定的是犯罪概念、犯罪要件和刑事责任,被称为刑事实体法。与刑法不同,刑事诉讼法尽管是解决犯罪问题的法律,但确立的是国家解决犯罪问题的方法、步骤、过程与阶段,规定了诉讼角色以及审判方法等。概括一下,刑事诉讼法有保障刑法实施的功能,任何一个案件只有经过完整的刑事诉讼程序才能适用刑法。但是,刑事诉讼法也不完全是保障刑法实施的工具和手段,还具有两个独立价值:一是刑事诉讼程序可以塑造、影响、决定一个案件的实体结局;二是刑事诉讼法具有保障人权的功能,保障所有嫌疑人、被告人同国家对抗的权利。正如美国《联邦宪法修正案》中的正当程序条款所言,没有经过正当程序,任何人不得被剥夺自由、财产乃至生命。

最后,再谈谈刑事诉讼法和宪法的关系。宪法是国家的根本大法,与刑事诉讼法有两层关系。第一,刑事诉讼法是根据宪法制定的部门法。第二,宪法上所规定的权利要靠刑事诉讼法才能得到保障,如中国《宪法》中所规定的住宅不受侵犯、通信秘密不受侵犯、不被任意搜查、扣押、逮捕的权利,都需要靠刑事诉讼法加以实现。因此,刑事诉讼法有两个“外号”,分别是“宪法的适用法”,保障宪法得到适用,以及“小宪法”,实现宪法所保障的人格尊严、隐私和人身自由。

在对刑事诉讼法的理解上，一直存在普通人思维方式与法律人思维方式的明显差异。有些时候，对于刑事诉讼法的一些理念和概念，普通人甚至会与法律人在思维方式上发生一定的冲突。因此，学习和研究法律的人，要真正进入刑事诉讼法的规范世界，就需要弄清楚刑事诉讼法的基本思维方式。这对于我们深入认识这部法律的精神和品格是非常重要的。

静态的"程序"与动态的"过程"

按照普通人的思维方式，刑事诉讼程序是一个静态的程序规则，用英文表达是"procedure"，司法过程就是适用实体法规范的过程，它大体遵循演绎推理的程式，根据司法机关认定的案件事实，将实体法的规定适用到个案之中，而诉讼程序，无非是保障实体法得到实施的手段和工具而已。所以，静态意义上的程序法是相对于实体法而存在的一套法律规范，也就是通常所说的保证实体法得到实施的方案、步骤和手续。

但是，除此以外，法律程序还有"动态"的一面，用英文表达是"process"，刑事诉讼程序既是静态的一套方法、步骤和手续，也是动态的，相对结果而言的法律实施过程。这一过程有起点和终点，在法律程序启动之前，任何诉讼结局都具有一定的不确定性和不可预测性，要经过完整的诉讼过程之后才能最终形成。因此，动态的刑事诉讼程序对于案件诉讼结局具有塑造、影响甚至决定性的作用。

按照程序法的思维方式，程序法不仅是保障实体法实施的工具，还具有自己的独立价值。实体法与程序法不仅具有目的和手段的关系，还具有结果和过程的关系。从动态的角度看，刑事诉讼程序一旦启动，就会按照刑事诉讼法所设定的步骤、方式、方法向前发展，并可能出现多种诉讼结果。通常的结果是，经过立案、侦查、起诉等审判前程序，并进一步经过第一审、第二审乃至死刑复核程序，案件最终被证明属于犯罪案件，被告人被认定有罪，法院最终根据认定的案件事实来实施了刑法规范。但是，正如很多案件所显示的那样，法院经过审判，也可能认定案件事实不清，证据不足，检察机关指控的罪名不成立，被告人被宣告无罪。这种无罪判决一旦宣告，即意味着检察机关指控的"犯罪事实"不能成立，被告人将被视为无罪的人。既然犯罪事实都得不到确认,那么刑法的适用也就无从谈起了。

在刑事诉讼过程中,司法机关不仅可以作出事实不清、指控罪名不能成立的无罪判决,还可以对侦查人员违反法律程序的行为作出裁决。例如,对于侦查人员通过刑讯逼供等违法手段所获取的有罪供述,法院可以作出排除非法证据的裁决。不仅如此,二审法院发现一审法院违反法定诉讼程序,影响公正审判的,也可以裁定撤销原判,发回重审。这种审判既不存在认定被告人有罪的活动,也不包含对被告人科处刑罚的过程,其实质在于对侦查人员、一审法院违反法律程序的行为进行司法审查,并对这些违反法律程序的行为实施制裁。很显然,这种审判也不是为实施刑法而进行的司法活动,而是为保障刑事诉讼法本身的实施而举行的司法审查活动。

如此看来,刑事诉讼程序不仅属于保障刑法实施的活动,还属于一种自主性的法律实施过程。诉讼程序的起点是立案,一旦立案决定下达,诉讼程序就启动了;其终点是生效判决的作出,一旦判决生效,刑事诉讼程序也就戛然而止。所有法律关系都发生在这一过程当中,立案之前没有犯罪嫌疑人、被告人的概念,只有被调查人;判决生效以后,被告人的身份立即终止,要么转化成犯罪人,要么转化成无罪的人。作为法律实施过程,刑事诉讼程序确实要以犯罪行为已经发生、行为人涉嫌实施犯罪行为为逻辑前提,但它一旦启动,就对案件的诉讼结果具有独立的塑造作用。诉讼程序不仅可以将一个刑事案件的"犯罪"属性加以否决,将被告人的"犯罪人"身份予以取消,还可以对违反刑事诉讼法的行为本身加以制裁,追究法律责任。没有经过一个完整的刑事诉讼程序,任何人都不能转化为犯罪人,任何案件都不能被称为刑事案件,任何刑法规范也都无法得到实施。

在涉案财物方面也是如此,只有经过完整的诉讼过程,判决生效时,才能对公民和企业的涉案财物作出最终的处置,对认定为赃款赃物的部分予以追缴,对被害人财物予以退赔,与犯罪无关的合法财产予以返还,前期已经先行处置的合法财物则需要进行赔偿。所以刑事诉讼程序是一个动态的过程,所有诉讼权利都发生在这一过程当中,此间被追诉、可能被追究责任的人具有法定的诉讼地位,而且案件结果处于不确定的状态。辩护人的地位也存续于这一过程中,立案前没有辩护人的角色,最多只是提供法律帮助的律师,生效判决后辩护人身份到此终止。因此,根据刑事诉讼法的思维方式,根据动态的过程这一概念,可以得出两个结论:第一,在立案和生效判决之间的过程当中产生刑事诉讼的法律关系。第二,不管是嫌疑人或是被告人,他们的辩护权都发生在这一动态的过程当中,申请回避、获得辩护律师的帮助、举证质证、提出上诉等权利都是如此。

■ “事实上有罪”与“法律上有罪”

按照普通人的思维方式,任何公民一旦被抓捕、侦查或者起诉,就都是犯罪人。在司法实践中,检察机关一旦作出批准逮捕的决定,行为人所在的工作单位就开始做对该人“开除公职”的准备,所在的学校也开始做“开除学籍”的准备。有的公安机关刚刚宣布侦查破案,就举行“公开逮捕大会”、侦查人员“立功嘉奖大会”,或者向新闻媒体发出有关行为“犯罪事实和破案经过”的新闻通稿,有关侦查机关有时还对行为人的涉案财物进行公开拍卖和处置,民政部门甚至对那些受到行为人伤害的公职人员宣告为“烈士”。不区分事实上有罪和法律上有罪,这是普通人的思维方式。

但按照程序法的思维方式,要区分“事实上有罪”和“法律上有罪”的概念,一个人即使罪大恶极,充其量只是事实上有罪,要宣告其法律上有罪是有条件的,而且法律上宣告有罪是国家对其进行的权威认定和谴责,未经法院生效判决确认,任何人都不能被视为犯罪人。即便有证据证明行为人“可能实施了犯罪行为”,司法机关也至多将其视为“犯罪嫌疑人”或“被告人”。

在法院生效判决作出之前,刑事诉讼法赋予那些受到刑事追诉的人“犯罪嫌疑人”“被告人”的身份。在杜培武案的审判过程中,一审法院将杜培武列为“被告人”,二审法院则列为“上诉人”。这些身份意味着行为人不仅不是“犯罪人”,而且还拥有程序法上的“辩护者”身份。在整个刑事诉讼过程中,侦查机关一旦决定立案,行为人开始具有“犯罪嫌疑人”的身份;检察机关提起公诉后,犯罪嫌疑人开始被称为“被告人”;被告人假如对一审法院的裁判不服,提出上诉,他在二审程序中就具有“上诉人”的身份,这些诉讼角色终止于法院作出生效判决之时。只有在法院作出了生效判决后,行为人才具有“罪犯”、“犯人”或“犯罪人”的地位。但假如法院所作的是生效的无罪判决,则被告人就立即变成无罪的人,其角色完全恢复到刑事诉讼程序启动前的状态。

认定一个人有罪会带来严重的法律后果,其会被宣告为罪犯,被判处自由刑或者罚金刑等刑罚,被剥夺自由和财产,甚至被剥夺生命。不仅如此,被宣告为罪犯本身就带有惩罚性，一旦有了犯罪前科，就会伴随其终生，受到政治、社会、经济等多方面的负面影响。所以，所作出的宣告一个人有罪的结论，在刑事诉讼法的世界里一定是权威的认定和谴责，法律规定了具体的程序和要求。

■ 定罪的三大法律障碍

在法学院的课堂上存在一个基本的价值判断，法律存在的目的主要是约束国家公权力，保障国民不受国家的任意侵犯。这是法律的最基本功能，如果为了打击犯罪、维护治安、维护秩序、保障国家安全，法律只是一个可选择的手段，而不是最有效的治理方式。之所以要建立法律秩序，最重要的目的在于防止国家滥用权力，所以每个国家的宪法在规定公民基本权利的时候，都是将国家权力作为潜在的“假想敌”，我国《宪法》第 2 章规定了公民的基本权利和义务，其中第 37 条到第 41 条，规定了公民的人身自由、人格尊严、住宅、通信秘密不受侵犯，不被任意逮捕、非法搜查。当然，公民也可能受到他人的搜查和拘禁，但这些行为可以用民法，构成犯罪的可以用刑法进行规制，一旦国家公权力侵犯了公民的这些基本权利，就需要由宪法加以保障和救济。而刑事诉讼法就是保障宪法实现的法律，是宪法的适用法，也被称为“小宪法”，宪法本身只能确定基本的框架结构，单靠自身是无法有效运转的，真正保障公民权利不受侵犯则需要刑事诉讼法。刑事诉讼法通过强制措施制度规范国家公权力，防止任意逮捕；确立了侦查程序，约束国家公权力，防止任意搜查、扣押；规定了辩护制度，防止对公民任意定罪，给定罪施加法律上的障碍。

按照普通人的思维方式，亲眼看见了“犯罪过程”的人，当然可以相信行为人实施了犯罪行为；当场抓获现场作案的歹徒的人，当然可以将其制服、控制并扭送公安机关，并确信其就是“凶手”。而按照实体法的思维方式，只要一个人的行为具有社会危害性而又为刑法所禁止，该行为就属于“犯罪行为”。

但是，普通人所说的只是“自然意义上的犯罪”，实体法所说的“犯罪行为”也只是在刑法意义上构成了犯罪而已，行为人还不一定能转化为“法律意义上的犯罪”。所谓“自然意义上的犯罪”，是一般人根据逻辑、经验和常识对某一反社会行为所做的评价。这种评价可以促使人们举报、控告、起诉他们认为“构成犯罪”的人，也可以激发普通公民与“犯罪行为”作斗争的道德勇气。但是,“事实上有罪”是一种容易出现错误的模糊判断,也不具有法律约束力。相反,“法律上有罪”则是一种权威的判断,是司法机关对一个人的行为所做的否定和谴责。

按照程序法的思维方式,为了防止任意定罪,普通人要转化为“法律意义上的罪犯”,必须经历三个相对独立的评判过程,也就是定罪的三大法律障碍。

第一,实体法的障碍。德国法学家李斯特说过,刑法是犯罪人的大宪章。这意味着刑法具有对犯罪人的权利加以保护的功能。行为人是否违反刑法,构成某一法定的罪名,根据“法无明文规定不为罪”的原则,任何行为如果不符合特定犯罪构成要件,就无法被认定为犯罪,即便行为具有一定的社会危害性,只要无法被认定为任一罪名的,也应被判定为无罪。因此,行为人在实体法上符合特定的构成要件,并构成特定的罪名,才越过了第一个障碍,在实体法上成立犯罪。

第二,证据法的障碍。尽管刑法确定了构成要件和罪名,但行为人要被认定为犯罪人,其“犯罪事实”必须得到严格的证明,也就是由承担证明责任的一方,将被告人的“犯罪事实”证明达到法定的证明标准,即事实清楚,证据确实、充分,排除合理怀疑的程度。如果仅仅有证据证明行为人可能实施了犯罪,但是证据不足,未达到证明标准,则法院只能认定被告人的犯罪事实不能成立,宣告被告人无罪。

第三,程序法的障碍。一个人从无罪的公民转化成有罪的罪犯,必须经过完整、合法的刑事诉讼程序,由法院的生效判决确定有罪,否则,就只能被认定为无罪。

因此,将一个人从无罪的人转化成法律上有罪的人,需要突破三个法律上的障碍。第一是实体法上的障碍,只有符合特定的犯罪构成要件,构成特定的罪名,才满足第一个条件;第二是要有确实、充分的证据证明犯罪行为成立,才能越过证据法上的障碍;第三是对行为人的诉讼活动要经过完整、合法的程序,由法院作出生效判决,才能最终宣告其为罪犯。这与跨栏赛跑很相似,越过三大法律障碍,一个人就转化成法律上有罪的人。而刑事诉讼法、刑法、证据法,实际上都是给国家对被告人定罪施加障碍的法律,目的只有一个,那就是保护每个国民不受任意定罪,如果没有确实、充分的法律依据和正当的理由,没有经过合法的法律程序,就只能认定为无罪。盗窃了 3000 元财物的人,在刑法上已经构成犯罪,检察院却可以作出相对不起诉的处理,这是因为案件只满足了两个条件,一是在实体法上符合盗窃罪的犯罪构成,二是在证据法上具有了确实、充分的证据,但并没有满足第三个条件,未经法院完整、合法的审判程序,作出生效判决认定为有罪,因此没有跨越定罪的第三个法律障碍,所以行为人在法律上仍然是无罪的人。

一旦没有越过三大法律障碍中的任何一个,实体法上不够罪,或者证据法上证据不足,或者不满足程序条件,在公安机关立案阶段需要作出不立案的决定,在侦查过程中则要撤销案件,在审查起诉阶段应作出不起诉决定,到了审判阶段,包括一审、二审、死刑复核等阶段,法院应对被告人宣告无罪,或者裁定终止审理。不立案、撤销案件、不起诉、宣告无罪、终止审理均具有相同的性质,其一,都是法律上无罪的决定,其二,不会带来定罪的消极后果,不会留下犯罪记录,没有犯罪前科,行为人仍然可以正常参与社会生活,而不会受到歧视性待遇。

■ 程序法中的“事实”

按照普通人的思维方式,事实是本体论意义上的,也就是客观发生过的事实。犯罪事实一旦发生,就属于不以人们意志为转移的“客观事实”。司法机关的责任就是运用证据,揭示、发现和证明这些客观事实,使自己的主观认识符合客观实际。普通人认为,这是一个恢复真相的过程,如果无法恢复,则延长期限,无休止地查明真相,这对于本体论意义上的事实是适用的,但是会导致被告人无休止地被羁押,长期无法得到终局的结论。迄今为止,刑事诉讼仍强调不枉不纵,既不放纵一个有罪的人,也不冤枉一个无罪的人,还要求让判决经得起历史的检验;刑事诉讼法仍然要求国家专门机关“忠于事实真相”;一些诉讼法理论则受到某种认识论观点的影响,强调司法人员发挥“主观能动性”,实事求是,有错必纠。

按照普通人所认为的本体论意义上的事实,会产生一些严重的后果。第一,反对诉讼的追诉时效,无论经过多少时间,都可以随时追究行为人的责任;第二,反对诉讼期限,主张无休止地追求真相;第三,强调任何案件都可以随时恢复诉讼程序,有错必纠,为了达到追究犯罪的目的而不惜一切代价,这显然容易导致国家权力的滥用。

但是，按照程序法的思维方式，事实是指认识论意义上的。本体论的事实指客观发生过的事实，诉讼的目的是对其加以恢复，而认识论意义上的事实并不是客观存在的，是指办案人员对案件事实的主观判断和内心确信。对客观真相的追求是永无止境的，有学者比喻说客观真相就像上帝在空中把一块巨大无比的玻璃敲碎，成千上万的碎片撒向人间，这块玻璃已经永远无法恢复了，我们要认识这块玻璃，只能通过收集碎片、查找证据，尽可能恢复人们对玻璃的主观印象、认识和判断。因此，在程序法的世界中，事实是办案人员通过收集证据，对案件事实的主观判断和内心产生的确信，目标是在认识上最大限度接近事实真相，但不可能完全恢复事实真相。

"无证据则无事实"，在法律程序中，凡是有证据证明的事实，应被视为真实的事实；而那些没有证据证明的事实，则应被视为不存在的事实。在杜培武案件中，尽管云南两级法院认定杜培武实施了故意杀人行为，但经过再审程序，昆明中院认定两名被害人被杀系其他人所为，现有证据不足以证明杜培武实施了故意杀人的"犯罪事实"，即判定这一事实不成立，杜培武不构成犯罪。这就是证据裁判主义的体现。遵循这种思维方式，才会有证据不足不立案、证据不足撤销案件、证据不足不起诉、证据不足宣告无罪、证据不足再审改判无罪等诉讼法制度；才会主张对案件事实真相的探究要受到法律程序的限制，产生追诉时效、诉讼期限、非法证据排除等制度，维护"手段的正当性"；才会区分事实真相的发现者和裁判者，法官的使命是裁断，而不是发现，法官没有义务去收集证据，揭示和证明犯罪事实，而主要负责对检察机关指控的事实作出裁判。

事实要通过证据加以证明。那么，如何保证所揭示的事实符合客观真相呢？换言之，如何发现事实真相呢？

按照普通人的思维方式，事实真相需要由一个公正、聪明而智慧的司法人员主动去寻找证据，主动去发现事实，力求不枉不纵，甚至在发生错误认识时都要加以及时纠正。我国古代的包青天形象，神明般的神探狄仁杰断案故事，都显示出一种对"发现真相"的民间追求。迄今为止，我国的三大诉讼法都赋予法官进行"庭外调查核实证据"的权利，甚至就连最高人民法院法官在复核死刑案件时，都要亲自前往现场，要么亲自提讯被告人，要么亲自接触证人，调查核实相关证据。这都是一种"直线式的探求真相方式"。

但是，按照程序法的思维方式，事实真相的发现需要由立场对立、利益冲突的双方分别提交证据、进行抗辩来进行。通过设置一种中立的第三方，充当裁判者，听取对立双方的观点、主张和论证过程，做到兼听则明，防止偏听偏信，这样才能做到尽可能地避免错误。显然，这是一种“对抗式的探明真相方式”。

那么，事实真相究竟从何而来呢？按照程序法的思维方式，事实真相要由裁判者根据两种竞争的事实陈述和诉讼主张，通过听取抗辩双方的举证、质证和辩论才能得到判定。

■ 程序法中的“责任”

责任作为法学的基础概念，是指一个人对自己的违法行为所承担的法律后果。违法者必被追究责任是法律制度存在的前提，违反刑法要被追究刑事责任，违反民法要承担违约责任、侵权责任等民事责任，违反行政法也要承担罚款、行政拘留、吊销执照等行政责任。除了民事责任、行政责任、刑事责任这三大实体法责任以外，违反学校的校纪校规，也要承担相应的校纪责任，接受纪律处分；律师协会的会员违反律师职业伦理，最严重的会受到吊销律师执业证书的处理，承担纪律责任。

按照普通人的思维方式，法律责任是指一个人违反法律所遭受的实体性法律后果。实体性责任有两大基本特征：第一，让违法者遭受损失和痛苦，无论是违法行为还是侵权行为，都应对行为人本人实施制裁，才能发挥最好的法律效果，如犯罪人本人被定罪判刑，侵权者本人承担赔偿责任。第二，遵循责任自负原则，追究责任只限于违法者个人，不能株连无辜者，不能株连家人或者整个单位。所谓责任自负，就是由违法者本人承受消极的法律后果，司法机关要使违法者承受消极的法律后果或者利益损失。

按照这一思维方式，对于发生在刑事诉讼过程中的违法行为，也应直接追究违反法律程序的司法人员的责任。例如，对于刑讯逼供的侦查人员，滥用批捕权和公诉权的检察官，违法审判的法官，要么追究民事责任，要么进行纪律惩戒，要么追究刑事责任。

这种方式只适用于实体法领域，按照程序法的思维方式，责任有着特殊的含义。对于侦查人员、检察官、法官违反刑事诉讼程序，不能仅仅指望从实体法中引入制裁手段，而应采取一种宣告无效的程序性制裁方式。目前，我国规定了两种程序性制裁方式,第一是非法证据排除规则,对于侦查人员违反法律程序的行为,法院可以宣告侦查行为不合法,并作出排除非法证据的裁决。将侦查人员收集的非法证据排除,不得作为定案的根据,就是一种宣告违法、宣告无效,法院在判决中一般会说明"侦查人员在侦查过程中存在违法行为,违反了刑事诉讼法的规定",这就是宣告违法,接着会说明"该证据属于非法证据,一律应予排除",这就是宣告无效。这是程序法独特的责任追究方式。第二是对于一审法院违反法律程序的行为,二审法院可以宣告该审判为违法审判行为,并作出撤销原判、发回重审的裁决。

因此,在实体法的世界中,追究责任的方式多种多样,但归根结底就是追究违法者个人的责任,使其遭受利益上的损失,承担不利的法律后果,遵循责任自负的基本原则。但是在程序法的世界里,并不追究个人的责任,而是宣告司法人员的诉讼行为违法,并且宣告无效,使其失去应有的法律效果。这种以宣告无效为标志的程序性制裁方式,就是一种独立于实体法的程序性法律责任。具体而言,从逻辑构成来看,这种程序性制裁包含三个要素:一是对侦查机关、公诉机关和审判机关的某一诉讼行为作出违法之宣告,这本身就是一种对其行为合法性的谴责和否定;二是宣告该项刑事诉讼行为不具有法律效力,也就是不能产生预期的法律效果,相当于自始至终没有发生过;三是宣告由该项诉讼行为所产生的结果不具有法律效力,如侦查人员通过违法侦查行为所产生的结果——非法证据,应被排除于法庭之外,不得作为定案的根据;法院通过违法审判活动所形成的结果——裁判结论,应被依法撤销,案件发回原审法院重新审判。

■ 程序法中的"权利"

按照普通人的思维方式,权利是指法律授予权利主体获得某种利益的资格。"杀人偿命、欠债还钱"之所以是天经地义的事情,就是因为剥夺人的生命权的行为就应该受到制裁,侵犯人的财产权的行为就应该受到惩罚,由此才能实现基本的公平正义。宪法确立了大量的公民基本权利,对公民政治权利、人身权利、经济权利、社会权利、文化权利的列举可谓不厌其详。但是,在公民的基本权利被侵犯时,被侵权者究竟如何获得救济呢?在公民的宪法权利受到侵犯时,宪法能为被侵权者提供什么样的救济途径呢?

民法典中规定了人格权,这就意味着民法典赋予个人获得人格利益保护的资格。可是这种资格是不会自动实现的,实体法至多规定权利受到侵犯时的救济条款,所谓"无救济则无权利",人格权受到侵犯的救济可以通过损害赔偿制度来实现,要求侵权人承担民事责任,这些救济带有补救、赔偿、惩罚等功能。因此,实体法规定的权利主要包括两项内容:一是一个人在法律上获得某种利益的资格;二是侵权者承担的代价和被侵权者获得必要的补偿和救济的资格。这些权利和资格都无法自动实现,耶林在名篇《为权利而斗争》中所强调的并不是实体法上的权利,而是诉权,斗争并不是通过武力手段进行的,而是通过事实、证据、法律、诉讼加以实现。

刑事诉讼法中规定了大量的权利,其中以被告人权利为核心,例如,我国《刑事诉讼法》明文规定不受强迫自证其罪的权利,不受任意搜查或扣押的权利,不受任意拘留和逮捕的权利,不受无根据起诉的权利,在法院作出生效判决之前不被推定为犯罪人的权利;《刑事诉讼法》还规定了被告人的辩护权、上诉权、申请回避的权利等。

刑事诉讼法中的权利,通常是一种程序性权利。这些权利大体由两个部分组成:一是"不受国家专门机关任意侵犯的权利",二是获得司法机关司法救济的权利。前一权利可以被视为一种"消极权利",是一种"诉讼特权";后一种权利则是指"诉诸司法裁判的权利",又被简称为"诉权"。

何谓消极权利?英国政治学家以赛亚·柏林曾对"积极自由"和"消极自由"进行过区分,认为积极自由是指"可以做什么的自由(freedom to do...)",而消极自由则是"不受……剥夺或限制的自由(freedom against...)"。与积极自由相比,消极自由是一种最低限度的自由,经常意味着一个人的利益不受他人或者国家机关任意限制、侵犯或剥夺的自由。

借助柏林对自由的两种划分,可以将权利分为"消极权利"和"积极权利"两种类型。在刑事诉讼中,面对侦查机关和公诉机关的追诉活动,嫌疑人、被告人所享有的权利都属于消极权利,即一个人不受国家任意侵犯的权利。这些消极权利有两大特征:一是以国家权力对公民个人权利的侵犯作为假想敌;二是消极权利的实现需要以限制国家公权力为手段。

这些刑事诉讼中的消极权利通常被视为嫌疑人、被告人对抗国家专门机关的一种诉讼特权。之所以将其称为"诉讼特权",是因为这些权利是法律专门为嫌疑人、被告人设置的权利,其他当事人都无权享有。同时,这些权利要得到有效的实现，就需要相关的国家专门机关履行特定的诉讼义务。例如，要保证“不被强迫自我归罪的权利”得到实现，侦查机关就不得采取刑讯逼供、威胁、引诱、欺骗等非法取证手段；要确保“不受任意拘留和逮捕的权利”得到实现，司法机关就应当严格把握逮捕条件，进行逮捕必要性的严格审查，必要时还要对羁押必要性进行持续不断的审查；要维护“不受任意搜查或扣押的权利”，法院对于侦查人员采取非法搜查或扣押所获取的证据，应当及时作出排除非法证据的裁决。可见，保障公民权利不受国家任意侵犯，其核心就是对公权力进行有效的约束。

除了消极权利以外，刑事诉讼还有很多权利属于积极权利，具有“诉权”的性质，也就是被侵权者诉诸司法裁判的权利，其是指当事人通过提出主张或进行抗辩，要求司法机关维护自己的某种利益或资格的权利。按照程序法的思维方式，任何权利若仅被列举在法律条文之中，则该法律条文不过是一纸具文而已。权利的生命在于救济，法律的生命在于实施。很多国家的宪法在列举公民基本权利之后，紧接下来就确立了一个宪法条款：对于侵犯公民宪法权利的行为，被侵权者可以向中立的、公正无私的法庭提出诉讼请求，获得该法庭的公正审判。这通常被称为“获得庭审的权利”。在诉讼法上，这被称为“诉权条款”。

在刑事诉讼中，诉权有三种具体类型：一是主张性权利，其特征是权利人提出积极的诉讼请求，例如，嫌疑人、被告人可以申请召开庭前会议，申请非法证据排除，申请专家辅助人出庭作证，申请证人出庭作证，申请二审法院开庭审理等，被害人可以提起附带民事诉讼；二是抗辩性权利，是针对对方的主张提出抗辩的权利，具有防御性，辩护权就是一种典型的抗辩性权利；三是救济性权利，即出现了对自己不利的决定或裁判，申请获得救济和补救的权利，比如对一审作出的有罪判决，被告人在上诉期内提出上诉，还可以对生效的有罪判决提出申诉，这种上诉权和申诉权就属于救济性权利。不管是主张、抗辩还是救济，都需要通过积极的诉讼行为诉诸司法机关，对自己的权利加以维护。

诉权的实现，有赖于司法机关给予一定的程序保护，只有司法机关给予充分的保障，当事人的诉权才能得到有效行使和救济，具体而言：第一，权利主体需要具有诉讼行为能力；第二，权利主体需要提出申请或者诉讼请求；第三，法院需要对该诉讼请求加以受理；第四，法院需要举行庭审，对此诉讼请求加以审理;第五,法院需要作出裁判,给出裁判的理由;第六,权利主体应获得向上级法院申请救济的机会。

程序法中的"裁判"

按照普通人的思维方式,刑事审判就是法官针对被告人刑事责任的审判活动。曾几何时,将某某人"押上审判台"还被视为对其加以惩罚的标志。

但是按照程序法的思维方式,审判的英文是"right to be heard",是指被告人获得被听审的机会,还有一个表述是"have one's day in court",能够在法庭上接受审判的一天,在自由和权利被剥夺之前获得被听审的权利,获得为权利而斗争的机会,就是当事人最重要的诉权。

刑事审判具有多元化的特征,可以分为实体性裁判和程序性裁判两种类型。实体性裁判是对被告人是否承担刑事责任的审判,解决被告人的定罪量刑问题,程序性裁判则是对案件的程序争议问题作出裁决。

例如,在现代法治国家,刑事追诉机关要对个人采取拘留、逮捕、取保候审等强制措施,或者实施查封、扣押、冻结等强制性侦查行为,都要向专门的司法官员申请许可令状,后者要对这种申请作出裁判;那些被采取错误、违法或者不必要的未决羁押措施的被告人,可以向更高等级的法院申请变更强制措施,或者申请"人身保护令",后者就此举行带有司法救济性质的听证会,作出裁判;在法庭审理过程中,遇有被告人就某一侦查行为的合法性提出异议时,法庭要中止正常的审理活动,专门就侦查行为的合法性举行审理活动,这种被称为"诉中诉""案中案""审判之中的审判"的程序,带有程序性裁判的性质。

可以看出,现代的刑事诉讼程序,同时存在两条司法裁判线索:一是法院对检察机关提出的指控被告人有罪的申请作出裁判的过程;二是法院对于控辩双方就某一诉讼程序上的请求或者程序性争议进行裁决的过程。正是因为法院可以对诉讼程序上的争议问题进行受理,并通过法庭审理作出权威的裁判,刑事诉讼法才具有可诉性,围绕着刑事诉讼程序的争议才能得到及时解决,刑事诉讼法的实施就有了诉讼程序上的保证。

▣ 阅读指引

☐ 权威教材

1. 陈瑞华:《刑事诉讼法》,北京大学出版社 2021 年版。

刑事诉讼法教材应该侧重于原理和理论的阐述,而不是法条解释;学习目标主要是确立程序正义的理念,而不是满足于掌握法条规定的诉讼程序和办案步骤。基于此理念,本书对刑事诉讼法学的学科发展,刑事诉讼程序的生成机制,刑事诉讼构造,刑事诉讼中的法院、检察院、当事人等主体,管辖制度、回避制度、辩护和代理制度、强制措施、认罪认罚从宽制度、审判程序制度、特别程序制度等进行了系统阐述,是一本具有很高学术含量的刑事诉讼法教科书。

2. 陈光中主编:《刑事诉讼法》(第 7 版),北京大学出版社、高等教育出版社 2021 年版。

本书主要有如下特点:第一,以刑事诉讼法及有关司法解释为根据,系统地叙述了我国的刑事诉讼制度;第二,坚持理论与实践相结合,既阐述了刑事诉讼的基本理论,又密切联系法律实践;第三,立足中国刑事诉讼法制,借鉴外国立法、司法实践经验,并注意与联合国人权公约中的刑事司法准则相协调;第四,篇幅适度,文字深入浅出,能为刑事诉讼法课程初学者提供扎实的理论基础。

☐ 中文著作

1. 陈瑞华:《刑事审判原理论》(第 3 版),法律出版社 2020 年版。

本书主要论述刑事审判制度和刑事审判程序中的基本理论。本书中关于刑事审判性质、多元化审判程序价值、程序正义理论、职能区分原理、审判模式理论以及简易审判程序理论的讨论,都属于基础性的理论分析,值得初入法学研究之门的人士认真研习。

2. 陈瑞华:《比较刑事诉讼法》(第 2 版),北京大学出版社 2020 年版。

本书分四个部分,从比较法的角度讨论了西方国家的刑事诉讼程序、证据制度、程序性制裁制度以及刑事诉讼制度移植的问题。本书不仅对相关诉讼程序和证据规则作出了深入细致的比较考察,而且还总结了西方刑事诉讼法和证据法的基本理念和原则,所做的研究覆盖了非法证据排除、诉讼行为无效、诉讼终止、未决羁押、侦查构造、证据概念、司法证明、证据展示、变更起诉、审判模式、定罪与量刑关系、简易程序、程序性上诉、刑事再审等重大课题。从法律移植和法律变革的角度来看,本书还对英国、法国、意大利、俄罗斯等国的司法改革作出了比较法层面的分析和评价。

3. 陈瑞华:《刑事诉讼的中国模式》(第 3 版),法律出版社 2018 年版。

本书是运用社会科学方法研究刑事诉讼问题的一种尝试。按照这种方法,研究者观察制度、实践以及改革经验,从中发现问题,解释制度或实践变迁的规律,并将其上升为理论,最终对理论进行检验和论证。运用这一方法,对刑事和解、刑事附带民事诉讼、刑事速裁程序、司法裁判、案卷移送、第一审程序、第二审程序、死刑复核以及坦白从宽、抗拒从严等问题进行了深入研究,提出并论证了一些理论命题。通过上述概念化和理论论证的努力,本书探索出一条刑事诉讼法学研究的新路径,推动刑事诉讼法学科进入社会科学研究的轨道。

4. 陈瑞华:《刑事证据法》(第3版),北京大学出版社2018年版。

"中国的问题,世界的眼光。"本书以开放的视角来研究中国的问题,既追求对刑事证据法中的理论问题作出通透的解释和论述,也引领读者进入中国司法实践的现实层面,对其中的证据运用问题给予充分的解释和讨论。通过对本书的阅读,既可以提高运用证据规则分析案例的能力,也可以增强证据法学研究的水平。

5. 陈瑞华:《刑事诉讼的前沿问题》(第5版),中国人民大学出版社2016年版。

本书总结了刑事诉讼法学的起源、发展和前沿课题,研究了刑事诉讼目的、价值、构造、程序性制裁、辩护、强制措施、审判模式等一系列前沿理论问题,是紧跟刑事诉讼法学发展动态、深入研究刑事诉讼法学的必读文献。

回 立法、司法解释资料

1.《刑事诉讼法》(2018年修正)

该法是国家立法机关制定的系统完整地规定办理刑事案件程序的法律文件。

2. 最高人民法院《关于适用〈中华人民共和国刑事诉讼法〉的解释》(2021年)。

该解释诞生于2018年《刑事诉讼法》修改后,对理解与适用新《刑事诉讼法》具有重要指导意义。

3. 最高人民法院、最高人民检察院、公安部等《关于实施刑事诉讼法若干问题的规定》。

该规定对保障公检法等部门在刑事诉讼中正确履行职责、规范办案流程、提高办案效率、确保办案质量发挥着重要作用。

北大法学初阶

宫格体犯罪学

白建军

关于作者

白建军

北京大学法学院教授，博士生导师。在北京大学获法学硕士、法学博士学位，曾赴美国纽约大学客座研究、日本新潟大学任教。曾任北京大学实证法务研究所主任、北京大学金融法研究中心副主任。主要研究领域为法律实证分析方法、犯罪学、刑法学、金融犯罪。
开设“犯罪通论”“法律实证分析”“犯罪学”“刑法分论”“金融犯罪”等课程。

这是犯罪学的入门第一课,从这里开始,我们将以全新的学科体系理解犯罪学。我将从以下三个层面展开阐述:第一,犯罪学学习的意义,大家选择犯罪学课程一定存在某种理由;第二,犯罪学的独立性,作为一门科学,首先需要验证的便是独立性,便于大家理解,我将刑法学与犯罪学置放到同一参照系中考察;第三,犯罪学的学科体系,通过反思作为通说的传统犯罪学体系以及当下犯罪学学习的焦虑,我们提出了“宫格体犯罪学”的设想,取得了论证上的正当性和实践中的可用性。

前思:我们是谁?

作为犯罪学课程的导论,其主要内容是介绍犯罪学课程以及学科特征。对此,我从“我们是谁”这一哲学本源问题出发,尝试在存在论意义上做出回答:

第一,每个人都是可能的(潜在的)被害人。人的一生难免遇到盗窃或者诈骗事件,每个人都可能成为犯罪的被害人。在以往犯罪学的课堂上,一位同学的笔记本电脑在课间休息过程中不幸被窃,该同学当时的愤慨使其产生各类报复性的想法,急于充当正义的“刽子手”。然而,令人欣喜的是,他在撰写期中论文时借助犯罪学对当时的心理活动和想法进行了深入的分析。这种深入分析内心活动的做法便是犯罪学领域的良好选题之一。

第二,每个人都是可能的被告人。虽然很多人会反驳自己既非法律习业者也绝无可能违法,但不会违法和不会成为被告是两件迥然不同之事。多年以前,我曾与众师生前往监狱调研,监区参观之时突然传来“白老师好!”的招呼声,一位自称是我学生的犯人前来攀谈,提及自己曾上过有关金融犯罪的课程,后因倒卖汽车而被判处投机倒把罪入狱。所以,即便学习了法律,也未必能保证自己完全不会违法犯罪。

第三,作为法律人,我们都明白一般的违法不一定是犯罪,但犯罪一定是违法的,犯罪是各类违法行为中最严重的一种。作为法律人,如果我们不了解犯罪,就不会拥有完整的知识结构。刑法学中可能会对犯罪进行理论上的定义,但是多多少少带有一些形而上的思考,犯罪学以犯罪作为研究对象,能够为我们提供更多实然层面的材料。

第四,作为本科生为什么要学习和了解犯罪学?我向本科生强调,大学期间的核心任务是发现自己究竟喜欢什么、发现自己的兴趣及所属的(学术)领域、可以把自己真正的兴趣托付给哪个专业并且完善自己的知识结构。很多同学入学后都以“赚钱”为目标对专业精挑细选、仔细琢磨,如大量同学选择经济专业,但学习经济者自己不一定“经济”,在我看来,满怀喜悦地工作一生就是人生最大的“经济”。犯罪学,恰恰可能是各位本科生当下甚至一生的兴趣与志业。

■ 认知:犯罪学是什么?

对于“犯罪学是什么”的问题,我并没有从概念或者定义出发,而是采取对比的方式,将与犯罪学相关度最高的刑法学作为参照,恰如两个长相相近但确有不同之人,各看花非花、雾非雾,放在一起方得拨云见日、柳暗花明;因为从科学与学科的角度看,现在知识的碎片化、学科的专业化把实质上相关的知识进行人为割裂,我认为这种现象存在问题。基于此,我把犯罪学与刑法学置放在同一参照系内比较,并以此“感觉”犯罪学。

□ 刑法学的轮廓

对于刑法学和犯罪学的不同样态,学理上存在很多种学说和区分方式,但是均较为抽象,需要具备一定的理论基础才能有所体会,因此我在此处列举几个案例让大家感知刑法学:

1. 被告人A到某地购买了一辆伪劣拖拉机,无法正常使用,一段时间后,A在酒店偶然遇到了同在该地销售拖拉机的B,气愤不已,A遂向B索要安慰费、赔偿费,不料B也是一名伪劣拖拉机销售商,因为心虚而给付了A几千元人民币。检察院认为A的行为满足两个“当场”——当场取得财物、当场使用暴力(胁迫等压制被害人的手段),并基于此认定A构成抢劫罪;本案诉至法院后,法院认为A的行为符合敲诈勒索罪的构成要件。

2. X嫖娼后以做法(服务)不符合要求为由,持刀强行要回嫖资30元人民币,并将阻止其逃跑的人刺成重伤,控方也认为X的行为满足两个

“当场”,构成暴力犯罪;诉至法院后,法院认为X构成故意伤害罪。因此,即便是同样的起诉理由,法院也可能产生不同的意见。

3. 一游手好闲的男子某甲在山上遛弯,看到山上一个女孩某乙在独自放羊,甲便走上前去,在距离女孩十余米处暴露自己的下体,乙见状心生恐惧、弃羊而逃,甲遂将羊拉到县城里,卖得5000元。有人认为,虽然甲没有直接对乙的肉体施加有形力,但他的行为使乙产生恐惧,因此,甲当场使用暴力,并且非法占有了“羊”这一财物,构成抢劫罪;也有人认为,乙逃离现场后甲将羊转移为自己占有,应当以盗窃罪或者侵占罪论处;还有人认为,乙以为甲要实施强奸行为,遂逃离现场以保护自己的生命、身体法益,但甲实际上想要侵犯乙的财产法益,因此属于诈骗。此外,还有人从被害人的角度出发,认为这名女性的反应是个例,其他女性可能作出不同的反应,不能因为偶然事件,就让该名男子受到不同罪行的处罚。可见,每个人都知道什么叫作抢劫、诈骗、强奸,但是在个案中,又存在完全不同的看法。

4. 某地村民E醉酒后看到同村某户篱笆墙内有鸡一只,遂跨过不足1米高的篱笆墙欲抓鸡,户主F发现后,拿出扁担与E扭打在一起,后E被送至派出所。法院认为,这是入户抢劫,从而不必考察罪量要素。此处的问题是,什么叫“户”,是墙里面就叫“户”,还是必须要进入屋内、室内才叫“户”。即便是“户”这种几乎“家喻户晓”的概念,到了具体案件的场景中,也会因为不同的理解而产生不同的结果。

以上四个案例鲜明地体现出刑法学的特征,刑法学是一门关于法律解释、适用的学科,主要研究某个具体行为的定罪量刑问题。

□ 描边犯罪学

理论界有一个重大问题——刑罚是为了惩罚已然的犯罪行为,还是为了预防未来的、将会发生的犯罪行为?刑罚是回顾性的还是前瞻性的?这一问题已经引发了数百年的讨论,激起了无数刑法学、哲学、社会学等大家思想的火花,产生了诸多传世经典和名家名篇。我从犯罪学的角度出发,对这一问题展开了探讨:

在裁判文书网建立之前,国内没有专门的案例数据库,因此我首先搜罗最高人民法院公开出版的关于抢劫罪的案例和判决,并建设了一个数据库。其后，我又从多个维度对收集到的数据进行规格化、类型化的整理，如有的案件致人死亡，有的没有这一结果；有的案件抢劫次数为一次，有的为三次；有的案件抢劫了1元，有的则是10元；有的只涉及抢劫罪一罪，有的则涉及多项罪名。我从几十个角度出发对最高人民法院公布的千余起抢劫案进行细分，把细分的结果进行量化分析，具体结果如表1所示：

表1　抢劫罪多维度量化分析结果

变量名	Beta 值	变量属性
死伤数	0.356	报应性情节
抢劫次数	0.289	报应性情节
抢劫金额	0.230	报应性情节
罪数	0.228	报应性情节
从犯	-0.205	报应性情节
从成年犯	-0.149	预防性情节
累犯	0.082	预防性情节
$R^2=0.647$（抢劫）		

结果发现，数十个维度中能够显著影响法官刑罚裁量行为的只有七个维度，即死伤数、抢劫次数、抢劫金额、罪数、（是否为）从犯、（是否为）未成年犯、（是否为）累犯。通过控制变量，我进一步发现这七个变量的影响力不同，作用力最高的是死亡数，即法官在抢劫罪刑罚裁量时首先看死伤数量，抢劫次数解释力位居次席。按照表1所示依次类推，结合这一结果，前五个变量均是犯罪的实害性情节；后两个只是法官在刑罚裁量时的辅助情节，实务中数量少、贝塔系数小。因此，我们可以得到这一结论：法官的集体理性或者共同实践暗合了“刑罚以报应为主，以预防为辅”的理念。

虽然犯罪学研究与刑法存在千丝万缕的联系，但在当今绝大部分刑法学教材中不会出现该框架下的分析。对此，我们可以转换思路，从犯罪学的角度来观察刑事司法。

□ 速写犯罪学

前面定义了犯罪学观察视角相较于刑法学的转化，但是犯罪学的核心特征并没有被展现出来，我进一步以抢劫罪为例使同学们进一步了解犯罪学，将

“法意实证案例法规全互动数据库”(www. lawyee. net)截至2002年共计千余起的抢劫罪案例进行了搜集、整理、分析和量化,具体结果如表2所示:

表2 不同法院(法官)同案异判率分布

			法院				合计
			法院A	法院B	法院C	法院D	
案件处理结果的等级一致率	过轻	频次	1	4	1	1	7
		列百分比	0.2	0.9	0.8	1.9	0.6
	偏轻	频次	40	43	5	6	94
		列百分比	8.6	9.5	3.8	11.1	8.5
	一致	频次	406	368	102	44	920
		列百分比	86.9	80.9	77.9	81.5	83.1
	偏重	频次	20	37	16	3	76
		列百分比	4.3	8.1	12.2	5.6	6.9
	过重	频次	—	3	7	—	10
		列百分比	—	0.7	5.3	—	0.9
合计		频次	467	455	131	54	1107
		列百分比	100.0	100.0	100.0	100.0	100.0

资料来源:法意实证案例法规全互动数据库截至2002年11月在线全部抢劫罪案例。

注:1. 样本数 = 1107; $p < 0.0005$。

2. 在样本范围内,案情SCO值的序位与刑罚综合值的序位之间是否一致。

为了比较研究刑事司法案件处理结果的地方性特征,法院按照地区被划分为A、B、C、D,分别指代我国的东南、东北、西南、西北四个地区,据表2所示,大部分法院依然保持案件的均衡处理,其中,法院C的法官对案件的处理结果偏重概率较高,法院D的法官对案件的处理结果偏轻概率较高。然而,我们不能简单地得出法院C的法官与法院D的法官孰优孰劣的结论,其背后涉及的是与刑法相关的重大理论问题,即犯罪控制的立场何在,是为了打击犯罪还是保护被告人。我认为均应持否定性回答,犯罪控制应当站在中立的立场上,平等地分配刑法保护资源,案件处理结果出现过大的偏轻、偏重率都是不对的。

通过上面的观察,可以得出一个初步的结论:犯罪学需要进行量化分析。此外,上面的案例鲜明地体现了犯罪学针对犯罪控制、处理层面的问题,对社会资源、司法资源等层面的分配展开探讨,但是刑法学更多关注的是解释层面的难题,即便使用定量研究,也是考察不同法院的解释偏好。因此,犯罪学与刑法学之间存在区别,犯罪学常态化地使用定量分析,刑法学则以量化分析为分析工具之一,展开解释层面的讨论。

□ 刻画犯罪学

然而,我们不能简单地将犯罪学与实证分析等同起来,犯罪学不等于刑法学实证分析。从刑法学和犯罪学对比的角度来看,我以引发刑法学界广泛讨论的许霆案为例进行分析,犯罪学与实证分析并不必然的具有等同关系:

2006年4月21日晚21时许,被告人许霆到广州市天河区黄埔大道西平云路163号的广州市商业银行自动柜员机(ATM)取款,同行的郭安山(已判刑)在附近等候。许霆持自己不具备透支功能、余额为176.97元的银行卡准备取款100元。当晚21时56分,许霆在自动柜员机上无意中输入取款1000元的指令,柜员机随即出钞1000元。许霆经查询,发现其银行卡中仍有170余元,意识到银行自动柜员机出现异常,能够超出账户余额取款且不能如实扣款。许霆于是在21时57分至22时19分、23时13分至19分、次日0时26分至1时6分三个时间段内,持银行卡在该自动柜员机指令取款170次,共计取款174000元。许霆告知郭安山该台自动柜员机出现异常后,郭安山亦采用同样手段取款19000元。同月24日下午,许霆携款逃匿。

广州市商业银行发现被告人许霆账户交易异常后,经多方联系许霆及其亲属,要求退还款项未果,于2006年4月30日向公安机关报案。公安机关立案后,将许霆列为犯罪嫌疑人上网追逃。2007年5月22日,许霆在陕西省宝鸡市被抓获归案。案发后,许霆及其亲属曾多次与银行及公安机关联系,表示愿意退赔银行损失,但同时要求不追究许霆的刑事责任。许霆至今未退还赃款。

另查明,2006年4月21日17时许,运营商广州某公司对涉案的自动柜员机进行系统升级。4月22日、23日是双休日。4月24日(星期一)上午,广州市商业银行对全行离行式自动柜机进行例行检查时,发现该机出现异常,即通知运营商一起到现场开机查验。经核查,发现该自动柜员机在系统升级后出现异常,1000元以下(不含1000元)取款交易正常;1000

元以上的取款交易，每取款1000元按1元形成交易报文向银行主机报送，即持卡人输入取款1000元的指令，自动柜员机出钞1000元，但持卡人账户实际扣款1元。

1. 从刑法学的角度看，许霆案引发了学术界、社会群众的广泛讨论，相关的反应如表3所示：

表3 刑法学关注以及民众视角下的许霆案

案情	法院裁判	刑法学界讨论	民众反应
广州保安许霆借助ATM故障取款17万元	·一审：广州中院以盗窃金融机构的最低刑判处无期徒刑 ·二审：广东高院驳回上诉、维持原判 ·发回重审：最高人民法院基于许霆主观恶意较小、非采取破坏手段等原因裁定许霆案判处法定刑以下5年有期徒刑	·本案构成盗窃罪 ·本案构成诈骗罪 ·本案不构成犯罪 ……	·一审判处无期徒刑后，民众认为自己在当时情况下也会犯同样的错误，不应当判处犯罪 ·无期徒刑过重 ……

2. 从犯罪学的角度看，针对许霆案会产生相应的新思考，犯罪学也会针对个案产生抽象的、定性的思考，而不是仅仅依赖于定量分析，否则法学学习就变成了“数学学习”。现在具体论述如下：

(1)这起案件体现了民众与法律的分歧。法律规定，盗窃金融机构危害极大；但是民众认为这不是犯罪，无期徒刑过重。这一问题的抽象化表述为：犯罪到底主要意味着主观上的悖德，还是客观上的有害？换言之，犯罪到底是主观上的恶还是客观上的恶。民众心中的“江洋大盗”形象往往是全副武装，一身“夜行衣”，但是许霆并不是这样，反而是“钱包”中因为意外情况多了钱，每个“正常人”都会动取钱的心思，在民众眼中，许霆并不具有主观的恶。但是法律层面，许霆客观上侵犯了自动柜员机，这是金融机构的“分所”“延伸”，这一犯行具有客观上的恶。

(2)案件中体现了行为人和被害人两方关系对于刑罚是否存在影响的问题。本案银行有过错，即被害人有过错能否成为轻判的理由。这一问题的抽象化表述为:犯罪到底是恶人之体现,还是恶行之结果,抑或是行为人和被害人之间的犯罪互动?或者说,社会本身造成的、基于客观原因(偶然)诱发的犯罪到底可否被原谅?如果犯罪意味着恶人,那么这一恶人在进行任何举动之前就被监禁起来了;如果犯罪意味着恶行,那么恶行的发生可能并非行为人一人造成的,还有可能如许霆案所表现出来的,是行为人和被害人共同造成的;此外,还有一种极为宏观的看法,认为犯罪是历史进程的结果、社会必然存在的现象,是社会自我调解的结果。由此可见,犯罪学对于犯罪的不同看法,将直接影响我们如何正确看待犯罪。

(3)我国司法实践中也有类似许霆案的案件,某何姓犯罪人与许霆的案件案情相似程度颇高,但是他只被判处1年有期徒刑。这一问题的抽象化表述为:犯罪到底是客观存在,还是因为适格的主体确定该行为为犯罪,该行为才被称作犯罪的?用日常的话说,如果持前一种观点,就像是将犯罪视为一个杯子,所有人看起来都好似一个杯子;如果持后一种观点,观察者本身就相当重要了,有人说是一个杯子,有人说是一个茶壶,有人说是一个水桶,同样的现象被定义成了不同的犯罪行为。这个例证体现出了另一个犯罪学的基本问题,即犯罪化的问题,相应的犯罪学分支被称为犯罪定义学。

(4)此类犯罪还有很多,手段各异、主体不同、结果多样,进一步提出的问题是:为什么总有人会犯罪?即犯罪规律的问题。有些人利用自动柜员机的故障盗窃,有些人撬开自动柜员机盗窃,有些人则不选择自动柜员机作为盗窃对象。根据最近的数据,法院处理的刑事犯罪案件60%左右都是盗窃罪案件。因此,我们不禁追问,为什么犯罪“无休无止”“绵绵不绝”,为什么总会有人踏上犯罪的“不归路”,为什么某些人总是“屡教不改”“在哪里跌倒在哪里爬起来”,不停地犯同一类型的犯罪?这背后的犯罪规律追寻并不是刑法学主要关注的,而是犯罪学主要研究的问题。

以上问题分别对应犯罪学的几个基本范畴,第一个问题对应犯罪性,第二个问题对应犯罪互动,第三个问题对应犯罪化,第四个问题对应犯罪规律。

□ 结论

通过上述观察,我们可以列举出刑法学与犯罪学的不同,如表4所示:

表4　刑法学与犯罪学的比较

主体	刑法学	犯罪学
学科属性	规范学	事实学
研究内容	(刑事)立法、司法	犯罪关系
研究方法	定性演绎	定量归纳
社会功能	对已然犯罪事实的评价(类似于临床医学)	基于犯罪规律消除犯罪原因、预防犯罪(类似于预防医学)
知识构成	自给自足:自行搭建了一套体系	对外开放:任何学科的知识都被吸收
价值立场	“双刃剑”:有人强调打击犯罪,有人强调保护犯罪人	中立性:基本只关注事实

具体来说,我们根据表4进行刑法学和犯罪学的不同:(1)学科属性上,刑法学具有鲜明的规范性,注重规则本身的研究,往往与解释的方法、立场、角色、功能等休戚相关;犯罪学则是广受承认的事实学,主要考察犯罪的现象、规律,即进行客观事实上的分析,不带有任何其他的色彩。(2)研究内容上,刑法研究更多的是刑事立法和司法,研究定罪量刑的方法、手段、价值等;犯罪学则关注犯罪关系的问题,即刚才提及的犯罪性、犯罪互动、犯罪化和犯罪规律的问题。(3)研究方法上,刑法强调的是定性研究,完成自上而下的演绎,即从一个抽象的原则、立场、规范出发,“涵摄”到具体的个案上;犯罪学则主要运用定量研究的方法,实现自下而上的观察、归纳,在具体问题的分析上并不预设立场,而是从现实情状的分析中得出结论,如“破窗效应”的得出就是对当时美国的犯罪状况进行分析后得出的结论。(4)社会功能上,刑法学更像是“临床医学”,只有犯罪人“杀人放火”之后才会进入到刑事司法环节,如果没有犯罪行为和犯罪事实的发生,侦查机关对犯罪人实施强制措施就是很明显地侵犯人权;犯罪学则像是“临床医学”,强调的是对大规模事实的观察、归纳,得出一定的犯罪规律,并根据特定的规律对犯罪进行预防,“给社会打疫苗”。(5)知识构成上,刑法学基本上是一种自给自足的知识体系,自己用一套范畴体系,构建了一个知识体系;犯罪学则恰恰相反,对相关学科都持开放态度,如生物学、心理学。当我还是犯罪学研究生的时候,还到生物系选课。当时还有一门课是解剖,解剖了一只活的蟾蜍,打开看里面到底是什么构造,让人不禁联想起龙勃罗梭解剖犯罪人观察头盖骨构造的情境。同时,开放的学科也包括了哲

学、社会学,对一切都开放,用多种学科的理论方法去观察犯罪问题。(6)价值立场上,刑法学是一把“双刃剑”,有的人强调借助刑法学打击加害人,有的人则强调保护被告人;但是犯罪学基本上只强调事实,突出功利性、实用性。借此,我们借助同一参照系,勾勒了与刑法学不同的犯罪学面貌。

■ 本体:犯罪学体系

经过前面的分析,我们基本描绘了犯罪学的外部轮廓,即借助刑法学的参照,确定了犯罪学的基本范畴。接下来将展现犯罪学的本体,即本学科的构成、体系。学科体系是一个学科的概念、命题、知识主题、理论学说,围绕研究对象所形成的知识系统,学科体系的功能有:(1)表明本学科之所以不同于其他相邻学科的特征。(2)使特有范畴、理论之间获得一定的内在逻辑。(3)作为学科自我推进的原因所在。

犯罪学的学科体系经历了一定的变化,随着其他科学知识的注入,犯罪学原本的学科体系并不适合容纳这么多知识,因此有必要结合“过去”,进行未来的展望。

□ 通说:传统犯罪学体系

我们首先回顾一下传统犯罪学体系,作为通说,这一体系颇有“市场”,几乎是市面上犯罪学教材遵循的“范式”。为此,我们有必要加以回顾,结合现状进行反思。传统的犯罪学体系是线性的“三大块”内容:(1)“犯罪现象论”:主要回答犯罪是什么的问题,采用的方法主要是描述性研究。(2)“犯罪原因论”:主要回答为什么犯罪的问题。(3)“犯罪控制论”:主要回答怎样预防、控制犯罪的问题。

“犯罪现象—犯罪原因—犯罪控制”的线性构成存在统一的前提假定:“事出有因”,只要消除犯罪原因,就能预防犯罪结果。

不过,传统的犯罪学基本理论假定存在以下问题:

首先,“现象—原因—反应”的解释模式使对犯罪问题的理解过于简单化。任何一个学科都可以遵循“现象—原因—控制”的分析模式,如地震等自然灾害,相关的探讨也遵循现象是什么、原因是什么、我们如何根据原因进行预防自然灾害。因此,这一解释模式并没有针对犯罪学学科的特殊性予以构建。

我们应当注意到犯罪学的特性,据此提出这一模式的三大质疑:

第一,“先有鸡还是先有蛋?”——犯罪与原因互为前提。美国电影《守法公民》讲述了主人公因家人被害、犯罪人却未被公正审判而进行私人复仇的事故,这个故事引出的问题是,刑事司法究竟是在控制犯罪还是制造犯罪。从中我们至少可以得知,犯罪与控制之间存在一定的相互作用关系,并非简单的线性关系。

《守法公民》剧情——主人公克莱德生活幸福美满。某晚,两个暴徒闯入他的家中,妻子和女儿在他面前遭到奸杀。然而虽然证据确凿,但由于司法程序的迂腐和检察官为了维持自己100%的胜诉率,私下与犯罪人达成交易,将主要重罪推给其中一个犯罪人,最终让首犯因证据不足只得到10年徒刑。本以为一切归于沉寂,但10年后,当年未了的风波再起。怀着巨大仇恨的克莱德开始筹划展开报复,先是杀掉了当年的从犯,接着他很快找到首犯并对其进行残酷的折磨与虐杀。

第二,“此鸡蛋非彼鸡蛋?”——犯罪控制手段并非根据犯罪原因设置。完全依据犯罪原因来设置犯罪控制手段既不可能,也无必要,犯罪的产生的原因可能是动态变化的,也有可能是单一的,犯罪控制手段的设置几乎可以说是无穷无尽的,效果还有可能是各不相同的。

第三,“一片轻舟缈缈去,怎知汪洋水万千?”——犯罪的产生并非单一原因,有大量的犯罪原因无法被短时间内消除,诸如贫穷、文化冲突、性别、气候、地理环境、物价等,如果基于单向的线性考量,只有上述所有的犯罪原因都被消除才能达到控制犯罪的目的,这显然是当下不可能完成的任务。

其次,传统的“三大块”体系中存在部分范畴难以科学定位的问题,如勉强定位则会造成逻辑上的混乱。例如,“犯罪本质”这一范畴有时被放在犯罪现象论中,有时候则被放在犯罪原因论中。以强奸类犯罪为例,美国犯罪学家科恩将强奸犯划分为以下四种类型:(1)替代攻击型强奸犯。强奸行为主要出于攻击倾向的表现而非性要求,往往手段残忍,发生在行为人与妻子、女友、母亲冲突之后。(2)补偿型强奸犯。主要是出于性欲、自尊心不强、社会关系不完整等原因而实施强奸行为,往往幻想以自己杰出的性能力赢得被害人的同情。遇到反抗时往往会放弃。(3)混合型强奸犯。主要是在暴力和性欲相伴随的情况下实施强奸,被害人的反抗恰恰能引起行为人的兴奋。(4)冲动型强奸犯:主要是由于偶然的机会诱发的强奸行为。

这种分类既是对犯罪现象的客观描述,同时也是对犯罪原因的某种解释,置放在“三大块”中的某一板块都难以完全概括其内涵及外延;由于把这种类型学描述置放于任何一个板块都具有合理性,那么“三大块”的划分就是缺少一定意义的。

最后,传统的“现象—原因—控制”体系没有抓住犯罪问题的核心,即犯罪关系,陈旧的体系缺乏穿透力。简单的线性结构直接忽略了动态的犯罪关系之存在,单一的原因追溯模式也忽视了动态关系中的多重原因产生。

以上是传统犯罪学本身存在的问题,促使问题发现的重要原因之一是犯罪学知识的增加和扩充,造成了犯罪学学习中的“焦虑”现象。

□ 焦虑:零散的犯罪学知识

脱离传统“三大块”的线性联系,犯罪学的范畴重新打乱整理,令人产生学习犯罪学的焦虑,这些范畴包括被害人、犯罪心理、动刑、犯罪性、除刑、犯罪人、犯罪化、风险互动、犯罪规律、量刑、犯罪行为、用刑,我们既不能完全根据“三大块”科学且准确地安置以上范畴,也不能像百科全书一样按照首字母予以罗列。犯罪学应当形成自己独立的体系,如何捕捉这些碎片化知识之间的关系,成为一个体系问题。

焦虑是如何形成的?在阅读教科书和参考书之时,线性阅读是一种时常被采取的方式,知识的阅读可以是线性的,但是根据我们对于犯罪现象的思考,与犯罪有关的知识其实是网状的,它是很多社会科学的研究对象。当它为很多学科所概括之时,我们就无法线性地阅读和了解犯罪,因而形成了面对碎片化知识的手足无措。

□ 整合:宫格体犯罪学

为了解决上述焦虑,我们形成了所谓的宫格体犯罪学,焦虑形成的十余个犯罪学基本范畴之间存在着互动的关系,为了阐释其中的关系,新的犯罪学体系便被研究出来。网状结构类似于数独,不同类型的知识存在于宫格之中,结成合乎逻辑的一套体系。受其启发,我建立一套宫格体犯罪学体系,如图1所示:

犯罪行为	犯罪性	动刑
犯罪人	犯罪化	除刑
犯罪心理	犯罪规律	量刑
被害人	风险互动	用刑

图1　宫格体犯罪学

首先,这12个犯罪学的基本范畴可以在纵向上如是排列:根据主体性,犯罪行为是本体、犯罪人是主体、犯罪心理是主观面、被害人是客体;根据犯罪的过程可以将犯罪性、犯罪化、犯罪规律、风险互动联系起来;最后根据法律的应对,分为动刑、除刑、量刑、用刑四个过程。

其次,横向来看可以分为四条线索:(1)以犯罪行为为出发点,背后为该犯罪行为的犯罪性,国家基于犯罪性产生了动用刑罚权的理由,结成"犯罪行为—犯罪性—动刑"这条线索;(2)以犯罪人为出发点,犯罪人及其行为进入刑事司法体系的前提是犯罪化,如施加于犯罪人的刑罚出现错误,应当进一步考虑除刑,结成"犯罪人—犯罪化—除刑"这条线索;(3)以犯罪心理为出发点,犯罪心理具有一定的规律性,没有毫无缘由的心理现象,国家应当基于犯罪心理及其背后的犯罪规律合理量刑,达到罪有因果,结成"犯罪心理—犯罪规律—量刑"这条线索;(4)以被害人为出发点,犯罪人与被害人之间存在风险互动,决定了最后的刑罚适用,结成"被害人—风险互动—用刑"这条线索。

该体系纵向符合逻辑,横向亦有线索串联,甚至我们可以折叠成如图2所示的关系图:

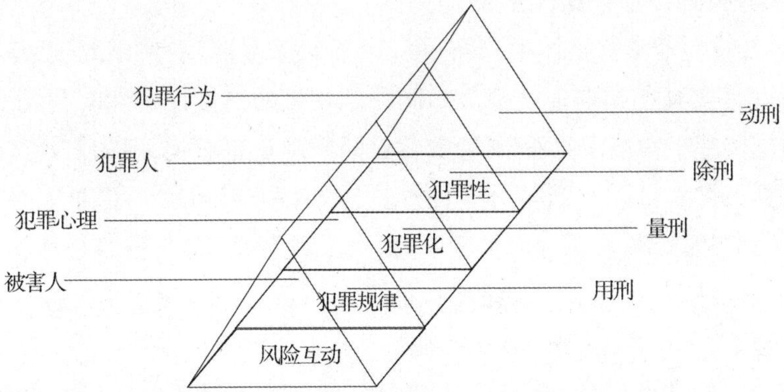

图2　宫格体犯罪学范畴关系

基于此,我们可以大胆猜想,犯罪行为与动刑之间并非单纯的"引起—被引起"的关系。虽然个人可能如此,但是如果宏观观察,不合理的动刑、缺乏适当的除刑方式、不合理的量刑和动刑会激发甚至制造人们犯罪的愿望或动机,二者之间是相互关联的。因此,按照宫格体犯罪学的思路,可以从任何一个基本范畴进入犯罪学的殿堂,并把其他的基本范畴串联起来。

最后,宫格体犯罪学存在四个客观逻辑:(1)犯罪与秩序构成犯罪性;(2)犯罪与权力构成犯罪化;(3)犯罪与环境构成犯罪规律;(4)犯罪与被害构成犯罪互动。核心思想是强调犯罪从来都不是一种孤立的存在,它是在各种复杂的关系中滋生出来的生活环境现象,这被称为"关系犯罪观",是储槐植教授所倡导的"刑事一体化"思想的产物,倡导淡化学科界限,鼓励跨界研究。

□ 证成:宫格体犯罪学的运用

宫格体犯罪学是否有效?方才已经进行了学理上的部分论证,相较于传统的犯罪学体系具有一定的科学性,但对于是否存在针对我国司法实践的可用性是存在疑问的。为此,我从陆勇案出发,确证了网状理解的合理性:

> 由于差价巨大,被告人陆勇在未取得国家药品进口许可的情况下,从国外购入抗癌药物"格列卫",被控销售假药罪,而最终未按照犯罪处理。本案涉及法定犯的正当性问题。

根据刑法学的相关学说,陆勇可以基于违法性认识不可避免、可以基于行为没有侵害法益、可以基于该药不是假药等各种方式予以出罪。而根据宫格体犯罪学,如何解释本案的出罪呢?

第一,在犯罪学宫格体中,动刑的下一个环节是除刑,所谓除刑,是指排除一定案件事实与相关刑事规范之间同一性联系的消极证否性问题,是一种保护性机制。基于宫格体犯罪学,除刑背后的原理是犯罪化,即如何理解犯罪定义的内在根据。目前有两种分歧的理论,第一种理论认为,犯罪本身就是犯罪,由于其犯罪的本质属性而被犯罪化;第二种理论认为,犯罪是由于适格主体认为该现象应当为犯罪,因此将其犯罪化,典型例证如《罗生门》,此即所谓的主体理论。那么应当做何种选择呢?

我进一步以储槐植教授关于人口过亿的国家保留死刑猜想的验证为例,分别分析了50个国家的刑法典及国情简介,结果如表5所示:

表 5　死刑与人口关系

关系	死刑	N(个案数)	Mean(均值)	Std. Deviation(标准差)
人口	1	20	178498150 人	3.73307E8
总数	0	29	26620150 人	3.96188E7

注:按科学计数法,E8 即后面有 8 个零,因为太长所以如此表示,E7 也如此。

根据表 5 所示,保留死刑的国家平均人口 1.7 亿人,没有死刑的国家平均人口 2600 余万人。由此可见,在验证了储槐植教授猜想的同时,不仅基于犯罪行为的严重程度,人口数量也是刑罚轻重的重要影响因素之一。此外,还有很多数据验证了刑罚轻重并不一定与犯罪行为本身的严重程度存在关联,反而与国家治理中的其他因素相关,在此不再一一赘述。鲁迅先生说过:“我先前总以为人是有罪,所以枪毙或坐监的。现在才知道,其中的许多,是因为先被人认为‘可恶’,这才终于犯了罪。”这段话的穿透力在于,其揭发了犯罪化的主体性理论:犯罪化的关键不在于什么行为实际上是犯罪,而在于谁,根据何种标准,出于何种利益驱动或局限,将何种行为界说为犯罪,这在犯罪定义中更具前提意义。

回到陆勇案及针对法定犯的思考:药监局的规定以及刑法对行政法的依赖,是不是一种主体性外溢呢?

第二,如果将法定犯作为定义者自身的主体性外溢这一实质内涵,如何坚持罪刑法定原则要求的形式理性?根据宫格体犯罪学,动刑的基础理论是犯罪性,是主观、客观、内容、形式四个方面的交叉,具体如表 6 所示:

表 6　犯罪性

犯罪性	主观	客观
内容	悖德性	暴力 偷盗 欺诈
形式	恶意 敌意	原因危险 结果危险

根据表 6,从内容上来看,犯罪性主观面为悖德性,意味着人的犯罪性;客观面综合了刑法共计 400 个左右的罪名,根据还原论的结果,犯罪性不外乎暴

力、偷盗、欺诈；从形式上来看，犯罪性的主观面主要为恶意和敌意，客观面主要为原因危险和结果危险。其中暗含了诸多消极结论，如一个行为既非暴力、也非偷盗或欺诈，那么它就不具有犯罪性；若一个行为人既无恶意也无敌意，那么他也就不存在犯罪性。

根据这一基本预设，我认为可以追寻“法中法”，即法律规范背后的规则、规律，具体操作模式为：以刑法分则第四章、第五章的全部罪名作为典型的自然犯样本，以第三章、第六章的全部罪名作为典型的法定犯样本，统计了共计300个罪名，以查看这两组样本之间有何种区别与联系，其具体的实证分析结果如表7所示：

表7　自然法与法定犯之异同

		B	S. E.	Wald	df	Sig.	Exp(B)
Step 1	暴力犯罪	1.123	0.214	27.413	1	0.000	3.073
	偷窃犯罪	0.225	0.173	1.701	1	0.192	1.253
	欺骗犯罪	-0.272	0.239	1.288	1	0.256	0.762
	私权犯罪	1.063	0.292	13.223	1	0.000	2.894
	身份滥用	0.485	0.200	5.883	1	0.015	1.624
	定量构成	0.207	0.176	1.372	1	0.241	1.229
	Constant	-2.145	0.267	64.706	1	0.000	0.117

根据表7可见，从六个角度对300个罪名做比较，结果发现自然犯和法定犯在是否偷窃、是否诈骗以及是否定量构成这三个方面没有区分，其统计结果不满足统计显著性要求，存在显著性要求的只有暴力犯罪、私权犯罪、身份滥用。进一步推论可知，“法中法”为，法定犯是自然犯的衍生物，虽然表面上与自然犯存在区别，但依然留存着一些自然犯的属性特征，主要表现为偷窃和欺骗，金融、财政类犯罪中大量的偷、骗等就是其突出表现；因此，在解释论上，我们不能过分强调法定犯的特殊性，法定犯是一种不同于自然犯但又有自然犯的遗传痕迹的犯罪，过分强调法定犯的特殊性很可能给犯罪圈的扩张中的某些非理性因素留下藏身之地。

综上所述，根据犯罪学的分析结果，法定犯与自然犯既然是衍生关系，那些一点都不像自然犯的行为就没有入刑正当性，应当将其挤出犯罪圈；法定犯的特殊性不应成为掩饰定义权（主体对犯罪的定义）外溢的借口；“法律”与

“规律”本来就是一回事，衍生规律是来自规则的规律，据此，陆勇案的出罪不存在任何违法或者有悖罪刑法定原则的问题。

■ 延伸：知识的秩序

贯穿始终的另一条线索是对知识秩序的把握，我认为，所有的知识无非分为三类：第一类是各学科的具体知识，对于学生来说，分数可能仅仅意味着“绩点”，很多知识在步入社会后便不再发挥作用了。第二类是如何获得知识的知识，即所谓的研究方法，对于学生来说，研究方法可能要比知识本身更加重要，“授人以鱼不如授人以渔”，知识是永远挖掘不完的，更为重要的是掌握挖掘知识的方法。第三类是如何组织知识的知识，从问题中发现已然的各种碎片化知识之间的联系，现代科学存在太多碎片化的知识，有些学科划分是性质使然，但有些学科划分造成的知识碎片不排除人为的可能性，真正面对问题的时候，如何把碎片化的知识进行重新整合，形成一种针对问题解决的体系性方案，这就是组织知识的能力所在。目前，教育的结果是把原本相互联系的知识人为地切割成许多碎片，使得知识线性化、碎片化，这对我们的影响则是，表面上我们看似知晓很多，但难以跨学科提问、思考，掌握碎片化的知识固然重要，更重要的是如何将其联系起来，从而发现问题、从不同角度重新理解问题、解决问题。鉴于此，我才萌生了宫格体犯罪学构建的基本想法，对犯罪学所涉及的 12 个基本范畴进行了重新划分，线性化、碎片化知识的掌握、灌输是一方面，但是大家不能满足于此，事实上，学科的分工恰恰体现了目前问题解决的困难性，因此能够使用跨学科手段解决问题的，才是面向未来的人才。

再举一个“新潮”的例子，法律大数据，很多知名法学院都在“争城掠地”，但是这种现象引人深思的是，我们是否认真思考过法律大数据领域的“知识”是什么内容？法律是否准备好了迎接大数据时代？结合上面提到的三个层次的知识，第一层次是法律，第二层次是量化统计、分析，第三层次则是要会编写代码，只有这三个层次的知识都具备了，法律大数据的时代才能得以开创。

最后，推荐我极其用心的一本教材，叫作《罪 · 恶》，名字部分的点睛之笔在于“罪”“恶”之间的“ · ”，大家可以通过后续的阅读悉心感受，罪大未必恶极，恶人也未必真正地获罪，其中蕴含着深刻且庞杂的犯罪学道理。

▣ 阅读指引

▢ 权威教材

1. 白建军:《罪·恶》,中国人民大学出版社 2015 年版。

本书建立在宫格体犯罪学基础上,重新划分了犯罪学的基本范畴。全书共分 12 章,作为犯罪学的入门教材,为了破除犯罪学研习的焦虑,本书结合了作者十余年的课程积累,将犯罪学知识融入大量精心选取、设计的案例之中,模块化的阅读单元将减少原本线性阅读习惯造成的知识碎片化问题。

2. 白建军:《关系犯罪学》(第 3 版),中国人民大学出版社 2014 年版。

共分为三篇,为已经掌握了一定犯罪学知识的同学提供更深入的理论拓展:第一篇为研究范式,除了整体性地批判传统犯罪学范式之外,本篇细致地梳理了犯罪学基本概念、对象、方法、历史,揭示了犯罪学内部范畴的关联性。第二篇为犯罪关系,针对传统犯罪学很少关注到的犯罪关系进行了探讨,构建了全新的犯罪学学科体系。第三篇为关系公正,从三个层面确定犯罪关系控制的境界和价值追求。

3. 吴宗宪:《西方犯罪学史》(第 2 版),中国人民公安大学出版社 2010 年版。

犯罪学的理论脉络延绵流长,众多学说并非仅有历史意义,在现代社会仍然具有一定的指导作用。吴宗宪教授详尽地梳理了犯罪学理论的百年历史变迁,对重要的人物与思想展开了深入分析。难能可贵的是,在现代脉络的思想梳理进程中,本书还对思想的论证、得出过程进行了全盘呈现。本书适合对犯罪学基本知识有一定了解的同学阅读。

4. 白建军:《法律实证研究方法》(第 2 版),北京大学出版社 2014 年版。

研究应当少一些"我认为",多一些"我发现"。本书借助刑法学的基本范畴、命题、现象展开实证分析,展现了不同于纯理论思索的研究进路,反思了刑法学中种种既定的命题。通过一系列命题的重新检验,呈现了实证研究的特定方法、轨迹、思路。对刑法学习者而言,这是一套全新的工具。

5. Alison Liebing etc. (eds.), *The Oxford Handbook of Criminology*, Oxford University Press, 2017.

作为犯罪学界最权威、最广泛、最普遍的书籍之一,本书有超过 60 位专家的辛勤付出,涵盖了近二百年来的犯罪学发展,并展现出犯罪学的开放性特质,融合了最新的犯罪学发展方向,如地缘犯罪学、生态犯罪学、家庭暴力、监禁人口、犯罪学的全球化等。本书还提供丰富的网上教学资源,包括讲座、课程、问答等。

6. Frank E. Hagan, Leah E. Daigle, *Introduction to Criminology*: *Theories*, *Methods*, *and*

Criminal Behavior, SAGE Publications, 2019.

英美学界十大犯罪学教材之一,提供了针对犯罪学的全面理解,尤其聚焦于犯罪学的理论、方法、犯罪行为等核心概念。新版本的教科书提供了应用环节,能够让读者参与犯罪学理论的实际操作,从而对犯罪学的基本方法产生更为直观的理解。

☐ 网络资源

1. Criminology Web,https://criminologyweb. com/.

提供免费、公开的犯罪学前沿问题分析论文以及最新的网络音视频教学资源。

2. Criminology Open,https://www. criminologyopen. com/.

对犯罪学研习者而言,本网站主要发挥工具性作用,提供了重要的犯罪学期刊、著作和其他公开网络资源的联通渠道,还收集了全球重要的犯罪学家联系方式。

3. BSC,https://www. britsoccrim. org/.

英国犯罪学协会的官方网站,提供了英国犯罪学协会大会活动、成员活动的重要信息和链接,包括年会信息、发表论文、博客短评等,是了解英美世界犯罪学发展的重要窗口。

4. Critical Criminology,http://critcrim. org/.

集合了大量的线上资源,并持续更新犯罪学、刑事司法学的知识内容,虽然没有体系性的教学资料,但是提供了最新事件的犯罪学理论分析和前沿话题的讲座内容,并且提供了重要教科书的外部链接。

金融法学习的“三观”

洪艳蓉

关于作者

洪艳蓉

北京大学法学院副教授，博士生导师。厦门大学法学学士（经济法方向，1997年）、民商法学硕士（1999年）、国际法学博士（国际金融法方向，2002年）；北京大学法学院博士后研究人员（金融法方向，2002～2004年）。主要研究领域为证券法、金融法、公司法。

2004年10月起在北京大学法学院任教，主讲以下课程：（1）初阶讲授类：金融法/银行法、金融法与证券法；（2）高阶研讨类：金融法专题；（3）实务研习类：金融实务与法律。

如何看待金融法的学习方法论

学习方法论的重要性不言而喻,正所谓“磨刀不误砍柴工”。金融法学作为社会科学的有机组成部分,有着与其他学科通用的学习方法,但基于其法学学科属性和以金融现象为研究对象的专业特色,又有着自身侧重的学习方法。就同学们在学习中遇到的一些金融法问题,方法论的有效使用能够帮助大家洞察世事、明辨是非,得出合理可信的结论!

随着网络化和新媒体的出现,通过手机、微信、自媒体等浏览财经报道,关注金融信息/事件已呈常态化,但这份“兴趣”的程度有多深,是一股脑儿地跟着凑热闹,还是学会看清楚事件本身?在信息收集和传播如此便利的当下,第一手消息的报道转瞬之间就能达到“10 万 +”的阅读量,但快餐式阅读也往往带来信息“噪音”“污染”等问题。如何甄别财经信息的真伪,读出其中隐含的信息并剔除误导内容?真实世界里的金融法到底是什么样子的?诸如此类问题的回答需要同学们具备火眼金睛,掌握科学合理的分析方法。

例如,同学们最头疼的常是毕业论文的选题。不少同学希望老师可以给自己定题,指明“路径”之后也就不愁“赶路”了,但有志于培养学生独立能力的老师通常不会直接给学生“命题作文”。如此,在欠缺金融实务经验,即便有一两个月实习经历,也未必与金融相关的情况下,同学们怎样锚定实践中的“真”金融问题,写得比财经报道更好、更有深度、更有创意,并最终形成一篇符合要求的金融法学论文,这是很富有挑战性的工作。大家的英语能力都很强,但是不是翻译美国等资本市场发达国家的现成法律制度,再加一点简要评论就成为一篇合格的学术论文了?显然不行。如果这种简单“拿来主义”的写作路径行不通,那么最终仍然需要掌握契合金融法的分析方法,才有可能见所未见,发现金融现象之下深刻的法律问题,并充分调动自己的法学储备,写出令人耳目一新的好文章。

又如,大家注意到,随着立法制度的完善,跟过去相比,现在很多法律在草案阶段——包括资本市场基本法的《证券法》、统领民商事法律关系的《民法典》——都公开面向大众征求意见。同学们如何发挥专业所长,贡献良言佳策?法科学生不应止步于适用法律,更应有着参与法制构建和制度完善的志向。如何实现这种法学能力的跨越,一个很重要的因素是掌握有效的金融法学习方法,提升学习的效果与系统性,从而有能力真正地回应现实中的金融法问题。

□ 金融法学习的“纵横两线法”

金融法的学习方法,除了下面要重点介绍的“三观”方法外,还有一种在教学实践中常被老师们使用的方法,称为“纵横两线法”。

基于金融法主要以金融工具/事件/市场等资金融通安排为学科研究对象,金融法的学习一般要建立在厘清金融交易结构和运作机制的基础上,之后再从法律视角加以分析评判。说到底,资金融通的制度安排首先是平等主体之间遵循市场规律的商事关系,“纵横两线法”下的“一条横线”主要指在明晰金融工具交易结构的基础上,从市场主体之间平等、有偿的商事关系入手,充分运用合同法、信托法、公司法等民商法理论,探求当事人各方的权责内容,解构商事主体之间的利益分配和风险承担机制并作出公平性评价。

同时,金融行业属于特许经营行业,金融稳定诉求和保护投资者的需要,形塑了政府对金融市场的适度干预,在中国乃至世界范围内都普遍存在金融监管部门对金融活动的监管,并发展出系统的监管框架及其方法,为促进金融市场的可持续发展作出了不可替代的贡献。这些出于弥补市场失灵、保护投资者的政府监管举措深刻影响了金融活动参与者的权责利,他们之间的金融法律关系也因此不完全等同于民商法律关系。如此,“纵横两线法”下的“一条纵线”主要指在监管必要性的基础上,从政府与市场的关系入手,运用行政法、经济法、金融监管法等公法理论,探求监管对金融交易关系的影响与应对。需要注意的是,金融商事关系虽然必须考虑监管介入的影响,但这种监管介入未必最终影响金融商事关系的法律效力(但可能影响相关的权责内容),交易一方可能只是违规(如违反行业的管理性规定),未必违反金融法的强制性效力规定而导致金融交易行为无效,二者之间的角力需要通盘考虑并在商事交易关系上作出理性判断。

□ 金融法学习的“三观”方法论

“纵横两线法”虽然最常见,但如果只使用这种方法,可能导致金融法的学习停留在具体业务及规则的分析上,变成“只见树木不见森林”的“技术派”,虽然可以增进金融对象的研究深度,但可能无法统摄全局,站在超越个案的新高度看问题并提出系统的建设性看法。为此有必要引入另一套学习方法,即“三观”方法论——“世界观”“中国观”“价值观”。总体而言,“纵横两线法”有助于分析微观问题,“三观法”则能助力中观、宏观问题的分析判断,两个层面相结合,优势互补,帮助大家更好地学习金融法。

第一“观”是“世界观”,主要指海外市场对金融法研究对象的共识、基本原理,乃至国际层面倡导的良好实践(good practices),也可称为“国际化”。从历史发展来看,金融世界和金融现象并非始于远古时代,而是社会经济文化发展到一定水平之后才产生的。海外市场通过漫长的历史进程,形成了一些有益的经验做法,甚至通过应对金融危机积累了不少宝贵经验,这些内容揭示了金融运作的特点和法律予以规范调整的基本原理,具有很高的借鉴价值。当然,应注意避免简单的规则移植,剔除国别性和个体性因素,同时考虑市场经济发展阶段和法治环境的成熟程度,更多地侧重于基本原理的参考学习。

在这一方面,除了发达资本市场国家的监管者发布的一些监管规则外,许多重要的国际经济组织、金融机构发布的一些原则或文件,凝聚了金融监管方面的国际共识和商业运作的良好实践,可以提供很好的参照系。例如,美国的证券交易委员会(SEC)、英国的审慎监管局(PRA)和金融行为监管局(FCA)、世界银行(WB)、国际货币基金组织(IMF)、国际清算银行(BIS)及其巴塞尔委员会(BCBS)、金融稳定理事会(FSB)、国际证监会组织(IOSCO)等。

第二“观”是“中国观”,主要指了解中国本土国情并立足解决中国的问题,也可称为“本土化”。学习或者做研究,很大程度上要为解决当下中国的问题服务,正所谓“中国问题”意识,注意回应本土化的需求,结论才能更“接地气”,得到认同与采用。

如上所述,引用规则或进行制度借鉴,不仅仅是简单的制度平移问题,因为某项制度的发生、发展及其有效实施往往和当时该国的环境、法治水平等因素密切相关。当评判一项规则是否有效时,需要考虑它的社会背景和成立的有效条件,否则简单地照搬条文,对于解决中国问题不是锦上添花,反而有可能是画蛇添足,甚至起到南辕北辙的效果。长此以往,人们对法律的敬畏之心和憧憬之情就会慢慢消退,无疑不利于我国法治事业的发展和同学们未来在职业生涯中发挥重要作用,更不利于我国法治事业的建设和经济发展。

现实中,批评似乎可以随时随地发生,感觉既容易又过瘾,但许多情况下是因为批评者使用海外的标准超前评价国内的发展阶段，或者使用现在的先进做法衡量过去的老旧模式，这种不考虑被评价对象实况的分析，终究难以以理服人。海外固然有丰富多元的金融工具与制度安排，但就当下国内需求与市场发展阶段，某项制度/工具是否契合现实需求，抑或只是海外独有而并非中国语境下会出现的问题？许多时候做研究的中国问题意识决定了文章的价值本身。我们有必要养成“共情”的思考习惯，在学习或做分析时，多想想在当时它为什么存在，在当下又面临什么真正的问题。后续用一个例子来展示融入“中国观”对合理地进行批评多么重要。

第三“观”是“价值观”，主要指某一时期基于特定目标或者价值标准的利益衡量或抉择，也可称为“社科化”。应该说，大部分法律规则的选择背后都隐含着某种利益考量或者目标倾向，也因此我们往往无法简单地判断对错，更多的还需要考察发言人的意见所代表的立场。

学习金融法时，同学们常常碰到如下问题：怎样把金融语言转化为法律语言，以金融为对象的法学研究文章如何写起来不像财经报道——虽然好看但缺少法律的味道？图1和图2即为回应并对上述“三观”做个总结。

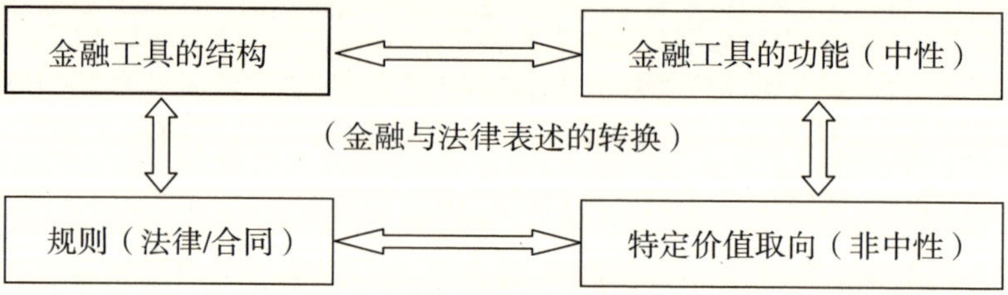

图1　金融工具功能

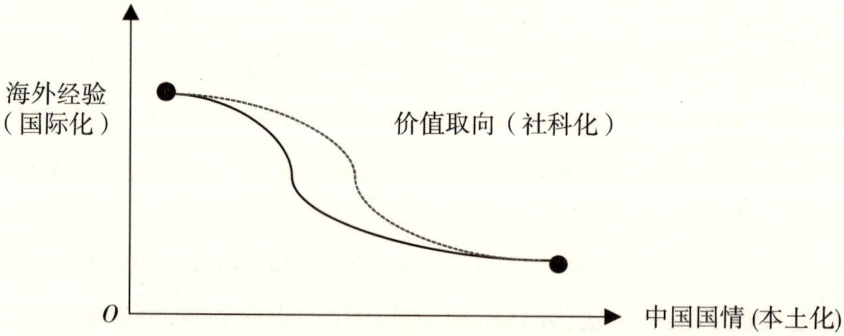

图2　金融法“三观”关系

金融工具如何设计结构,有着金融学上的原理与讲究,某种结构安排会决定金融工具的功能,反之特定的金融功能也可以通过不同的金融工具结构实现。但厘清金融工具的结构之后如何从法律视角进行描述,这就需要从界定法律关系的主体及彼此间的权利义务入手,把它转换为合同约定条款或法律上相关的权责规定,展示利益与风险如何通过结构设计转化成规则上的具体权利义务及责任安排。在合同/法律规则起草的过程中往往会涉及给谁的权利多一些,对谁施加某种义务等问题。换言之,规则的草拟/制定本身呈现某种价值取向,到底是股东保护主义还是债权人保护主义,是破产企业保护主义还是债权人保护主义,是以董事会为中心还是以股东会为中心……这些内容大家都耳熟能详,它们事实上主要通过规则对权利义务的调整予以改变。也因此,在学习金融法时,需要在理解金融工具结构与功能的基础上,把它们转换为法律关系上的权利义务内容进行处理,如此最终完成法律视角下的分析。而在进行法律分析时,需要时刻保持“中国问题”意识,将海外规则剔除非原理性因素后作为参照系,再看看不同方案选择之下所隐含的价值取向,这样也就不难对经济生活中的金融现象作出比较理性的法律解读,或者对相应的法律规则作出较有深度的点评了。

下面举一个简单的例子展示“三观”方法论的运用。

【问题】

在我国商业银行的经营原则上,1995 年《商业银行法》第 4 条第 1 款规定“商业银行以效益性、安全性、流动性为经营原则,实行自主经营,自担风险,自负盈亏,自我约束”;2003 年《商业银行法》进行修正时,将该条款修改为“商业银行以安全性、流动性、效益性为经营原则,实行自主经营,自担风险,自负盈亏,自我约束”并沿用至今。对前后两款条文变化,你如何评价?

【分析】

法律的制定往往反映了当时社会经济环境的需求并体现了立法者的价值取向。比较两款法条内容,差异体现在只对“效益性”“安全性”做了简单的词序调换。从国际经验看,强调商业银行也应是遵循市场规律的商事主体,经营上应优先保障资产的安全性再强调资产的收益性,这已是市场经济下的共识(“世界观”)。

如果以此作为评判标准,难免得出 2003 年的条款更优越,而 1995 年的条款不甚合理的简单结论。而如果将分析视角回推到出台该条款的时代背景,那么可能会得出截然不同的结论,并洞察到简单词序调整背后隐含的我国银行经营机制的重大转型(特别是政府与市场/银行的关系),从而获得对我国《商业银行法》及商业银行改革更深刻的认识。

回顾1993年至2003年,我国商业银行虽然剥离了政策性信贷业务,但仍处于计划经济时期"统存统贷"的信贷资金管理体制之下,国家是商业银行的唯一股东,银行仍然受到中国人民银行用于统筹和使用信贷资金的计划(信贷计划)的深刻影响,自身没有股本金的概念,更缺乏风险管理理念。银行因经营和政策性放贷形成的不良资产,主要采用财政出资、国家兜底的政策性处置方法(如1999年设立四大资产管理公司对口剥离工、农、中、建四大银行的1.4万亿元不良资产)。在银行缺乏审贷自主权,需要提供信贷资金满足国有大中型企业经营需求且由国家财政为不良资产最终"买单"的特殊背景下,银行经营上的"安全性"并不占据首要地位,相反受困于国有企业债务的"软约束"及财政兜底的不可无限性,如何保障银行信贷资产的"保值增值"成为突出问题("价值观")。在这种特殊的信贷资金管理与风险处置体制下(当时的"中国观"),"效益性"优位于"安全性",成为1993年《商业银行法》规定的银行经营原则并沿用至2003年修法之前,也就有了合理性和正当性。

同样,评判2003年12月底《商业银行法》修正时对第4条第1款内容的调整,也需回到当时的时代背景和立法者的价值取向上进行考察。从国际环境看,1997年爆发的亚洲金融危机,虽然未对我国造成直接影响,但是已敲响了银行业系统风险的警钟。也因此,按照国际通行的《巴塞尔协议》,满足8%的资本充足率要求并建立审慎的风险管理体系已成为商业银行监管的大势所趋。

此后,随着2001年我国加入世界贸易组织(WTO),金融对外开放进入倒计时(我国承诺对银行业的保护期只有5年),国内的商业银行需要尽快建立现代公司治理机制,转型成市场经济下的经营主体,才能与即将进入国内市场的外资银行同台竞争。而在国内,金融体制的改革也正在加快进程,中国人民银行于1998年取消了信贷计划,在1999年剥离主要商业银行的不良资产之后,明确必须把银行办成现代金融企业,由此推动了后续的主要商业银行的股份制改革、公司治理机制的构建及境内外上市的进程。在这样的内外环境之下(“世界观”“中国观”),我国商业银行完成了从计划经济时期作为国家信贷工具向市场经济时期作为自负盈亏商事主体的转变(“价值观”)。与银行法律地位和风险责任机制的上述转换相适应,“安全性”取代“效益性”成为基础和首要的目标,我国商业银行的经营原则由此也调整成与国际通行规则顺序一致的“安全性”“流动性”“效益性”三原则。

■ “三观”方法论在我国企业债券法治建设中的运用

□ 企业债券的界定与制度框架

1. 企业债券的定义与特点

从经济学的角度看,企业债券是一种企业以自身信用为基础,从资本市场融通资金并按约定还本付息的直接融资工具。如果转换成法律语言,那么企业债券是商事主体依法向资本市场投资者发行的,承诺在未来按约定还本付息的债务凭证。我国《公司法》第 153 条第 1 款规定,债券是指公司依照法律程序发行、约定在一定期限还本付息的有价证券;其他规范企业债券的法律规则大多也采用了类似的表述。它们的共同特点是按照法律关系的三要素(主体、客体、内容)描述通过债券完成的投融资过程,展示当事人之间的权利义务关系。这种方法是法科学生界定研究对象的常用方法,也是将金融工具的交易结构描绘成法律视域下的交易关系的便捷工具。

在金融属性上,首先,企业债券是一种信用债,也即以企业自身信用作为未来偿还本息的保障,既不同于凭借国家信用、政府信用发行的国债、中央/地方政府债券(其收益主要受利率水平影响,因此又被称为“利率债”),也不同于倚靠资产信用融资的资产证券化产品(资产支持证券)。其次,企业债券属于固定收益债,这并非仅指其收益固定不变,更准确的应是债券发行时已写明了某一利率,抑或未来债券到期的付息可根据“确定的利率 + 某一参考系数”或“浮动利率”予以计算,收益得以预测,与股票收益往往需要取决于公司未来经营,具有不确定性不同。最后,债券既是企业除银行贷款之外最为重要的直接融资工具,也是一国资本市场的重要组成部分,其规模远远大于股票市场。根据融资优序理论(Pecking Order Theory),企业除了原始积累这一内源性融资来源(自己可控且成本最低,但金额不大加上所需时间长,因而大多需要外源性融资)外,优选的外部融资方式依次为银行贷款、债券融资、股权融资。这主要是因为债务性融资所支付的利息可作为成本税前扣除,同时举债不会带来股份的增加,稀释原有股东的权益并可能危及企业控制权,是综合成本更低的融资方式。从海外资本市场的发展情况看,企业融资方式的选择大体符合了融资优序理论揭示的内容("世界观")。

回到中国语境下,不难发现长期以来我国企业更偏爱发行股票融资而不是选择发行债券。个中原因除了国家将债券融资作为调配社会闲散资金的方式并优先满足国有大型企业的需求外,20 世纪 90 年代,我国曾发生过债券偿付危机导致后续严格限制企业发债,以及法律制度上缺乏敦促公司分红的强制性规定等约束机制的综合作用,使我国企业债券市场极度不发达,企业乐于选择没有分红和付息压力的股票融资方式(因上市公司国有资本占比较高,其控制权地位并不因此受过多影响)。近年来,随着我国对企业债券市场功能的重新认识及在大力发展债券市场的政策支持下,[1]股票发行机制因注册制改革多次"停摆",而宽松货币政策下市场又存在投资的迫切需求,以及公司法、证券法对公司分红约束性机制[2]的逐步建立,更有不同主管部门之间的监管竞争加快并优化了企业债券的市场化改革进程,在上述国内经济法治环境的综合作用下("中国观""价值观"),我国企业债券市场获得迅猛发展,终于成为企业重要的超越股票融资的直接融资工具,其市场规模位居亚洲第一,世界第二。截至 2020 年 8 月,我国公司信用类债券的存量余额约为 25.4 万

---

[1] 例如,2008 年 12 月国务院办公厅《关于当前金融促进经济发展的若干意见》提出"扩大债券发行规模,积极发展企业债、公司债、短期融资券和中期票据等债务融资工具";2013 年 11 月中共中央《关于全面深化改革若干重大问题的决定》提出"发展并规范债券市场";2015 年 10 月中共中央《关于制定国民经济和社会发展第十三个五年规划的建议》提出"积极培育公开透明、健康发展的资本市场,推进股票和债券发行交易制度改革"等。

[2] 例如,《公司法》第 74 条规定:"有下列情形之一的,对股东会该项决议投反对票的股东可以请求公司按照合理的价格收购其股权:(一)公司连续五年不向股东分配利润,而公司该五年连续盈利,并且符合本法规定的分配利润条件的……自股东会会议决议通过之日起六十日内,股东与公司不能达成股权收购协议的,股东可以自股东会会议决议通过之日起九十日内向人民法院提起诉讼。"又如,证监会于 2008 年 10 月通过的《关于修改上市公司现金分红若干规定的决定》,要求公司应当在章程中明确现金分红政策,利润分配政策应保持连续性和稳定性。《上市公司证券发行管理办法》第 8 条第 5 项规定,上市公司申请公开发行证券的,最近三年以现金方式累计分配的利润不少于最近三年实现的年均可分配利润的 30% 等。

亿元。[1]

从法律属性上看,企业债券本质上是发行人与投资者之间以有价证券为载体建立起来的金钱债权债务关系,[2]具有一般民商法意义上的债权债务属性,又涵摄证券法对证券发行、信息披露和投资者保护等作出的特殊安排,是复合民商法与证券法,融合公私法律规范的债权债务法律关系。对应于债券的融资结构和金融特点,债券在法律上也体现出信用性、偿还性、收益性的特点,并且由于采用募集文件解决一对多的债务融资问题,以及借助有价证券载体进行流转,债券相应地具有流通性(不同于传统的商事债权转让需要通知发行人才能对其发生效力)、附和性(债券通常不记名,二级市场投资者继受债券条款内容)和集合性(投资者作为一个整体与发行人建立金钱债权债务关系)的特点。上述法律本质与特点,很大程度上影响了债券治理及其投资者保护制度的设计。

2. 我国独具特色的三套债券制度

从世界范围来看,一国资本市场往往只存在一种以企业信用为融资基础的企业债券类型,并相应地适用统一的债券规则。而在我国语境下,由于历史上监管分权沿革及现行分业监管制度的设计(见图3),实践中形成了三类名称各异的企业债券,并对应适用不同的制度及其运作机制(见图4):(1)公司债券,由证监会主管并主要适用《证券法》《公司债券发行与交易管理办法》;(2)企业债券,由国家发展改革委主管,主要适用《公司法》《企业债券管理条例》;(3)非金融企业债务工具,中国人民银行通过银行间市场交易商协会(以下简称“交易商协会”)实行自律管理,主要适用《银行间债券市场非金融企业债务融资工具管理办法》的债务融资工具,下文用“中期票据”代称。由此,形成三足鼎立的企业债券市场,可以概括为“三套债券规则、三个监管主体、两大交易市场、三套证券登记结算系统”。本质上,这三类债券都是基于发行人信用融资、按期还本付息的直接融资工具,近年来在监管竞争的推动下,三套债券规则正在日益趋同。

---

[1] 《2020年7月份金融市场运行情况》,载中国人民银行2020年8月20日,http://www.pbc.gov.cn/goutongjiaoliu/113456/113469/4099253/index.html。

[2] 廖大颖:《公司债法理之研究——论公司债制度之基础思维与调整》,台北,正典出版文化有限公司2003年版,第98页。

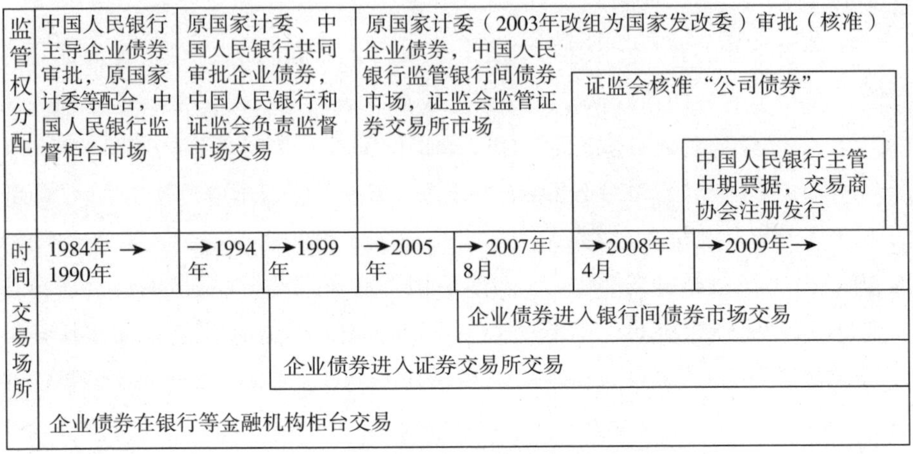

图3　历史形成的我国企业债市市场的监管分权

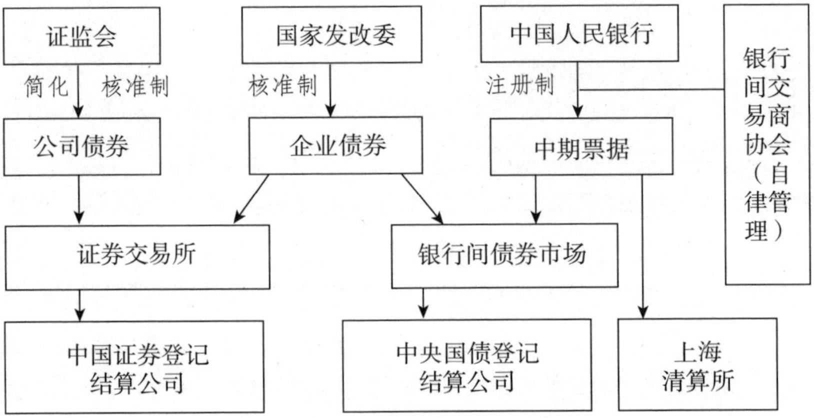

图4　我国企业债券市场格局

注：图4为2020年3月1日新《证券法》实施前的监管机制。新《证券法》实施之后，三类债券全面实行注册制。

□ 债券监管竞争与市场化改革

1. 债券市场的功能与市场化改革方向

从海外经验来看，成熟资本市场国家普遍存在一个发达的债券市场，像美国、英国、加拿大等，很大程度上主要依靠资本市场向企业提供融资，属于直接融资主导型的国家，而我国长期依靠商业银行向企业提供融资，债券市场不发达，属于典型的以银行为主导的间接融资型国家。（“世界观”“中国观”）

一般认为，债券市场有如下的功能。除了是企业常规的三大外部融资渠道之一外（见上述融资优序理论的分析），债券通过对发债主体和债项信用评价的差异实现资产定价和企业的优胜劣汰，有助于推动利率市场化并形成固定收益曲线，提高市场资源配置效率；债券还是主要的固定收益投资品种，是一国资本市场的重要组成部分，有助于民众通过购买债券分散投资风险，分享经济增长成果，促进经济民主；债券利率变动以国债收益曲线为基准，有助于进一步传导宏观政策，助力政府实现宏观调控职能。就市场经济秩序而言，债券还本付息的刚性约束，也有助于强化市场诚实信用的经营氛围，促进商业信用社会的形成等。

长期以来，我国单边依靠商业银行作为融资渠道，不仅限制企业的融资选择，难以满足其发展需求，而且企业债券市场不发达，意味着无法充分利用债券市场的上述功能促进我国经济更好更快地发展，更严重的是金融风险长期滞留于银行业体系，潜藏着极大的系统性风险。也因此，随着我国金融对内改革和对外开放的深入和进程的加快，大力发展债券市场成为近年来我国金融领域改革的重要目标之一（见前述脚注中关于发展债券市场的政策说明），这场改革的主导方向就是要摆脱过去计划经济思维的束缚，克服过去企业债券市场发展的一系列失误，[1] 转为以市场化法治化为原则，建立现代的企业债券市场及法律制度保障，更好地完备资本市场功能并助力经济发展。（“价值观”）

2. 监管竞争推动下的债券市场化改革

按照市场经济发展的自然规律，一国资本市场的发展往往经历几十年甚至上百年的演化，最终形成行业规范并建立对市场参与主体的激励约束机制，是一种由市场力量驱动完成的常规发展模式。美国、英国等主要发达资本市场国家债券市场的发展历程大多如此。但对于发展中国家或者那些从计划经济向市场经济转型的新兴国家而言，常存在政府对市场的主动干预，在经济发展道路上呈现显著的政府力量驱动型特征，这使他们得以借鉴发达国家的发

---

[1] 2005 年，时任中国人民银行行长周小川将我国企业债券市场发展的失误总结为：计划经济的思维主线失误，以散户为投资对象的逻辑主线错误，缺失制度建设与保障的（金融生态）环境主线失误。参见周小川行长在 2005 年 10 月 20 日中国债券市场发展高峰会上的讲话，载中国人民银行官网 2005 年 10 月 20 日，http://www.pbc.gov.cn/hanglingdao/128697/128719/128766/2889610/index.html。

展经验,在经济发展上获得“后发优势”,打破时间约束获得较快增长,但往往也面临着政府过度干预或“政府失灵”,以及市场自我协调运作机制不完备的问题。

作为发展中国家,我国债券市场建设没有像海外发达市场所在国家的经验那样走一条市场自主发展的道路(在中国语境下,“海外发展模式”并不适用),而是和其他金融领域的改革一样选择了政府主导改革进程的发展之路,这充分体现于我国通过颁布一系列债券市场发展政策助力市场建设,相关政策内容已如上述,此处不赘。如果不注意考察我国的经济发展特点和政府在经济发展中的主导作用,可能就会简单套用海外经验,无法理解债券市场发展的中国模式。

然而,对我国债券市场化改革的理解与评价不应只局限于政府主导驱动,政策红利支持层面的简单考察,而应更进一步分析政府如何推动改革的进行及其中可能隐含的利弊,从而不仅可以更好地促进债券市场的可持续发展,也能够从中吸收有益经验/吸取教训用于指导其他金融领域的市场化改革。这就需要在坚持市场化改革取向的价值目标上,打开政府干预市场的“暗箱”,考察作为政府力量代言人的监管部门如何推动市场化改革进程。

在这一方面,债券市场可谓提供了典型的样本,是很具有代表性的“中国模式”。如上所述,我国目前存在三个债券市场监管主体及其相应的运作机制与交易市场。根据竞争理论,自由竞争可能导致“竞优”(race to the top)或“竞次”(race to the bottom)两种结果。在2020年3月1日之前施行的原《证券法》纯粹是“股票法”,且未对债券作出任何制度安排的情况下,我国债券市场的迅猛发展主要应归功于三大债券主管部门在监管竞争下作出的“放松管制,简政放权”的诸多努力。换言之,主管部门之间的监管竞争促进并加快了我国企业债券的市场化改革和制度建设进程,客观上取得了“竞优”的效果,尽管某些程度上也造成了“竞次”的不良影响。[1]

---

〔1〕 例如,过度放松管制造成企业监管套利而过度负债、宽泛的发债主体和宽松的发债条件导致一些受调控企业过度加杠杆,影响政策调控效果;导致我国债券规则的不统一,造成法律适用的不平等与监管套利,等等。参见洪艳蓉:《公司债券的多头监管、路径依赖与未来发展框架》,载《证券市场导报》2010年第4期。当然,近年来随着监管竞争的深入,三大主管部门制定的债券规则日益趋同,某种程度上起到了统一债券立法的效果,特别是2020年7月15日,最高人民法院联合三大主管部门发布了《全国法院审理债券纠纷案件座谈会纪要》,集中体现了统一债券规则适用的发展趋势。

三大主管部门的监管竞争体现于债券市场建设的方方面面，在市场初步发展阶段，更多地体现于放松企业的发债条件和简化审核程序。这些举措客观上赋予了企业更多发债自主权并激发了市场活力，是债券市场化进程的重要一环。有关债券发行条件的演化留待后文分析，这里先举例说明监管竞争如何带来并加快放松债券发行审核机制管制，从而建成注册制，与国际通行做法接轨。

如上所述，因历史沿革及发展中国家对有限市场资金的管控因素，我国长期以来对企业发行债券融资实行严格的审批制，及至2005年《公司法》《证券法》修改时才从审批制改为核准制，对于公司债券需要在行政许可程序上交由发行审核委员会按照特别程序审核申请文件，[1]不仅程序烦琐，而且时间周期长（3个月），难以满足企业融资需求；而“企业债券”则按照《企业债券管理条例》的规定由国家发改委实行严格的审批制，对企业的要求更多，获得批准的周期更长，不确定性也更多，大大制约了我国“企业债券”市场的发展。

这一发展僵局随着中国人民银行主导的中期票据注册制的推出而被打破。2008年，中国人民银行在银行间债券市场推出中期票据融资工具，并由交易商协会实行最接近市场化做法的注册制，短期内带来了中期票据市场的迅猛发展，给公司债券和“企业债券”市场的发展造成了巨大的压力。很快，证监会调整了低效的债券发行核准制，创造出了针对优质企业的发债审核的绿色通道，将原来核准时间最快缩短到1周。[2]之后更在2015年推出新的《公司债券发行与交易管理办法》，不仅将债券核准流程独立，取消了与发行审核委员会工作的捆绑，更创设面向合格投资者的公开发行（俗称“小公募”），并由证券交易所预审之后提交证监会核准的快速审核机制，从而大大提高了债券发行核准效率，促进了公司债券的蓬勃发展，最终扭转了其规模大为落后于中期票据市场的劣势，并与之平分秋色。更值得一提的是，借助于前期放松管制的经验，2019年《证券法》修订时，债券发行实行注册制被写入其中，而基于前期小公募审核机制的经验，公司债券、“企业债券”也成为在2020年3月1日《证券法》施行首日同步实现注册制的金融工具。对于“企业债券”而言，监管竞争客

[1] 参见2007年8月14日证监会发布的《公司债券发行试点办法》（2015年1月15日被《公司债券发行与交易管理办法》所取代）第20条的相关内容。

[2] 参见《证监会开通公司债“绿色通道” 上港集团拿得首单》，载金融界2011年3月23日，http://finance.jrj.com.cn/2011/03/2309219536594.shtml。

观上也加快了国家发改委放松发行管制的步伐。例如,2008年年初,国家发改委发布了《关于推动"企业债券"市场发展、简化发行核准程序有关事项的通知》(2016年失效),2013年4月19日,国家发改委办公厅发布了《关于进一步改进企业债券发行审核工作的通知》等,不断地提高核准效率,推出债券发行"直通车"等举措,向着简化目标靠拢。最终,随着2019年12月新《证券法》的通过,国务院办公厅通过发布《关于贯彻实施修订后的证券法有关工作的通知》最终明确了"企业债券"也同样实行公开注册制,国家发改委同日发布《关于企业债券发行实施注册制有关事项的通知》,落地注册制审核机制的系统安排。至此,我国三大企业债券类型全面实行公开发行注册制,大大提高了发债效率,在满足企业举债需求的同时也带来了我国企业债券市场的迅猛发展,这一市场化进程及其成就的取得,无疑与监管竞争密不可分。

□ 企业债券发行条件的演化与投资者保护

在实行注册制的法域,法律一般未规定企业发行债券的具体条件,发行人主要倚靠债券承销商的服务,将债券还本付息等相关权责内容约定于债券募集说明书等发行文件中,海外发达资本市场国家经过长期市场自然演化,通常采用的就是这种由投融资双方自主建立债权债务关系的市场自治模式,在投资者保护上主要依靠成熟的市场信用约束机制、强有力的司法保障系统及其作为投资者主力军的机构投资者的自我维权完成("世界观")。

与上述市场导向的发债条件管理模式不同,在对债券发行实行审批制或核准制的法域,法律通常规定一定甚至严格的企业债券发行条件,以便甄选优质企业准入市场融资,限制企业过度负债并借此保护债券投资者。之所以如此的原因,一方面可能是基于以法律手段引流社会闲散资金,用于满足政策优先发展领域/重点支持企业发展需要的考虑;另一方面可能是没有区分普通投资者与专业投资者(并进一步将债券投资准入主要集中于机构投资者),而是将债券市场全面向散户投资者开放,这种情况下受限于监管资源的有限性和维护市场秩序与金融安全等方面的考虑,需要通过发债准入条件限制这一监管环节的把关,更好地保护债券投资者。从日本的公司债券的发展史来看,在这些法域存在对公司债券发行条件的限制,并不像美国、英国等市场那样主要由市场自主调节。在债券发行条件的国际经验考察上,事实上体现出了与一国(地区)资本市场发展阶段及法制环境等方面密切相关的地方性因素,未必有统一的简单结论（“世界观”）。

就我国企业债券的发行条件而言，更多地呈现一种从审批、核准制逐步向注册制过渡，债券发行条件约束日益放松，企业获得更多融资自主权，投资者在市场自治环境下重构与发行人的信用约束法律关系的演化进程。考察《证券法》中发行条件的前后变化，不仅能够明了债券发行条件设置的机理与限度，更能深刻地体会我国从计划经济向市场经济转型，从监管主导到市场自治投资者保护模式的转变，洞察市场化约束机制如何逐步从计划管制中破茧而出，自成体系并形成良好运作机制的过程，大大深化对证券法制与债券市场发展的理解（“中国观”“价值观”）。

2020年3月1日新《证券法》实施前，原《证券法》中有关公开发行债券条件的内容规定于第16条，[1]同时第18条[2]也规定了不得再次发行公司债券的情形。这两个条款可追溯至2005年《证券法》第16条、第18条，乃至更早的1993年《公司法》第161条、第162条，除了个别字眼调整之外，几乎一脉相承。分析这些条款，不难窥见我国长期以来对企业举债的诸多限制，不仅将允许举债的主体限于大型企业，还从发债规模、利率及募集资金用途等方面作出严格制约。这种高压管制之下，其结果只能是企业融资自主权的遏制和我国企业债券市场的难以发展。存在如此严格监管的原因，已在上述“债券监管竞争与市场化改革”部分有所阐述，此处不赘。

而随着我国金融改革开放的深化、债券监管竞争形成的放松管制格局，以及日益壮大的债券市场需要建立市场化的信用约束机制等因素的综合作用，客观上都在敦促《证券法》进行重大修订时对这些限制条款作出适时调整。法律的最终修改成果回应了上述市场呼声，这些内容的重大改变体现于2020年

---

〔1〕 2014年《证券法》第16条第1款、第2款规定，公开发行公司债券，应当符合下列条件：（1）股份有限公司的净资产不低于人民币3000万元，有限责任公司的净资产不低于人民币6000万元；（2）累计债券余额不超过公司净资产的40%；（3）最近3年平均可分配利润足以支付公司债券1年的利息；（4）筹集的资金投向符合国家产业政策；（5）债券的利率不超过国务院限定的利率水平；（6）国务院规定的其他条件。公开发行公司债券筹集的资金，必须用于核准的用途，不得用于弥补亏损和非生产性支出。

〔2〕 2014年《证券法》第18条规定，有下列情形之一的，不得再次公开发行公司债券：（1）前一次公开发行的公司债券尚未募足；（2）对已公开发行的公司债券或者其他债务有违约或者延迟支付本息的事实，仍处于继续状态；（3）违反该法规定，改变公开发行公司债券所募资金的用途。

3月1日施行的《证券法》第15条[1]、第17条[2]内容上。

比较新旧债券发行条件，从发行主体条件看，新法取消了对主体净资产规模的高标准[使债券融资向大型(国有)企业倾斜]，只要求举债主体具备健全且运行良好的组织机构，赋予了各类市场经济中的商事主体平等的融资自主权，这无疑是债券市场化改革成功最为基础的要素。从举债规模限制来看，新法完全取消了"累计债券余额不超过公司净资产的40%"的要求。事实上，公司是否举债以及举债多少，应由公司根据经营需要和自身清偿能力，结合市场环境进行决定，旧法如此规定，忽视了公司经营差异和清偿能力的不同，是一种从便利监管角度立法的"懒政"行为。如果进一步深究，可以发现，40%的举债规模限制隐含着保障银行贷款融资主导地位的考虑。当然，除了这项政策性功能外，在公司法层面，规定举债规模的作用，主要是用于遏制公司过度负债，调和股东有限责任与债券投资者保护之间的利益冲突。但这种在业主论指导下物化公司人格的资本信用观，以公司发债之时的净资产衡量公司信用，不能揭示公司真实的信用状况，容易落空债券投资者保护并诱发道德风险。更合理的应是在企业主体论指导下承认公司的独立人格，树立以公司营业现金流为信用内涵的资产信用观，建立与公司持续经营状况一致的动态信用评价方法。[3]也因此，新法取消了企业举债限制，将发债主体清偿能力的甄别通过课以发行人严格的信息披露义务由市场自行评判(施行"卖者尽责、买者自负")，取代之前由监管者代为限制与评价的做法，可谓我国债券市场化改革的一大进步。此外，我国利率市场化改革进程加快，中国人民银行从2019年8月20日起已不再发布贷款基准利率，而是授权全国银行间同业拆借中心每月20日(遇节假日顺延)公布贷款市场报价利率(Loan Prime Rate，LPR)，也因此新法取消了要求"债券利率不超过国务院限定的利率水平"的要求，将债券发行

[1] 2019年修订的《证券法》第15条第1款、第2款规定，公开发行公司债券，应当符合下列条件：(1)具备健全且运行良好的组织机构；(2)最近三年平均可分配利润足以支付公司债券一年的利息；(3)国务院规定的其他条件。公开发行公司债券筹集的资金，必须按照公司债券募集办法所列资金用途使用；改变资金用途，必须经债券持有人会议作出决议。公开发行公司债券筹集的资金，不得用于弥补亏损和非生产性支出。

[2] 《证券法》第17条规定，有下列情形之一的，不得再次公开发行公司债券：(1)对已公开发行的公司债券或者其他债务有违约或者延迟支付本息的事实，仍处于继续状态；(2)违反该法规定，改变公开发行公司债券所募资金的用途。

[3] 洪艳蓉：《公司的信用与评价——以公司债券发行限额的存废为例》，载《中外法学》2015年第1期。

利率交由市场决定，进一步彰显债券市场化改革的成效。在发债的限制条件上，新法基于实践中已允许发行人采用债券一次核准/注册，多次发行的储架发行（shelf offering），赋予发行人灵活应对市场环境的便利，因此删去了旧法中"前一次公开发行的公司债券尚未募足"的限制条件，也是及时将实践做法上升为法律规则的一个典范。

当然，我们也注意到，新法仍保留了对主体清偿能力的要求（最近平均可分配利润足以支付公司债券一年的利息）及对募集资金用途的适当监管要求（可以由发行人用于经营需要的用途，之后允许改变，但必须经债券持有人会议作出决议。保留了募集资金不得用于弥补亏损和非生产性支出的要求）。这种保留可以看作是我国企业债券市场化改革在全面实行注册制之下的一个缓冲，在赋予发行人充分发债自主权及使用募集资金自由的同时，又提醒发行人不得滥用权利，按需举债、诚信经营、到期偿债，构建良好的信用激励约束机制。值得一提的是，新《证券法》层面在注册制之下大大放松了债券发行条件限制，将原来由监管部门通过执行严格的发债准入监管而保护投资者的操作，转换成由监管者督促发行人如实披露信息，投资者自主进行风险识别并自担风险的市场化模式，是我国企业债券市场化改革带来的巨大变化和最终成果。但出于慎重的考虑，特别是对过去以来一直实行审批制且对募集资金使用有着更高要求的"企业债券"（通常要求用于与国家政策、产业方向等相一致的固定资产投资等方面）而言，如何制约发行人过度举债，有效保护债券持有人，始终是制度建设和监管工作的核心。也因此，在新《证券法》于 2020 年 3 月 1 日实施之前，国务院办公厅于 2 月 29 日发布了《关于贯彻实施修订后的证券法有关工作的通知》，在第 2 条第 2 款补充强调了"申请公开发行公司债券的发行人，除符合证券法规定的条件外，还应当具有合理的资产负债结构和正常的现金流量。鼓励公开发行公司债券的募集资金投向符合国家宏观调控政策和产业政策的项目建设"，借助新《证券法》第 15 条第 1 款第 3 项"国务院规定的其他条件"这一条款在债券发行条件上嵌入如上内容，丰满了我国新《证券法》下的债券发行条件，及时回应了上述担忧。

□ 企业债券的治理机制与投资者保护

借助有价证券载体，企业发行人得以面向资本市场的投资者高效募集资金，完成融资过程，而投资者通过认购或投资债券确认与企业发行人的债权债务关系(要求还本付息),并可随时通过证券交易场所交易债券,实现流动性需求,也因此债券成为备受投融资双方青睐的金融工具。然而债券的上述属性,使投资者可能分散在全国乃至世界各地,彼此陌生,缺乏交流的动力和行动的一致性。这种因投资者人数众多且分散而难以达成共识或采取一致行动的问题,常常被称为“集体行动”困境,在债券投资中普遍存在,加上投资者个体作为理性经济人往往缺乏为集体利益付出个人行动的动力(个人行动理性),导致当企业发行人陷入经营困境,债券本息偿付出现问题时,债券投资者往往难以及时采取有效的集体行动,维护自身的合法权益。也因此,如何建立一套行之有效的债券治理机制,帮助解决债券投资者的“集体行动”难题,建立与发行人的有效沟通,并及时有效地采取行动维护债券持有人的合法权益,成为投资者保护并攸关债券市场做大做强的核心内容。

与股票投资者对公司的期许未必一致不同,购买同次发行的债券的投资者,对企业发行人有着同样的还本付息诉求,是具有集合性的群体,更确切地说,债券持有人之间具有集合性特点,是作为企业发行人交易对手方的整体债权人。基于这一特点,客观上就有可能建立某种形成债券持有人共同意思表示并及时行动的机制来实现上述目标。

考察海外经验,债券市场最为发达的美国,作为英美法系国家,充分利用信托传统,通过制定《1939 年信托契约法》(Trust Indenture Act of 1939)为债券持有人设立专职的受托人制度,同时在受托契约中加入“不行动条款”(no action clause)限制债券持有人单独采取诉讼行动(允许债券持有人在发行人实质违约时个体采取诉讼行动),将债券维权事宜统一交由受托人执行,并全面规定了受托人的资格、权利义务以及利益冲突的处理等,要求受托人履行信义义务,为最大限度地保护作为受益人的投资者的合法权益尽责。尽管受托人依据法律及信托契约有权行使债券持有人所有的全部法律上的权利,但在实践中,受托人常常就重要的行动事项寻求债券持有人的指示。

而大陆法系国家和地区,不像英美法系国家那样采用信托法制构造发行人、受托人和投资者三者之间的关系,而是采取了另一种治理模式。申言之,法律承认债券持有人的团体性并侧重发挥其自我管理职能,由此设立债券持有人会议制度,承认其法律地位(临时性的组织,但其决议对全体债券持有人具有约束力),用于平衡与发行人的对等性并便于问题沟通及其解决。债券持有人会议在形成决议之后可选任共同代理人予以执行,从而为自己找到集中行权的抓手,有效地维护权益。(“世界观”)

从过去的经验来看,我国在发展资本市场时往往兼采世界主要法系的先进做法,充分利用后发优势(如在监督公司管理层活动上,既设立了监事会又设有独立董事),在企业债券治理方面也不例外。申言之,我国企业债券治理,效仿日本及我国台湾地区的规定(它们的债券法制深受两大法系影响并进行了本土化转化),既设置了债券持有人大会,又设置了债券受托管理人,将债券持有人大会作为形成投资者共同意思表示的议事平台与决策机制,把受托管理人作为投资者意思表示的利益代言人,经由授权统一对外采取行动,为投资者利益最大化服务,二者主辅相承,后者行权主要来自债券持有人会议授权并受其监督,决定与执行有所分离又相互配合,共同构成了债券持有人的集体行权机制,能够克服上述债券投资者“集体行动”难题及避免投资者个体擅自行动,造成不公平清偿。(“中国观”“价值观”)

上述两项制度安排最早出现于证监会2015年出台的《公司债券发行与交易管理办法》,在助力企业债券市场发展和保护投资者权益方面发挥了基础性制度保障的积极作用,2019年《证券法》进行重大修订时予以吸收,体现于第92条〔1〕;而面对近年来的日益普遍的债券违约,最高人民法院在2020年7月15日发布的《全国法院审理债券纠纷案件座谈会纪要》中,更细化了企业债券这种经由债券持有人会议与受托管理人的相互配合形成的集体行权、集体维权机制。〔2〕当然,我国企业债券法制还远远跟不上迅猛发展的债券市场需求,尽管我国这次已在作为资本市场基础法的《证券法》中确立了债券持有人大会与受托管理人两项制度,也肯定了受托管理人以自己的名义代表债券持有人进行诉讼,最大限度地保护债券投资者的利益,然而简洁偏原则性的规定,既未最终明确发行人、受托管理人与投资者三者之间的关系,也未就受托管理人

---

〔1〕 2019年修订的《证券法》第92条规定,公开发行公司债券的,应当设立债券持有人会议,并应当在募集说明书中说明债券持有人会议的召集程序、会议规则和其他重要事项。公开发行公司债券的,发行人应当为债券持有人聘请债券受托管理人,并订立债券受托管理协议。受托管理人应当由本次发行的承销机构或者其他经国务院证券监督管理机构认可的机构担任,债券持有人会议可以决议变更债券受托管理人。债券受托管理人应当勤勉尽责,公正履行受托管理职责,不得损害债券持有人利益。债券发行人未能按期兑付债券本息的,债券受托管理人可以接受全部或者部分债券持有人的委托,以自己名义代表债券持有人提起、参加民事诉讼或者清算程序。

〔2〕 洪艳蓉:《债券市场化改革下半场 投资者权益保护新篇章——最高法〈全国法院审理债券纠纷案件座谈会纪要〉解读》,载《人民法院报》2020年7月23日第5、6版(理论版)。

代表投资者行权所需的必要保障，以及其职责边界与可能潜在的利益冲突作出法律上的明确规定，这些可能影响受托管理人激励约束机制的建成及更大作用的发挥，是未来我国债券法制应完善的方向。

■ 简要的总结

每个学科都有契合自身的研究和学习方式，金融法的学习同样也离不开方法论的指导，在如何又快又好地掌握专业知识并培养专业能力的过程中，怎样强调方法论的使用都不为过，所谓“事半功倍”即为如此。

金融法不仅仅是金融业务操作的简单考察和法律复述（当然要完成这一过程也很不容易），在金融规则的背后隐含着世界的共识、本国的问题意识和价值取向，有着超越规则本身的丰富内涵。我们在通过熟练运用“纵横两线法”清清楚楚洞察金融运行机制与特点的同时，还需要对自己提出更高的要求，学会逐步掌握“三观方法论”，探求金融规则之所以如此的缘由及其设置机理，透过现象看本质，思考看似合理、实则不然的制度弊端及根源，从而在学会法律适用的基础上，更上一层楼地掌握评判规则，乃至提出应然规则，完善法治的可行性建议，更好地发挥法律人才在推动法治进步和社会进步中的积极作用！在这个过程中，“不忘初心”，始终牢牢地将分析、研究的立足点放于中国，脚踏实地去解决中国的问题，是最为重要的。

▣ 阅读指引

☐ 教材与基础性知识

1. 李东方主编：《证券法学》（第 4 版），中国政法大学出版社 2021 年版。

   本书章节体系完整，论述深入浅出，并根据 2020 年 3 月 1 日施行的《证券法》进行了修订。内容上除正文外，还设有“学习目的和要求”、“前沿问题”和“思考题”，便于引导学习。该书第五章为“债券的发行”，有别于国内笼统介绍“证券发行”的做法，专门针对公司债券在《证券法》等法律制度下的发行作了详细分析，有助于学生更深入地了解债券与股票的区别并掌握相应的发行制度。

2. 深交所投教编：《投资者入市手册（债券篇）》，载“深交所”微信公众号 2020 年 5 月 28 日。

债券因其属性,未及股票那样被公众所熟知,深圳证券交易所投资者教育基地为此组织业内专家,使用简明扼要的语言,结合债券经济原理及现行法律制度编写了本书,以帮助公众了解债券及相关投资规则与风险,树立理性投资理念。

▣ 权威著作

1. 廖大颖:《公司债法理之研究——论公司债制度之基础思维与调整》,台北,正典出版文化有限公司2003年版。

本书是廖大颖教授结合日本债券制度改革,反思我国台湾地区债券制度的专著。本书深入讨论了公司债券市场化改革面临的问题,以及如何构建保护公司债债权人(债券投资者)的法律制度(包括债券持有人大会、债券受托管理人制度等),是较早的系统介绍日本债券法制并深入阐述相应法理而提出借鉴举措的专著,对理解公司债券制度演化及如何运用相关制度保护债券投资者有很好的参考价值。

2. 冯果等:《债券市场风险防范的法治逻辑》,法律出版社2016年版。

本书是2014年11月“超日债”违约打破债券刚性兑付之后,国内较早以市场化法治化价值理念为指导,系统探讨债券市场风险防范的著作。内容上借鉴境内外制度并结合实践进行分析,理论性和可读性强,有助于了解债券市场风险防范的法治逻辑。

3. 沈炳熙、曹媛媛:《中国债券市场:30年改革与发展》(第2版),北京大学出版社2014年版。

作者原为中国人民银行金融司司长及部门人员,亲历中国债券市场发展并参与监管政策的制定及实施,作为“局内人”,有着不同于普通公众或市场人员的观察视角和全局统筹能力。由此,本书较好地介绍了中国债券市场30年改革的路线图及重大举措,阐述了债券市场发展的逻辑及改革方向。

4. 黄红元、徐明主编:《证券法苑》(第17卷)(债券专刊),法律出版社2016年版。

上海证券交易所以“债券市场发展与法治建设”为专题组织的债券专刊,展示了国内学者对债券制度、债券发行、债券监管、债券违约与救济、债券持有人制度及债券市场投资者保护等方面的思考及未来构想,较好地体现了债券法治领域研究水平,议题广泛且有良好深度。

▣ 连续出版物及刊物

上海证券交易所每年定期推出的《证券法苑》、深圳证券交易所每月出版的《证券市场导报》、中央国债登记结算有限责任公司每月出版的《债券》,以及中国银行间市场交易商协会每月出版的《金融市场研究》,紧贴市场实践,组织专家学者研讨金融、证券领域的重大、热点问题,从金融与法律等多视角进行分析并提出改革建议。阅读这些刊物,有助于洞察金融市场走向,理解制度设计机理及理性评判改革举措。

北京大学金融法研究中心自1998年创办的《金融法苑》,每年定期由中国金融出版社出版。该辑刊紧跟实践与法治进程,侧重从法律视角分析金融现象与问题并予以反思,是国内较早并持续关注金融法领域的出版物,研究成果时效性强且质量高,享有良好的学术声誉,值得作为日常学习研讨金融法问题的参考。

回 网站及微信公众号

1. 债券主管部门及行业自律组织网站。

中国人民银行(www.pbc.gov.cn)、国家发展和改革委员会(www.ndrc.gov.cn)、证券监督管理委员会(www.csrc.gov.cn)、上海证券交易所(www.sse.com.cn)、深圳证券交易所(www.szse.cn)、中国证券业协会(www.sac.net.cn)、中国银行间债券市场交易商协会(www.nafmii.org.cn)等,发布债券主要法律规则、自律规则及监管信息。

2. 债券法治、金融法治领域的微信公众号。

"北京大学金融法研究中心"公众号,关注并提供中心成员对最新金融规则、热点问题及相关案件的原创法律分析,语言生动有趣,分析入理,深受好评。

"债券法治研究"是近几年推出的、专注于债券法治的公众号,发布的多为精选论文或针对某一热点问题的原创研究,具有较好的参考价值。

3. 债券行业领域及律所事务所公众号。

债券是金融市场的一个重要分支,金融机构、业内人士等对此已形成系列研究,市场中也有针对这一领域汇集信息及研究成果的公众号供选择。例如,"债券稻草人"中关于"公司债券的有趣问答"内容,"债券圈""债券观察""中金固定收益研究""中债资信"等。随着债券业务和债券诉讼的兴起,一些知名律师事务所也通过微信公众号推送律师界对相关法律规则及争议问题的原创性研究,如金杜研究院、天同诉讼圈、中伦视界等。

北大法学初阶

非营利组织法的迷思与祛魅

金锦萍

金锦萍

北京大学法学院副教授，博士生导师。北京大学法律系法学、经济法学双专业学士（1995年），北京大学法学院民商法学硕士（2001年）、民商法学博士（2004年）；中国社会科学院法学所博士后研究人员（2004～2006年）；美国密苏里堪萨斯大学（UMKC）访问学者（2003年）、美国耶鲁大学法学院访问学者（2005年）、美国密歇根法学院访问学者（2006年）。主要研究领域为民商法学、社会法学、慈善法与非营利组织法、信托法、房地产法。

2006年开始在北京大学法学院任教，主讲以下课程：（1）信托法；（2）商法；（3）物业管理法；（4）非营利组织法；（5）慈善法；（6）法学论文写作等。

■ 引言

非营利组织法很小众，既然没有很多人从事这个业务，为什么还讲这门课？很多做律师的人来问我问题，他们所问的大量内容就围绕着非营利组织。《民法总则》的修订点亮了一个概念——在全世界范围内，中国《民法总则》开历史之先河，首次在民法典中把人分为营利法人和非营利法人。所以现在围绕着非营利法人的研究开始多了起来。所以我要先给大家介绍下这门课程的主要内容、基本范畴、主要理论基础。

我取的这个题目“迷思与祛魅”，看起来丝毫不时髦。40 年前的时髦——“迷思”与神话有关，“祛魅”与宗教有关。但实际上从哲学或者认识论的层面而言，这意味着我们要走出误区，正视或者认真地面对、清楚地认知非营利组织法到底是什么。

第一，非营利本是人类生活的常态。如果我们看人类历史，会发现在人类历史上首先出现的是不以营利为目的的组织体。你们打开古罗马法就知道，罗马法里面规定的那些大量组织（包括一些基金等），都不是以营利为目的。但是当营利成为常态的时候，非营利反而成了非常态，这就是我们现在这个时代的特点。我们会把公司、合伙组织以及大量的以营利为目的的组织视为主流，反而把基金会、民办非企业单位、社会团体看成非主流。法学研究对此也无能为力，为什么这么讲？如果大家去看法学研究，翻开部门法，会发现大多研究都与营利相关。为何会如此？我认为跟经济学有关：现代经济学的前提假设将所有个体推定为“理性的经济人”，这样的假设前提对法学研究的影响颇大，因为大量的行为模式都建立在这个假设基础之上。非营利组织法有可能会突破这个假设，也就是说我们从理性经济人的假设回归到具体的社会人的假设，每个人的行为模式可能不仅仅是计较付出和回报之间的比例关系，还有更多。所以，从这个意义而言，我们说非营利组织法可能会挑战这一假设，并且削减这一影响。

第二，我们往往会把《非营利组织法》和《慈善法》混同。现在《慈善法》非常热，但稍微对比一下便会发现，《慈善法》所关注的主体仅是非营利组织法的“冰山”一角——一百个合法登记的中国非营利组织里面只有个别会被认定为慈善组织。如果说慈善组织以公益为目的,这种现象意味着,大量的以互益为目的、却对国民性塑造不可或缺的部分(如社团)就被忽视了。因此从这个意义上讲,我们要从《慈善法》回归到基础组织形式,回归到非营利组织,继而再回过头来看《慈善法》、看慈善组织。

非营利组织法的兴起开拓了法学研究和法学教育里面的一片"蓝海"。原先的民法学中,大量研究的是营利组织,甚至是研究自然人和自然人之间以交换等价有偿关系为基础发生的那些行为。我们在合同里面可能会涉及不以营利为目的的是赠与,或者是借用,如无偿借用。我们会发现很多法律关系建立在有偿基础之上,有偿性是它的基本属性值之一。我想叩问的是,无偿性的行为我们是否仔细研究过?以无偿作为特征的一些法律行为是不是被我们忽视了呢?同样的道理,我们会发现有很多规则,可能在有偿性原则下比较容易解决,比如善意取得制度。在我国,善意取得制度是以支付合理对价为基本的构成要件,如果没有支付对价就不能构成善意取得。那如果一个基金会接受捐赠,但没有支付对价,是否意味着这个基金会对于这一次捐赠具有非常高的注意义务呢?若非如此又会面临什么问题?当捐赠物有权利瑕疵的时候就可能会返回,但是返回到底是否会产生新的社会不妥当性呢?也就是说,大量的法律规则实际上都是把有偿性作为一个最基本特征来架设起来的,自有其道理。我只是想说,我们可能还需要一定的力量来研究那些不以营利为目的、具有无偿性特征的组织或行为的法律规范,这也正是非营利组织法要完成的使命。

如果沿着这个路径往下思考,我们主要的内容包括以下方面:第一,介绍非营利组织法的兴起与法学学科版图的更新。我们常常说的"第三部门"或者"第三法域"这两者是什么关系?"第三部门"是指政府和市场之外的部门,而"第三法域"则是公法和私法两分法之外的法律。第二,如果要将其作为部门法,有没有基本的理论范畴可以来支撑?第三,主要的法律制度。有哪些比较特殊的法律制度,这些法律制度为什么是现有其他部门法所无法涵盖的。第四,研究视角与方法可能会有一定的特殊性。

■ 非营利组织法的兴起与法学学科版图的更新

□ 概述

非营利组织的研究也是比较晚的,如果大家回顾学科的发展,就会发现,对非营利组织或者对社团的研究是20世纪后半期开始的。非营利组织的发展背景是全球的结社革命。

第三法域的提法也很新。它常常作为“公法的私法化”或者“私法的公法化”的概念被提出来,面对这两个概念我们到底该如何去确定非营利组织法的地位呢?

第三域一般指的是政治领域、经济领域之外的社会领域、非营利领域或市民社会领域。这个领域可以称为市民社会(civil society),现在很多文献里也称为公民社会。第三域的兴起与全球结社革命和非营利组织的迅猛发展有关。我们常常会问:为什么有第三域的大发展?为什么在政治领域和经济领域之外还需要第三域的存在?大家可以看到,近代之后非营利组织发展成为与国家和市场相提并论的第三部门。其原因包括几个方面:首先,人的需求具有多元性。比如我们非常关注经济增长,但经济增长之后最重要的需求是社会多元化需求,人毕竟不是简单的经济人,而是社会人,在满足温饱之后必须有其他需求,这符合需求研究的内容。其次,对国家危机的反思。国家危机引发人们对国家能力的思考——国家本来是作为大量公共服务的提供者,但现在正面临着公共性的坠落以及国家能力下降等问题。这时候就需要除了国家之外的其他主体参与到对公共事务的治理中。再次,非营利组织发挥的作用日渐突出。非营利组织在社会发展和经济发展中的非凡表现,这种表现体现得非常全面,尤其在面临全球性问题之时,我们发现有些国家基于国家利益而在国际政治纷争的某些话题存在失语现象。但是非营利组织能够跨越国界,在很多问题上起到重要作用,如全球气候变暖、碳排放的控制、环保问题、物种危机等。在这些领域里面我们看到的是大量非营利组织的非凡表现。除了刚才提到的社会问题和环境问题,经济领域何尝不是如此?大量的新兴科研探索由非营利组织担任,或者在刚开始的时候将其作为社会创新的一部分进行探索。此外,科技信息、新技术为非营利组织的发展提供了技术保障。网络发展使整个社团组织变得便捷,并促进了信息公开。当我们需要向捐赠人交代透明度的时候,网络发展使此变得非常便利。最后,国际社会普遍的支持与鼓励。所以非营利组织的兴起有非常深刻而全面的背景,也有人将其概括为“四场危机”和“两次革命性变革”。赛拉蒙教授将非营利组织兴起的背景概括为“四次危机”,包括“福利国家危机”——本来以为福利国家是一个非常好的发展前景,最后发现国家根本承担不了这么多的社会保障义务。除了上述的“福利国家危机”以外，还有“发展危机”、“环境危机”和“社会主义危机”。“两次革命性变革”通常是指“通讯革命变革”和“社会革命变革”。

□ “第三部门”与“第一部门”、“第二部门”的区别

“第三部门”与“第一部门”、“第二部门”的区别到底在哪里？用图1来展示是非常清晰的。

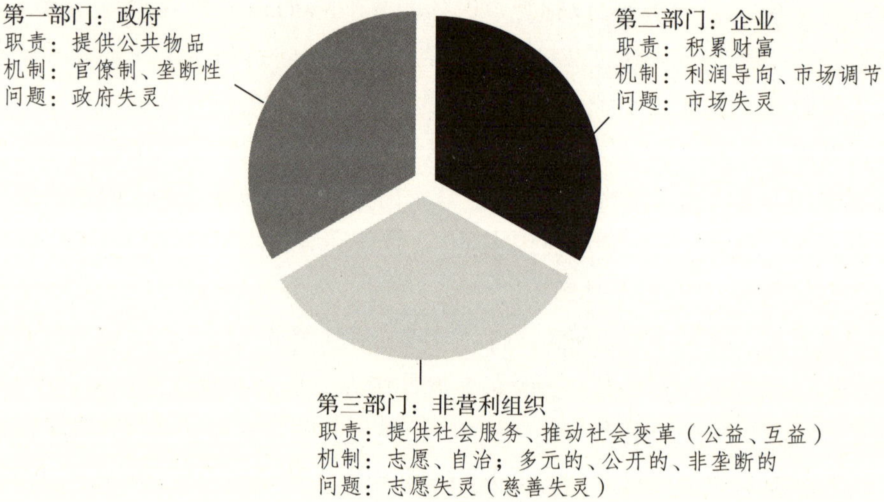

图1　第一部门、第二部门、第三部门对比

我们所熟知的第一部门（政府），其职责是向社会提供公共服务和公共物品。政府的合法性源于向社会提供公共物品，包括外交、国防安全，也包括大量的社会福利、社会保障等。比如，中国政府近些年来一直在推动的基本公共服务城乡一体化发展规划等内容，其实也是建立在基本职责之上。机制比较有特点，是垄断性的，而且还是官僚制的。这里的“官僚”不是贬义词，指的是层级非常森严的在行政内部的一种治理机制，并且一个国家只能有一套政府体系。问题是政府会失灵。政府失灵是20世纪70年代经济学的发现，尽管政府能提供市场所不能提供的公共物品，但政府所提供的公共物品本身是有缺陷的。政府只能提供一般性的公共物品，这种提供是“一刀切”的，无法满足每个个体的特殊需要，甚至可以看到在画线的时候，这条线的上限会产生一些边际效应，并且可能是不公平的边际效应。

第二部门的主要职责是积累财富，也包括分配财富这一职责，也就是指财

富的流向问题。财富流通的机制是以利润为导向的市场调节。所以在市场这一块，"理性的经济人"假设一点没错。大家通过进入价格曲线、进入竞争体制对财富资源进行配置。但问题是市场会失灵。市场失灵指的是市场只能提供私人物品，提供那些权利边界非常清晰的，在使用上具有排他性、竞争性的物品。但是市场无法提供公共物品或者准公共物品。所以市场本身也会失灵、也有缺陷。

在政府失灵、市场失灵的背景下就有了第三部门的出现，它的主体就是非营利组织，区别于政府部门的同时又区别于营利组织。非营利组织主要提供社会物品和社会服务。这个与政府提供公共服务不一样，因为政府提供公共服务时其属性是普惠的，而第三部门或者非营利组织提供的社会服务不可能做到普惠、特惠，其只会选择社会公众中的一部分来提供社会服务。非营利组织提供公共服务的机制比较有意思，比如志愿机制。其中一般没有法定或者约定的义务，该机制基于自愿，自愿提供个人自己的精力、时间、财富等，其属性是自治的。我们倡导的是组织内部的自治、社会的自治，以及多元的价值观，还有公开的、非垄断性的机制。这些特征使得它区别于政府，也区别于市场。

但该种机制也存在问题。它面临的是志愿失灵或者慈善失灵的问题，比如慈善家长制或者志愿的家长制，其治理体制常常以魅力型领导作为主要特征，创办者对于机构而言具有与生俱来的优势；此外，资源总是不充分，第三部门不会像国家那样用足够多的资源对某一个社会问题进行普惠性解决，其解决的问题一般很小众；不仅如此，该体制也存在资源浪费以及贪腐等问题。

从政府失灵、市场失灵到志愿失灵，三者关系体现出三个部门的并存。常有人开玩笑，说"这三个领域如果能够齐头并进，如果能够协调发展，那么这个社会就将是最稳定的。事实上，大家最担忧一家特大或者两条腿很粗壮，第三条腿不长，这样不稳定，所以三个部门齐头发展是社会长治久安的保证"。

□ 何谓"第三法域"

"第三法域"一般是指在公法、私法两分背景下所提出的颠覆此二分法的观点。我们常常认为中华人民共和国成立后的法律体系受苏联影响比较大，因此把公法和私法的区分说成是资产阶级性质的区分，故而不怎么在学科上承继过来。但我们知道这样的分类在大陆法系是常识。公法和私法的分类实际上是把两个法域的特征凸显出来，比如二者不同的运行机制以及法律关系。所以我们常常会说，最难的是这两个领域之间“灰色地带”的问题研究。例如，我们研究行政合同的性质问题，研究其到底是公法属性还是私法属性，研究公司法里带有强制性的规范到底是公法性质还是私法性质。因此，公法、私法两分下尽管还有灰色领域，但基本上可以认可这两个法域的存在，并在此基础上构筑不同的部门法或者法律规范和法律体系。但是第三法域却对此提出了挑战，其认为在公法和私法这种二分并不合理。此外，该观点认为独立于公法和私法的第三法域也不满足以前提出的私法公法化或者公法私法化。因为无论是私法公法化还是公法私法化，二者还是仅仅认为这两大法域之间存在灰色地带而已。而现在需要的，是“灰色地带”之外的独立法域，也就是所谓的第三法域。

拉德布鲁赫说过："如果要用法律语言来表述我们所见证的社会关系和社会思潮的巨大变革，那么可以说，由于对社会法的追求，公法与私法……之间的僵死划分已越来越趋于动摇。这两类法律逐渐不可分地渗透融合，从而产生了一个全新的法律领域，它既不是私法也不是公法，而是崭新的第三类：经济法与劳动法。"这是他的个人观点而已，眼界更大的第三法域主张者认为，第三法域要比经济法、劳动法宽广多了。

其实第三法域的提法也面临很多问题，所以我们把“社会法”概念拿出来。社会法在某种程度上是第三法域的同义语。但如果从第三法域出发来理解社会法也存在极大的风险：这可能需要重构公法和私法的范畴，而法学的个人主义基础有可能会被颠覆。这种挑战无疑是刺激的，却也是艰辛的。

■ 非营利组织法作为法学学科的基本理论与基本范畴

在社会法里面对其基本范畴和价值观的探索在不断地被提出来又被推翻和颠覆。比如我曾经提出问题，“第三法域或者社会法能不能提出一些与公法、私法截然不同的，只在这个法域里存在的基本范畴”？我大概找出几个基本范畴，但还在继续论证中。

□ 非营利组织法的基本范畴

第一个基本范畴是国家给付责任。在公法里面，公权力的主体和行政相对人之间会发生法律关系。这种法律关系除了常规的管理、处罚等关系之外，在社会保障和社会福利的视角下，更关注的是公民基于社会权利或者基于基本法权利向国家所要求的给付。这种情况更强调的是国家对于个体的给付责任。

第二个基本范畴是三方关系。在行政法里面，我们更多看到的是双方关系：行政主体和行政相对人之间的，或者民商法里面典型的双方关系。但是在社会法领域中，我们看到存在大量的三方关系，比如国家是一方，公民个人是一方，但是国家并不直接向公民个人支付，中间总会有国家所设立的机构（比如事业单位），或者是国家通过购买公共服务的方式从第三方（比如一般的非营利组织）那里向公民提供公共服务。国家通过第三方组织向个人提供服务，这是一种三方关系。还有志愿服务，民法视角上我们看到的是情谊行为，如“我和你之间没有法定或者约定的义务，但我愿意开车搭你一段”，这是情谊行为。情谊行为不属于法律行为。志愿服务基于一种三方法律关系，里面有负责志愿者招募和培训的组织，有接受志愿服务的单位，中间还有志愿者。甚至在民法里面作为双方关系的赠与，除此以外必须以一个有资质的组织作为中介——慈善组织，所以我会说在社会法领域我们论证的基础是三方关系。

其他几个范畴还在论证中，如社会产权。产权概念是以西方产权理论为基础的。整个西方产权理论关注的是私人产权，并不怎么关注公共产权，它关注的是市场体系下产权明晰对于确立主体之间责任的重要性。而公共产权概念是西方在发现了公共物品之后，于公共选择的现象中提取出来的。但是西方将其作为产权的例外进行研究，也将其作为制度经济学的一个分支。这一概念到了中国之后语境发生变化。我们有大量的文献在研究公共产权，但我们所说的“公共产权”是什么？中国语境下的文献将这里的“产权”等同于“所有制”或者等同于“财产权”，所以大量研究集中于公共产权下的国家所有制、集体所有制、国家所有权、集体所有权的问题。在所有权和所有制之间公和私的划分非常清楚，大量法律规则也是把对公共产权的保护看得更重要。当然不是不保护私人产权，私人产权也是得到保护的，但是从力度上来讲是有所不同的。

但这种研究进路和研究视角会产生以下三个问题：

第一个问题，我们现在正进行国有机构改革，比如行业协会商会的脱钩、事业单位的改革，在这一系列改革里面最核心的问题是国家曾经投入到这些机构里面的财产该如何处理的问题。回顾当年国营企业改革、改制,会发现其处理方式的一些闪光点。国家原先对国营企业的直接财产权要么转化为股权,要么直接将其转赁或者租赁出去。当时在引领组织改革的时候,就简单地将财产权转化成股权,兴起了股份制改革。在这样的改革过程中,国有资产并没有流失,只是换了一种形态存在。但是到了非营利组织改革的时候问题就来了:比如国家对于一个全国性的行业协会,前期对其投入了包括场所、运营资金,以及一定的人员投入等,现在一旦要脱钩,该行业协会变成民间性质的非营利组织,那么国家原先的投入怎么办?非营利组织不可能像营利组织那样转换成股权,因为非营利组织是不存在股东和股权的。如果国家因为改革而丧失了部分财产权,那将会有一顶"大帽子"扣下来,说这是国有资产流失。因为这种改革使得公共产权不复存在,而这类机构的产权又被看成是私人产权。在从公共产权向私人产权转变的过程中,国家并没有得到应有的对价或者补偿,所以可能被误认为国有产权流失。

第二个问题是,大量的环境损害赔偿案件。比如海洋里面油轮泄油或者工厂排污把河流污染了,现在有不少环保组织作为公益诉讼代表人去诉讼,在这些案件中,几乎所有的赔偿都被法院拒绝了。法院拒绝的理由是,如果因此判决给付巨额赔偿,这笔赔偿款应该归谁所有?归国家财政肯定不对,但归非营利组织又导致这笔赔偿款变成了私人的,如何能实现公共目的?所以法院一般判决恢复原状,让污染者去整治,而非判决巨额赔偿。在这些案件中,法官担心的是赔偿款的产权归属问题。

还有每次大灾的时候,很多基金会都会发起募捐,募完款之后,国家下发文件要求这些基金会把所有募来的善款汇缴到若干个账户里,这些账户是国有性质的。为什么出现这种情况?这种财产处理方式到底对不对?其中隐含的问题是,如果产权只有公共和私人的区分就会导致我说的所有问题的产生,因此需要有一个新概念的提出:社会产权。在这些情况中,国家的财产如果进入到非营利组织,则没有丧失目的的公共性,只不过在归属上不再属于国家所有,但使用上的目的还是具有公共性。同样的道理,当个人捐赠款的性质由私人产权变成社会产权的时候,产权发生变化,目的性也随之发生变化,从私人目的变成社会目的。所以社会产权的提出能解决上述三种情况,这些也是基本范畴。

这些基本范畴的提出恰恰表明社会法、第三法域有可能能够独立于公法和私法，但如果没有这些基本范畴，那只不过是对这一法域的大致描述而已，只不过是公法私法化或私法公法化的其他指称而已，并没有完成我刚才讲的独立法域的建构。

在这样的思路下，一个非常大的问题就来了。比如"社会法"的含义非常混乱，有人认为是"社会保障法"，有人认为是"劳动法 + 社会保障法"，有人认为是"环境与自然资源法 + 科教法 + 经济法"，还有人认为是"劳动法 + 社会保障法 + 特殊群体权益保障法"，还有的是以社会保障制度来界定——"为所有贫困和需要帮助的社会成员提供保护的社会保障制度都属于社会法"，甚至有人说"社会法就是第三法域的产出物"。本来"概念引导我们进行探索"（维特根斯坦语），如果没有概念界定研究者是没有办法继续往前走的，尤其在法学领域里面，若缺乏概念界定，都没有办法继续往前走。尽管社会法的研究如火如荼，但在基本的范畴界定上，到今天为止还是没有清晰的版图。所以在这样的混沌状态中研究非营利组织法在社会法上的定位是一个不可能完成的任务。所以不要在乎你的外延到底有多大，当你要树立社会法作为独立概念或者独立法域部门、独立体系的话，就要询问支撑它的基本范畴到底是什么。社会法领域目前还没有能够完成这样一项艰巨的任务。

□ "第三域"与"第三法域"

那么第三域兴起对社会法影响到底有多大？第三域的兴起是市场失灵和政府失灵的必然结果，多元与自由的价值、共同体的团结形成都是第三域产生之后的社会现象。第三域兴起之后，首要的是对社会保障制度的影响。现代社会保障制度的历史不长，回顾人类发展历史，直到现代国家诞生之后，才有现代意义上的社会保障制度，早先的国家王权不需要保障黎民百姓的基本生活。我们国家在转型过程中也会面临同样的问题。社会保障是对国家一方功能的描述，从某种意义而言，其建立在国家财政制度之上。因为作为国家所承诺的向公民提供的基本公共服务，社会保障乃是国家的一种职能。第三域兴起的背景是福利国家的危机。我们都知道 20 世纪六七十年代以后，那些福利最好的国家财政都面临着同样的入不敷出、难以为继的困境。这种情况下，国家就会削减部分预算，向公民提供的基本公共服务就会因为这些预算的削减而无法提供，这时候这部分的功能转移到了社会，由社会承担。所以第三法域是以个人和国家的合作关系作为基础的制度，故而在市民社会领域里就会出现非营利组织,由该组织向社会提供一些国家已经让渡出来的那部分职能。

我国已经意识到这一点,从党的十七大开始,要"以社会保险、社会救助、社会福利为基础,以基本养老、基本医疗、最低生活保障制度为重点,以慈善事业、商业保险为补充,加快建设覆盖城乡居民的社会保障体系"。这实际上是把慈善事业和商业保险视为社会稳定和社会保障的补充,把慈善事业作为第三领域的补充。但事实上,慈善事业不仅是做一些国家没有注意到的事情,在基本社会保障领域也有所作为。典型的就是当下的"精准扶贫"制度,从大量案例中可以看到社会保障对社会力量和慈善组织参与的要求。

最近非常热的,在行政法领域里研究非常多的是公共部门和私人部门的合作(PPP),这些合作体现了政府采购公共服务的职能,也可以看到政府扶持培育社会组织和非营利组织发展的行为,同时还有政府职能的转移。国家列了政府清单,规定了政府自己必须承担的以及可以转移出去的职能,同时也规定了政府的一些负面清单等。我们可以看到公共部门和私人部门的合作也开始发生。但是第三域的兴起并没有转移政府责任,政府购买公共服务意味着提供公共服务的责任主体依然是政府,只不过提供方式变了,由政府自己提供变成了政府委托或者通过合同方式让第三方来提供,政府责任并没有转移出去,支付责任还在政府。

第三法域的具体法律制度比较多,有社会募捐法、志愿服务法、慈善组织法、公益认定法、慈善组织法及相关的税法。

总而言之,第三域和第三法域并不完全等同,或者第三法域并不只是关于第三域的法律制度,它是公法和私法之外的,有可能有基本范畴和理论支撑的、有其独特法律规范的法域。这个法域发展的可能性特别大,我希望能够在现有公法和私法之外,将所有为公民或者民众提供基本社会保护的制度都涵盖在第三法域里面。第三域的主要内容是关注市场和政府之外的第三块社会领域,这个领域尽管以非营利组织作为主体的特征之一,但是其法律制度并不只关注第三域中主体制度。从这个意义上讲,两者之间是交叉重叠的关系,在这个问题上第三域的兴起尽管跟第三法域密切相关,但两者之间并不混同。

□ "非营利组织法"与"营利组织法"

能不能把非营利组织法定位为与营利组织法相对称的法律?因为如果承认存在非营利组织法,意味着相对方便是营利组织法,营利组织法包括公司法、合伙企业法,还有好多国有企业的、"三资"企业的相关法律,是否都可以作为非营利组织法的对称法律制度?在解决这个问题之前,我们必须明白,如果这么定位,那么其特征是哪些?为什么这种定位并不非常贴切?或者,为何即便其很贴切,但我们仍觉得还不够?

理由很简单,因为营利组织的研究体系非常完整,其不光有组织法,还有大量行为法,而行为法不见得在组织法里体现,所以组织法功能相对比较单一。比如,《公司法》讲的是内部治理结构、财产、股权问题,但大量内容围绕内部治理结构、权利的分配展开。非营利组织法有什么问题?由于现在法律体系在行为法的很多方面都没有考虑过非营利组织在其间的行为特征,以及其能否完全参照营利组织的行为与规范进行运作这个问题,所以除了单纯的组织法之外,非营利组织法有时候不得不展开行为法方面的研究。非营利组织的研究必须要明确其与营利组织的区别到底在哪里,甚至还要去研究混合型组织。什么是混合型组织?可能大家都听说过"社会企业"这个概念。社会企业概念到底是营利组织还是非营利组织?公司法根本不会去考虑这个问题,因为与它无关。但非营利组织法研究要研究社会组织,要研究这类新的组织体到底属不属于社会法谱系,以及为什么其属于或者不属于这一谱系?这些问题对这部分研究很重要,因为这会影响公共政策的制定。

还有现在很时髦的"共益企业的兴起"这一现象。尽管《公司法》修订时也有分支研究这种新型的企业形态,但是现有的《公司法》很少涵盖到共益企业。不过我们必须去研究这方面的内容,因为共益企业实际上是非常典型的营利组织,并非非营利组织。比如,新型的美国法上的有限责任公司(LLC)、德国法上的有限责任公司,这些主体往往会变成什么状态?其在第二层面上会被认定为非营利组织。这跟我们国家的基本组织形式不太一样。在中国,如果要选择一个组织体,首先要选择是营利还是非营利,以及如此选择的原因。因为不同组织类型的选择决定了到不同部门的登记,决定了事后所适用的不同法律规范等重要问题。但英国、美国、德国的基础组织形式的选择是很自由的。这意味着即便选择了公司这种形态,也有可能被归类于非营利组织。正因如此,这些国家在登记层面并不刻意进行营利和非营利的区分,仅是在章程以及后面行为选择、包括所有权制度的设计上有所区分。在这些程序结束之后,还需要经过政府相关部门的认定,才可以成为一个真正具有法律意义的非营利组织。但这样的研究视角也会存在问题。公司法尽管有任意性规范、有强制性规范等,但这些规范实际上主要还是在私法层面展开的。但是到了研究非营利组织法之时,情况就有所不同。为什么一个组织要被认定为是不以营利为目的?究竟是否以营利为目的是股东的自由选择还是源自法律的强制性规范?在公司法层面上,完全可以说某个组织由几个股东投资的情形属于营利组织形式,那么为什么还要使该组织成为一个非营利组织?其间隐含的逻辑是什么?之所以有这种做法是因为公法上规范的不同,比如公法给予了更优惠的税收政策。更优惠的税收政策对应更严格的监管和要求,对应更严格的信息公开要求等。从这点来看,非营利组织法负担较大,因为它不能像《公司法》那么"任性",只关注内部治理结构,它必须得有分出去的"枝角"从公法层面上看待国家为什么把机构认定为营利组织和非营利组织,以及基于这个逻辑而出现的规范性差异到底是什么。

同样的问题会出现在管理体制上。除了一些特殊类型,大部分的公司设立是准则主义。准则主义意味着只要符合法律规定的一些条件就可以设立。而在非营利领域实施的是许可主义,甚至还是双重许可。我国目前对非营利组织实施的是双重管理体制,这是因为国家需要在登记环节对该不以营利为目的的机构进行全面审查,审查内容包括宗教、伦理等各方面要素。而审查是因为管理体制背后的逻辑,当营利成为常态的时候,非营利就会成为非常态,成立一个营利组织很正常,但是成立非营利组织,成立一个不挣钱的机构是想做什么呢?这一问题的产生说明整个社会,对人的基本定位出现了偏差。这个问题需要在非营利组织法上进行解决,这是跟政府相关的管理体制的内容。

所以尽管我们称之为"非营利组织法",我们完全可以简单地通过字面上的意思对照营利组织法,但我们要完成的任务和使命远远大于非营利组织法要完成的,这体现在法律地位的界定上。

非营利组织法作为法学学科的基本理论和基本范畴是什么?它的基本理论和什么相关?这个理论与非营利组织法无关,跟非营利组织有关。在非营利组织这一块有十几种相对成熟的理论,有市场失灵理论和政府失灵理论,还有合约失灵理论。我们都知道中国学前教育供不应求,其中原因有很多。但是即便学前教育供不应求,还是出现很多虐待儿童的事件。一般人想的是怎么杜绝和减少这种现象,比如加强监管、提高违法成本,但是这种成本最终还是转到接受服务的父母个体身上。如果我们换个视角,把学前教育也看作社会服务,这样供和求之间就是契约关系。如果通过合约制约服务提供者提供合乎质量的服务,那么这个合约应该具备哪些条件?在这个领域里面为什么会存在失灵?失灵之后怎么进行制度上的设计和回应?我把这个问题提给大家。

还有价值理性理论和供给方理论,人类社会熙熙攘攘皆为利来、皆为利往,为什么还有一群人不以营利为目的去做事情?怎么分析他们行为的目的和动机,行为模式的理论基础到底是什么呢?价值理性理论和供给方理论可能会带给你一些启发。

既然政府是提供公共服务的,非营利组织也是提供社会服务的,它们之间到底是什么关系?是一个竞争关系还是一个合作关系?如果都提供服务,从效力和效益层面考虑到底谁更有效?研究的结果是政府更有效率。既然如此,那为什么还需要第三部门?公民社会理论和协商性民主理论会告诉你原因所在。

第三部门兴起之后对权力(power)的分配以及民主的重新界定会不会发生新变化?会不会有新的民主的提法?我们曾经以为民主是少数服从多数,后来提出要关注少数人的权利,如何解决二者之间的张力问题?协商理论可能会带给我们答案。这些问题都是与非营利组织相关的理论。我们之所以需要关注这些理论,是因为我们发现,如果不懂这些理论,那么在理解制度规范规则之时会找不到依据。

与营利组织法对照而言,非营利组织法覆盖的内容远远大于营利组织法。所以我们必须把两个组织法之间的差异以及基于差异而产生的整个国家法律规范上的不同以及逻辑关系的差异这一任务交给非营利组织法去完成。尽管差异存在,但是二者作为组织法的基本范畴还是一致的。比如非营利组织法作为组织法的基本范畴,其第一点是关注人格问题,其有法人人格的非营利法人,也会有不具备法人人格的组织体。在营利理论里面有合伙,非营利领域里面会有任意社团、无权利能力社团或者叫非法人非营利社团。我国《民法典》里面在主体这一块有法人、非法人组织的规定,但看《民法典》里面的非法人组织,实际上根本就没有提不以营利为目的的非法人组织。所以在人格问题上我们会考虑"财团法人"这类规定所产生的问题。营利法人中不可能产生财团法人,因为营利法人必须有成员,没有成员就不是一个营利法人了。如果在非营利法人中出现财团法人,那么其是无成员的,请问其人格基础在哪里?如果完全脱离了成员,那么意志从哪里来?因此第一个环节,在组织法层面要解决的是人格问题。我们会发现,作为财团法人,一定规模的财产数量是必须的。比如基金会制度,中国基金会要求的起点资金最高,若成立一个非公募基金会需要200万元人民币。

所有权(财产关系的展开)这个问题在营利组织法里面有很强的特殊性。非营利组织里面虽然有成员权,比如社会团体中的一人一票的投票制度,问题在于在营利领域里面,表决权基于财产权,因为有非常明确的财产权作为基础。所以常常有大股东、小股东之分,一家独大的现象比比皆是。但到了非营利领域,成员权都是平等的。所以在这些现象上我们可以发现,财产关系可能由于其没有股权而看起来简单,但实际上更复杂。因为作为非营利法人的财产与成员之间没有联系,那么它的财产规则就不能简单套用公司法的现成规则,它必须有自己独有的规则。这就会出现一个特殊的财产规则,比如说增值保值之时更强调风险控制,更强调安全性。其原因在于营利组织中投资失败跟股东有关,他们有天然的和利益相关的监督机制。在非营利组织领域中,这种财产跟成员无关。怎么让那些决策者对此负责,怎么保证它的安全性?还有关联交易的问题,怎么去预防关联交易?这个关联交易能不能简单套用营利组织的关联交易规范?还有比如支出规则,怎么保证非营利法人甚至公益法人的支出符合目的和宗旨,能不能把财产支付给那一个与捐赠人有利益相关的主体,关联交易规则到底管不管用?这些在所有权上的问题最后都体现在财产关系上。这些财产规则都会在一个法人享有所有权但是没有最终的股东所有权基础上进行重新构建。这是非营利组织法中一个非常重要的任务。

公司资本是公司法要研究的问题之一,但到了非营利法人这里不存在资本,因为资本要有利润,非营利法人没有利润,只有初始资金。

还有治理结构。《公司法》用大量篇幅规定内部权利分配,由于其架构在股权基础之上故而相对简单,即便同股不同权但依然还是股权基础。可是到了非营利法人,治理结构变得复杂,为什么?社团这一块一人一权,但是到了财团这里不存在成员,没有成员治理结构就难以展开。我们有关于捐助法人的规定,有关于捐助章程的规定,但是对于捐助法人治理结构方面的特殊性关注不够。

组织法一定是区别于契约法的。契约法强调当事人的意思自治,甚至有很强的个性化特征。尽管近现代之后格式契约的出现在一定程度上可能有变化,但是始终不脱离一个核心因素:当事人意思自治。但是到了组织法之后,尽管也强调当事人意志——比如创设者的意志,比如成立社团也要求有发起人去讨论章程,而章程本身也源于个体意志——但一旦形成之后,不管统一与否,以及甚至不管讨论与否,后续加入者都得遵守这个章程。它在某种意义上有了一种自治法的效力。我们会问,当这种组织法效力强于契约法之时,这种强制性来源于哪里?契约法没有合意就没有成立契约。但是在组织法这块,首先必须认同章程,才有加入的权利。所以,组织法基本范畴这一概念在非营利组织法讲解的时候,要考虑组织法的特征,然后才在基本点上展开,展开过程中需要跟营利组织做对比、做对照。

■ 非营利组织法与现有的经济法、行政法和民商法等主要法律制度之间的关系

第一是非营利组织的界定及其主要特征,非营利组织有三个特性需要把握住:非营利性、非政府性、非宗教性。但把这三个特性讲清楚会很困难,需要阅读大量案例。例如,"非营利性"到底指什么?仅仅强调禁止利益分配原则够不够?如果利益不能分配,如何看待成员对于非营利组织的经营管理权?在营利组织那里,股东所有权是两方面的权利:一方面权利是有剩余利益索取权,另一方面权利是经营管理权。现在"非营利性"只是剥夺了剩余利益索取权,那么经营管理权如何安放?

第二是解决合法性问题。我们有不少非营利组织被取缔了,其他的不少非营利组织甚至想了一个迂回的方法,比如在工商登记那里登记一个营利组织,但实际上是非营利组织。这种做法可不可以?合法性困境的问题我们必须得重新认知。当各地对营利组织的成立进行一条龙服务之时——甚至有地方(如浙江省)提出"最多跑一次"——这意味着公民个人到政府机关办事跑一次就够了,但目前还没有涵盖到非营利组织领域。

第三是治理结构。以前讲治理机构都是在社团法人的概念下展开的,在财团法人概念下却没有讲过。要知道财团法人治理结构的问题是更为复杂的。所以治理结构这块会围绕着社团和财团的区分进行分别的介绍。在社团部分会介绍其与营利法人所不同的那套治理架构,而财团这块则关注特殊规范。

第四是财产规则。我们将从所有权的角度出发展开,然后从社会产权切

入所有权制度，继而看特殊规则到底有哪些。比如募捐规则可能是它特有的。最近募捐活动比较多，往年都是大型基金会一马当先，今年县一级的慈善总会们出来了，说明他们群众动员的能力很强。募捐规范是非营利组织最为重要的行为规范。

第五是财税制度。作为非营利组织为什么所得税可以减免？以及当其被认定为是一个公益组织或者慈善组织的时候，为什么捐赠人凭着捐赠票据还可以申请公益捐赠税前抵扣？因为个人所得税是综合计算，前面基数越来越大，后面所适用的税率就递进了。如果你收入足够高的时候有可能适用45%的税率，举个例子，100元里面国家拿45元，你怎么规避它？捐了它，你本来捐了55元，国家相当于给你配捐了45元，当你税负过高的时候就捐了它。为什么会这样设计？在财税制度来看，货币捐赠障碍不大，但是捐非货币的财产，如股权、房地产、知识产权以及工厂生产的产品怎么处理？所以在非营利组织税收财产制度这一块，我们要解决它的理论基础是什么的问题，要解决非营利组织自身的所得税问题，同时也要解决捐赠人的公益捐赠税前抵扣问题。

第六是非营利组织的公共参与。最典型的是环保领域，实践中环保领域出现了不少民众抗议，这也是公共参与的一种。这可能无效，可能向好的方向发展，也有可能转变成街头暴力事件。我们怎么看待公共参与？这里要考虑的是公共参与的理论和机制。

非营利组织法的内容挺广博，与《公司法》相比，有不少属于组织法的内容，但并非局限于此，往上进入法理和宪法领域，往下更多和公民的基本权利相关，这就实现了“贯穿始终”，甚至“顶天立地”。

■ 非营利组织法研究视角与研究进路的特殊性

现在非营利组织的研究主要在社会学、管理学还有经济学的领域比较活跃。法学回应最慢，这也符合学科发展特点。我们在研究的时候，有时候不得不引入社会学、管理学的方法。因此，非营利组织法研究的特殊性，第一方面体现在学科的交叉性。社会学是非常强调实证研究的，社会学里面的社会调查报告、访谈、问卷调查、小组作业等都是社会学的方法。法学常常会将现成的社会学研究成果作为我们立法论的基础。但这不等于法学自身放弃了这个研究方法。这些年来，我也会做社会调研，但更多以访谈为主，因为问卷设计很专业，每一个选项设计都必须很讲究，逻辑上的关系必须要严密——选项的隐含目的是什么、最后要出什么样的结果……这些问题很多——所以问卷调查设计必须要非常专业。每次我都会找社会学专家帮我设计问卷，他首先会对我进行访谈。我在研究中会引入一些社会学方法，但这不是主要的研究方法。管理学也会有，管理学研究非营利组织更关注激励机制、领导力和人力资源管理。以前我觉得作为法学来讲，这个太技术化了。但后来我发现，这会影响制度设计和规范设计。比如兼职禁止制度，作为基金会的秘书长，能否同时又兼任另一家社会团体的秘书长？二者之间有没有利益冲突？会不会因为兼职行为导致行为模式改变？公益机构的秘书长和互益性机构的秘书长，行为会不会有冲突？这些问题是管理学考虑的问题，法学以前不太关注。所以在这些问题上，有的时候需要从管理学视角进入，讨论真正存不存在利益冲突的问题。

特殊性的第二方面体现在公法和私法的交织，这在非营利组织法里体现得尤为明显。在“设立”这个环节，目前法律对于非营利组织是非常严格的。我们以前讨论商法主体的时候也讨论过这个问题，比如商事主体登记。我们曾经讨论无照摊贩的问题，无照摊贩到底能不能成为商人？可不可以是商人？还有电商网站，有的电商网站上的好多小摊贩实际上没有经过登记，那是不是商人？但如果没有经过商人登记就去卖东西了，这种行为违不违法呢？因为是否成为商人意味着是否适用商法关于商人的规范。现在还没有解决这个问题，也无法回答是否能从事经营行为这一疑惑。我国对无照摊贩取缔的逻辑是，未经登记不得经商。同样的逻辑在非营利领域里面展开了。未经登记就以社会组织名义从事活动的属于非法社会组织，这可是有专门文件的，并且按照规定也是取缔。还可以对组织的负责人课以比较严格的法律责任直至刑事责任。在这个问题上，我们用合法性上的问题作为对照，非营利组织领域里为什么采用这么严格的主体资格取得制度？未经登记的非营利组织，就是一个非法组织。此举将登记与组织的合法性进行捆绑。因此公法和私法交织里面，比较典型的是登记环节、税环节、监管环节，公法对非营利组织的介入远远高于营利组织。另外一个问题，在治理结构方面、在财产规则方面，我们也会看到大量的强制性规定。这种强制性规定是否一定属于公法规范呢？不一定。但是我们要去看里面隐含的规制逻辑。所以在非营利组织法里面会发现公法和私法的交织，以及怎么去看待这种强制性的来源，这些都是我们考察的一个方法。

特殊性的第三方面是对传统法学方法的坚守。传统法学方法引以为傲的是案例研习、法律评注、法教义学。这一方法现在也在推广，在民法、刑法、商法都开设案例研习课的背景下，这意味着我们这一课程的讲授主要在法教义学层面展开。

所以，传统法学方法的坚守基本上是以法教义学为主，必要时再回到立法论上。我们会逐渐引入社会科学，大家去考察应然状态下我们要所考虑的社会因素和经济因素有哪些。

特殊性的第四方面是特殊的中国问题意识。不同国家的文化历史背景都不一样。比如在美国——美国是多元主义的发展方式——我发现非营利组织跟政府之间是竞争关系，所以很多问题被视作当然。比如讨论非营利组织税收政策的时候，他们觉得不需要讨论，政府不需要纳税，非营利组织为什么要纳税？你是公营政府，而非营利组织是私营政府，他们看成都是民众给钱，然后向社会提供服务。但这个问题到了德国就要讨论非营利组织有没有合法性的问题，非营利组织想进入公共参与，要经过既定的渠道和机制。所以这个世界从来不是铁板一块。还有俄罗斯，普京上台之后针对非营利组织出台了一系列极为严格的法律，这些法律尤其对境外非政府组织很不友好。美国在20世纪中期的时候有麦卡锡主义，当时反共产主义盛行，出台了关于境外非政府组织的法律，那部法律到现在都很有名，叫《外国代理人法》。如果某个组织背后有外国政府作为利益相关方，那么法律就规定可以对它进行特殊监管，而且监管义务特别重。俄罗斯移植过去了。所以现在俄罗斯对非政府组织的严厉程度超过我刚才讲的美国和德国。越南也是，还有新加坡。这些国家在社团方面动辄就罚款，并且刑罚特别严苛。那么在中国当下，如何看待非营利组织？这些问题要在中国特殊的场景下看。这是我要提出来的问题——非营利组织在中国当下的价值和功能，以及其带来的问题到底是什么？这体现了中国问题意识。

简单总结一下，非营利组织法是直面社会变迁的产物。在营利组织及其法律制度占据主流却面临转折的当下，非营利组织承担着照亮法学研究的新任务和使命，这是其一。其二，非营利组织法归属于组织法，却又无法仅仅囿于组织法；前者使其必须研究组织法特有的理论、范畴与规则，后者则需要在行为法和促进法，乃至法律与社会政策方面均有所建树。非营利组织法与社会法的关系依然扑朔迷离，这一现象源于社会法含义不清。但是社会法的发展势必要求正视非营利组织法，整个法律包括具体制度目前都在构建的过程中。希望大家跟我一起进行研究，这份工作任重道远。

▣ 阅读指引

▢ 教材和著作

本课程迄今为止尚无成熟的、完全与本课程相匹配的教材。故推荐几本经典读物。关于非营利组织（社会组织）的基础性文献，建议阅读以下三本。尽管这些文献距今已有20年左右，但其依然不失为经典之作：

1. 吴玉章主编：《社会团体的法律问题》，社会科学文献出版社2004年版。
2. 苏力等：《规制与发展——第三部门的法律环境》，浙江人民出版社1999年版。
3. 俞可平主编：《治理与善治》，社会科学文献出版社2000年版。

关于中国当下的法律规范和规则问题，推荐以下几本：

1. 金锦萍：《中国非营利组织法前沿问题》，社会科学文献出版社2014年版。
2. 金锦萍：《社会组织财税制度》，中国社会出版社2011年版。
3. 金锦萍：《非营利法人治理结构研究》，北京大学出版社2005年版。
4. 陈金罗、刘培峰主编：《转型社会中的非营利组织监管》，社会科学文献出版社2010年版。
5. 金锦萍、刘培峰主编：《转型社会中的民办非企业单位》，社会科学文献出版社2011年版。
6. [美]玛丽恩·R. 弗莱蒙特－史密斯：《非营利组织的治理：联邦与州的法律与规制》，金锦萍译，社会科学文献出版社2016年版。
7. 金锦萍、葛云松主编：《国外非营利组织立法译汇》，北京大学出版社2006年版。
8. 《外国非营利组织法译汇（二）》，金锦萍等译，社会科学文献出版社2010年版。

另有基础性文献值得推荐的：

1. 王名、刘培峰等：《民间组织通论》，时事出版社2004年版。
2. 李亚平、于海编选：《第三域的兴起》，复旦大学出版社1998年版。
3. 秦晖：《政府与企业以外的现代化——中西公益事业史比较研究》，浙江人民出版社1999年版。

▢ 立法、司法解释资料

1. 孙伟林等主编：《基金会指南》，中国社会出版社2004年版。

2. 陈金罗、金锦萍、刘培峰:《中国非营利组织法专家建议稿》,社会科学文献出版社 2013 年版。

3. 阚珂主编:《中华人民共和国慈善法释义》,中国法制出版社 2016 年版。

全书由全国人大法工委社会法室组织编写,根据《慈善法》撰写释义,详细讲解我国慈善事业层面的国家法律制度的相关问题,并附有该法草案、历次审议报告等立法资料,是国家立法机关法律释义的标准文本。

☐ 网站

1. 社会组织政务服务平台:http://www.chinanpo.gov.cn/。

这是中国民政部建立的网站,主要通过宣传有关法规政策、公开办事程序、提供便民措施等手段,提高民间组织登记管理工作的透明度和工作效率,服务社会公众和各类民间组织,为各级登记管理机关、民间组织以及有关研究机构之间加强工作交流和理论探讨提供新的平台。

2. 中国基金会中心网:http://www.foundationcenter.org.cn/。

该网站由国内 35 家知名基金会联合发起,于 2010 年 7 月 8 日正式上线。基金会中心网都建立在数据采集和数据处理的基础上,数据来源主要是各基金会官方网站和各级民管机构,内容摘自基金会年报、审计报告、项目报告和机构动态等。基金会中心网为政府、基金会、研究、媒体、非营利机构、公众等提供了较好的服务。

3. 慈善中国:http://cishan.chinanpo.gov.cn/platform/login.html。

全国慈善信息公开平台于 2017 年 9 月 4 日正式开通,是依据《慈善法》"信息公开"要求而建设的统一信息平台,用于慈善组织、慈善信托受托人等参与主体面向社会公开慈善信息。

国际经济法的基本范畴

高　薇

关于作者

高　薇

北京大学法学院副教授，博士生导师。武汉大学法学学士（2003年），德国海德堡大学法学硕士（2006年），瑞士伯尔尼大学法学博士（2009年）；北京大学法学院博士后研究人员（2010～2012年）；上海交通大学凯原法学院讲师、副教授（2012～2016年）；美国杜克大学访问学者（2014～2015年）；最高人民法院研修学者（2020～2021年）；《中外法学》编辑部主任。主要研究领域为国际经济法、国际私法、国际仲裁法、互联网治理及争议解决。

主讲以下课程：（1）国际商事仲裁法、国际私法、国际经济法、国际商事争端解决；（2）国际商事仲裁法（英文）、中国对外贸易法（英文）；（3）模拟法庭基础与实例。

■ 国际经济法形成的背景

□ 国际经济法是怎么形成的

关于这一点,不同的人有不同的看法。一种观点认为,国际经济法是资本主义发展到垄断阶段的一个产物。还有观念认为,国际经济法是在“二战”后出现的。“二战”后出现了国际货币基金组织、国际复兴开发银行以及《关贸及贸易总协定》。在这个意义上来说,“它是一个比较新兴的领域”。另外一种观点认为,国际经济法的起源可以追溯到古罗马、希腊甚至中国的夏商周朝。

德国学者彼德斯曼认为,国际经济法在很大程度上是从分散化的法律创造中自发演化而来的。他把国际经济法的历史发展分为三个阶段:第一阶段以私法性的国际商法演进到中世纪的商业法为标志;第二阶段始于中世纪末期以来新兴欧洲主权国家间由于共存和外贸而促进的国际经济公法的发展;第三个阶段始于 1941 年的《大西洋宪章》。德国学者一般认为,作为我们目前所理解的国际经济法的基础,一般是到十五六世纪才发展起来的。国际经济法是一种跨国的经济法,立足于跨国的经济交往。所以在历史长河里,我们既要关心法律的自发形成,也要关心主权国家的起源和发展。有人把国际经济法叫作国际经济法的公法,这是因为其中涉及管理关系。我们在考虑问题的时候,不要以为只要是法律规定的就一定有效,没有法律标签的就没有效力。我们在国际经济法里会碰到一些东西是以法的形式体现的,也有些东西不是,但仍旧具有非常强及普遍的效力。

□ 几个关键词

我们回顾一下历史,有些事物在世界贸易发展当中比较醒目,有助于理解世界贸易的发展进程和理解当今的世界经济格局。

12 世纪北德意志的商人为了同英国和佛兰德进行贸易,成立了“汉萨同盟”。那时候德意志的莱茵河流域贸易比较活跃。后来贸易扩大到波罗的海地区。13 世纪 80 年代,莱茵地区各商人组织互相合作以维护共同的利益,并与吕贝克及其他控制波罗的海贸易的北德城市结成同盟,以抵御防劫匪和海盗,确保贸易安全。

“汉萨同盟”这个名词出现在1344年,是商业联盟的概念。1367年加盟的77个城市的代表在科隆举行会议。这个同盟设有最高议会和法院,其中的每个城市都要遵守同盟机关的决定。同盟机关设有舰队。鼎盛时期结盟的城市多达160个。这代表了一种跨城市、跨区域的经济交往和规则形成。

另一个词也非常重要,即“大航海时代”或者“地理大发现”。这是指在15世纪末至16世纪初世界各地,尤其是欧洲发起的广泛跨洋活动与地理学上的重大突破。这些远洋活动促进了地球上各大洲之间的沟通,并随之形成了众多新的贸易路线。伴随着新航路的开辟,东西方之间的文化、贸易交流大量增加,殖民主义与自由贸易主义开始抬头。欧洲则在这个时期飞速发展并奠定了超过亚洲繁荣的基础。这个时代不仅让人们发现了新的大陆,增长了大量的地理知识,也极大地促进了欧洲的海外贸易,并成为欧洲资本主义兴起的重要环节之一。而新航路对世界各大洲在数百年后的发展也产生久远的影响,对除欧洲以外的国家和民族而言,地理大发现带来的影响也是复杂而矛盾的。

我们讲国际贸易的时候有两个视角,一个是我们怎么看待西方,另一个是西方怎么看待我们。这对于国际交往而言很重要,对我们设定法律规范而言也很重要。人不能只站在自己角度上去看问题。

还有一个词是“重商主义”,也称作“商业本位”,产生并流行于15至17世纪中叶的西欧,19世纪后发展为自由贸易。它建立在这样的信念上:一国的国力是通过贸易的顺差,即出口额大于进口额,获得财富增强的。它是封建主义解体之后的16至17世纪西欧资本原始积累时期的一种经济理论或经济体系,是反映资本原始积累时期商业资产阶级利益的经济理论和政策体系。该理论认为一国积累的金银越多,就越富强。主张国家干预经济生活,禁止金银输出,增加金银输入。重商主义者认为,要得到这种财富,最好是由政府管制农业、商业和制造业;发展对外贸易垄断;通过高关税率及其他贸易限制来保护国内市场;并利用殖民地为母国的制造业提供原料和市场。该名称最初是由亚当·斯密在《国民财富的性质和原因的研究》(《国富论》)一书中提出来的,他提倡自由贸易和开明的经济政策。

还有一个问题,就是“李约瑟问题”或者“李约瑟难题”。问题在于中国科学为什么持续停留在经验阶段?我们曾经创造出西方人认为的、非常辉煌的四大发明、科技,并且指南针被用于航海,我们对世界有很大贡献。但为什么16世纪以后是在欧洲而非中国诞生了现代科学?而且这种科学被证明是形成了现代世界秩序的基本因素之一。这是很重要的,因为科技发展推动了贸易发展,推动了整个世界格局变化,推动了经济发展,所以先把这个问题放在这里。

□ 国际贸易的三个阶段

国际贸易大致有三个阶段:第一个阶段是产成品贸易阶段。什么是产成品贸易阶段?就是贸易交换的东西是成品。第二个阶段是中间商贸易阶段。因为出现了经济全球化进程,中间品占的比例越来越高。也就是说,生产过程中一部分在甲地生产,一部分在乙地生产,最后组装到一起。第三个阶段是数字贸易阶段。美国发布全球数字贸易报告,报告说数字贸易是一种在线交付服务和产品的贸易形式,也就是说是一种数字服务和产品在线交互的跨境贸易活动。这是传统国际贸易在数字时代的创新和拓展。但数字贸易也会带来一些新的问题,如国际税收方面的困难。

□ "二战"之后的新情况

首先是"二战"之后国际形势发生了变化,出现了社会主义新兴国家和民族独立国家。这些主体参与经济活动,进入世界经济的舞台。所以战后主要的主题是和平与发展。虽然有局部战争,但我们主要的目标是发展经济,今天打的也是贸易战。

其次是关于跨国公司的发展和控制。一开始商业模式是小作坊式的,后来西方工业革命以后,组织形式就从作坊、工厂、全国性的企业变成了非常庞大的、有多部门、多分支的跨国公司,形成了众所周知的跨国企业。有的经济学家预言,民族国家作为经济单位已经到了差不多要消失的地步。这是值得商榷的。总而言之,巨大的跨国公司在国际范围内进行经济活动。我们要促进它对经济的正面作用,避免产生消极的影响,对它进行一定的,包括国际、国内方面的管制。

世界范围内区域性组织和条约的出现,是战后国际经济关系复杂化的又一突出情况。比如,欧洲经济共同体(现为欧盟)、经济合作与发展组织等。又如发展中国家间的条约和组织,即东南亚国家联盟、西非国家经济共同体、安第斯条约组织。

这就需要处理这些主体之间的国际经济关系。20 世纪 70 年代以来,大家比较一致地认为,国际经济法调整四个方面的内容:一是国际的货物、劳务与资本的流转问题。资本包括资源、人力、技术。二是国际必须要共同协调力量来共同应对自然界的一些问题,而不能由任何人垄断包括海洋、南北极以及月球资源的开发问题。三是粮食、人口、国民收入问题。这些问题主要由各个国家自己考虑解决,但也发生一些国际的关系,如需要国际援助。四是全面协调、控制与组织经济力量的问题。这是涉及调整世界经济秩序的事情。

□ 国际经济法发展的新动向

1. 国际经济法的统一趋势明显加强,实体法统一化。

国际经济法统一趋势的表现之一,就是处理各种国际经贸关系的国际公约不仅数量日益增多、作用日益增强,而且各国规制市场方面的经济立法出现趋同现象,在这方面,以 WTO 为代表的各类经贸国际公约和国际协定,是效果最为显著的实体法统一化的突出范例。

表现之二,就是作为相关国际经济法(特别是国际商法)主要法律渊源的现存条约或公约的参加国的数目大幅增加。比如,CISG(《联合国国际货物销售合同公约》)的缔约国近期更新到了 90 多个。谈到国际公约的时候,我们要注意缔约方是哪些,以及我国是否参加了。比如英国是不是 CISG 的缔约国?研究国际法有一个特点,这个特点是从其复杂性延伸出来的,就是大家一定要非常小心和注意各种变化。因为什么都在变:经济活动在变,法律在变;国际公约的缔约国在变,一些国际文件的版本在变。

2. 国际经济立法与其他各领域立法的关系日益密切。

全球化趋势的进一步加强,使各个领域的国际经济法律制度逐步取得了功能上的整合。与此同时,国际经济法律制度与环境、外交、卫生、社会等领域法律制度的联结日趋紧密。例如,贸易与环境就是一对矛盾体。但是两者要一起发展。如果过分开发资源,贸易是发展了,但是资源被破坏了;但如果不开发资源,贸易又不活跃了。如何把两者有机地结合在一起,是人们必须要考虑的问题。比如,2004 年中国稀土 WTO 败诉案例,如果过分开发稀土,对我国可再生资源会是一个致命的伤害,但是如果没有这方面的开发活动,就没有贸易,就会在相应领域缺乏原材料,因此,协调环境和贸易的关系是各国以及 WTO 关注的新议题。

3. 国际经济法与国内经济法的融合日趋加深,国际法与国内法的界限越来越模糊。

WTO 规则,不管是《关于实施关税与贸易总协定第六条的协定》(以下简称《反倾销守则》),还是《关于执行 1991 年关贸总协定第六条的协议》,即 1994 年《反倾销协定》,都是以欧美的反倾销法为蓝本制定的,然后吸收了美国欧盟内部的立法经验。国内经济法和国际经济法的发展呈现一种融合迹象,它们的界限逐渐模糊。怎么体现?有时候我们会比对国际法上的规范,如将国际公约规定和国内法律进行对比,结果会发现二者比较相似。比如,CISG 和我国合同法的规定是相同的,或者换句话说,我国法律吸收了公约的规定,所以在一些地方适用国内法和国际法的结果是一样的。同时,两大法系也在渐趋融合,大陆法系和英美法系原来泾渭分明的规则也都变得模糊了,世界正在朝着更加统一的方向发展。

4. 国际经济法律规则越来越具有普遍适用性和权威性。

在经济全球化的趋势下,世界各国越来越清醒地意识到,只有遵守国际经济法律规则,其基本的国家经济利益才能得到维护、巩固和发展,因此,国际经济法的规则更具有了权威性和生命。这说明各国在对待国际条约的态度上发生了转变。各国越来越多地意识到,遵守国际规则也是它们自身发展的需要。

5. 国际经济法立法的主体呈现多元化的趋势,一些私人(民间)国际机构在全球规则制定方面的作用日益扩大。

跨国公司是非常活跃的经济主体,在全球的生产销售管理各个环节上都有统一的内部规则和标准。他们有一些操作标准,有一些合同。这些标准和合同的效果以及执行力度在全世界是大家公认的好。这是跨国公司起的作用。对于跨国公司我们还讲要承担的社会责任。为什么?因为它太大了。所以现在要求跨国公司也要承担各种义务,如人权方面的义务。民间组织的代表为国际商会(International Chamber of Commerce, ICC)。国际商会制定的《国际贸易术语解释通则》《托收统一规则》《联合运输单证统一规则》《跟单信用证统一惯例》等,虽然是非强制性的,但实际上已为世界各国普遍接受和采用。国际商会还有一个非常有名的仲裁院。

6. 经济全球化。

经济全球化,就是投资、贸易等经济活动及其各生产经营要素流动的自由化,就是世界市场的统一化,与其说这是一种静态的结果,还不如说这是一个动态的过程。

经济的全球化，客观上要求各国市场在消除贸易壁垒的基础上实现统一；而市场的统一，势必要求市场规则的统一，这就涉及法律层面的全球化问题。经济全球化是将世界各国和人民更加紧密联系在一起的综合进程。在这一进程中，阻碍各国之间货物、服务、资本和人员自由流动的人为障碍将被打破，交易成本（包括运输和通信成本）将大大减少。

人们对全球化并没有达成共识，我们可以来考虑一下全球化不是什么：第一，全球化的过程并非总是由经济主导，有时，政治、文化的因素也扮演了主导角色；第二，全球化的主要特色，既不像过去认为的，在于国家与公共领域不可阻挡的扩张，也不是国家的萎缩；第三，全球化不是单向的西化，更不是美国化。

现在有一个提法是“逆全球化”。英国脱欧、美国大选等国际形势变化似乎涌动着逆全球化的思潮，曾经的“地球村”的观念在一些国家正在被贸易保护、边境修墙、控制移民等思潮掩盖。与此同时，以中国为代表的发展中国家主导的全球化正在世界经济体系中扮演越来越重要的角色。

□ 国际经济法的概念

对国际经济法下定义非常困难，如果把它作为实体规范，我们可以说国际经济法是国际中调整经济关系所用的种种法律规范或类似法律规范的文件。这句话几乎不能提供什么有效的信息，这是大家看教材感觉到枯燥的原因之一。初学者因为缺乏对现实生活的了解和体验，所以不能体会枯燥概念所反映出来的东西。如果我们把国际经济法作为一个学科，那么其研究的是国际经济关系，然后才是国际经济法，既有国际经济也有法，也有国际经济和法之间的关系。

国际经济法的定义有很大争议。有一种狭义说，认为国际经济法是国际法的分支。国际法一般是指国际公法，持这种观点的是王铁崖教授。他研究国际公法，认为国际经济法是国际公法的组成部分。还有一种观点认为，国际经济法是调整跨国关系的国际法、国内法的边缘性综合体，是一个独立的法部门。此观点是主流，代表人如芮沐先生。两位老先生都是北大法学院国际法专业的教授，他们一位是国际经济法专业的奠基人，另一位是国际公法专业的奠基人。他们持有不同的观点。

现在我们脑海中已经有一个大概的概念，国际经济法处理的关系是跨国的，涉及的主体有个人，有法人，还有国家和各种组织，有几种不同主体之间的关系。所以这首先就突破了国际公法的范围,然后又突破了单一学科的局限。国际经济法发展太快了。研究总是要跟上经济发展步伐,可法学总是落后一步,所以我们既要了解法律,也要了解经济。现在我们已经抛弃狭义说了,因为狭义说对问题有不恰当的描述,至少国际经济法超出了国际公法范围。

□ 国际经济法与国际公法

现在区分一下国际经济法和国际公法:

第一,权利与义务的主体大有不同。国际公法的主体限于国家与各类国际组织;国际经济法的主体则包括国家、各国政府之间的经济组织、民间国际商务组织(法人)、国际商事仲裁机构以及不同国籍的国民。

第二,客体的区别。国际公法主要调整国家之间的政治、外交、军事以及经济诸方面的关系;国际经济法的调整对象则为经济领域的各种关系,既突出了国家、国际组织相互之间的属于经济领域的各种关系,又囊括了大量的国家或国际组织与一国国民之间、不同国籍的国民之间的属于经济领域的各种关系。

第三,法律规范的渊源大有不同。国际公法渊源主要是各种领域的国际条约和国际习惯法;而国际经济法的渊源则排除了各种非经济领域的国际条约和国际习惯,突出了经济性的国际条约和国际惯例,同时大量吸收了国际私人之间的商务惯例以及各国国内的涉外经济立法(国际经济法的渊源既包括国际条约和国际习惯,还包括各国国内法)。

综上所述,国际经济法与国际公法,在部分内容上虽互相渗透和互有交叉,可以相互为用,但整体上毕竟不能相互取代。它们是两种既有密切联系,又有明显区别的、各自独立的法律部门。

□ 国际经济法与国际私法

第一,权利与义务的主体不同。国际私法的主体通常限于不同国籍的国民(含自然人与法人)以及各种民间性的国际组织机构(一般调整私人和私人之间、法人和法人之间的关系,调整的主体通常是私人)。只有在特殊情况下,国家以非主权实体的身份,即一般私法法人的身份,从事超越一国国界的经济交往或经贸活动,它们才可以成为国际私法关系上的主体(如发行债券等,否则国家一般不参与国际私法领域)。国际经济法的主体则既包括经济领域中超越一国国界的“私法”关系上的主体,也包括经济领域中国际公法关系上的主体,即国家以及各国政府间的国际组织。

第二,客体不同。国际私法所调整的超越一国国界的私人间关系,可分为财产关系与人身关系两大类,国际经济法则调整国家之间、国际经济组织之间、国家与国际组织之间以及不同国家的私人之间的经济关系。

第三,调整的方法不同。国际私法是关于民法、商法的法律适用法,而不是实体法,它本身并不直接确认当事人的权利义务或解决有关的纷争。主要通过冲突规范间接调整国际民事关系,而国际经济法是实体法。它直接规定了当事人的权利义务。

第四,法律规范的渊源不同。国际私法的渊源主要是各国有关法律冲突或法律适用方面的国内立法及国际条约,有关法律冲突或法律适用方面的国际惯例则很少。国际经济法的渊源主要是实体法和程序法性质的、有关经济领域的国际公法规范,国际私人商务惯例以及各国国内的涉外经济立法。国际经济法的渊源包括国际条约、国际惯例还有各国国内法。国际私法是从解决国内的区际冲突起源的,而且是以国内法形式。

□ 对国际经济法的几点说明

国际经济法,无论把它作为实体规范,即实体法概念来看,还是作为一门学科来对待,在它所包含的法的因素中,确有许多复杂的情况,必须加以说明。

1. 国际经济法,如同国际法一样,它不是超国家法。以联合国这个形式上最像超国家机构的国际组织为例,从目前来看,联合国还远远不是一个超国家,它仅仅是一个根据各个国家的意志订立的条约所建立起来的国际组织。根据联合国宪章,联合国除了在有限的范围内享有特定权力,可以采取某些措施以外,只有向会员提起建议之权。联合国大会提出的任何规范性文件,无论是"宪章""公约""统一法",所具有的效力都主要是政治号召力。要使这些国际法发生效力,即对有关国家发生约束性的效力,得到各国的遵守,缔结条约或参加公约是主要途径。这在国际经济关系里,情况特别明显。

2. 国际经济法,同国际公法不一样,在法的方面,在它涉及的国内法和国际法的关系上,它有着特别复杂的情况:

(1)就国际法和国内法的关系来说,各国有各国对待这个问题的看法和做法。例如,在英国,国际条约一经英国女王批准,在国际层面上便生效。但是,要在国内发生效力,还需要转化为国内立法。在其他国家,如我国,全国人民代表大会常务委员会有权决定对外条约和协定的批准和废除，所以一旦作出决定，国际条约即在我国生效。这个涉及国际条约生效的方式，是转化还是直接适用？

(2)有的国家，往往喜欢把自己对国际法的看法和对“国际法一般原则”的主张强加于人，把它的“对外关系法”作为国际法来推行，他们在对外关系经济中采取的法律措施，不仅直接影响着别的国家同他们的经济关系，而且其经济领域中的许多国内立法，如反托拉斯法、产品责任法、主权豁免法等，在许多方面主张具有域外效力。

(3)国际经济法有一个特点，即国际经济关系是在各国自己的经济制度和经济发展的基础上联结起来的。因此，国内法实际上往往决定着国际法。例如，一个国家在国内法律上是否容许或鼓励外国资本的输入，输入后给予什么样的法律地位，应该为它规定什么样的经营方式，这些法律在很大程度上影响着投资国和接受投资国之间的经济关系和规范措施。

3. 研究国际经济法需要注意西方国家法律的某些基本分类。这个问题之所以发生，是因为在国际经济关系里，特别是在同西方国家及其公民所发生的经济关系里，我们不得不考虑这些国家的国内规范。例如，西方国家法律的分类之一是公法和私法的分类，还有实体法和程序法的分类。

4. 国际经济法开辟新的研究领域的必要性。根据马克思主义从实际出发的原理，国际经济关系发生变化，就要求法回应新的“生产的国际关系”。

□ 小结

国际经济法，作为一个部门科学，同其他法律部门，内容上往往多有交叉。它同别的法律部门的界限也不易划清。研究国际经济法，我们不仅要研究法的问题，更需要研究它的政治经济背景，不仅要从宏观角度研究国际经济关系中的政策和法律问题，也需要从微观角度研究具体关系中的经济和法律问题。在法的方面，不仅要研究国际层面的规范法律，还必须研究相对国家的国内法，主要方面当然还在于掌握我们国家自己的涉外立法。

■ 调整国际经济关系的国际经济法现状

□ 有关国际货物贸易的法律规范与制度

首先是有关国际货物贸易的法律规范和制度。我们知道国际贸易有非常长的流程。由于一开始的贸易形式是货物贸易，这也是国际经济法里最传统最原始的、占主要地位的部分。有些国际经济法的课会主要讲国际货物贸易法。

国际贸易法所涉法律关系复杂，国际贸易法所包含的法律规范极其丰富，不局限于某一特定范畴的法律规范（如一家跨国公司来中国投资，会涉及哪些法律问题？设立企业怎么样、纠纷怎么解决、税法怎么处理、进出口应该怎样等）。多数情况下，某一种国际贸易关系，往往涉及四个方面的法律：

1. 调整国际贸易的国内法，如合同法、海商法、票据法及保险法等。为什么国际贸易要涉及国内法？什么情况下会用国内法？主要依据冲突规范的指引（当事人选择的也是冲突规范），也就是国际私法规则指向适用的法，如果这时候准据法是国内法，那就适用国内法，所以尽管是涉外的法律关系，但仍然会适用国内法。

2. 国家对国际贸易管理的法规，如海关法、关税法、外汇管理法、商品检验法等是当事人不能排除的，货物进出口的时候必须和政府打交道，必须要受到国家管制进出口贸易的法律规则的管辖和制约，如商品检验检疫方面，有些商品必须要经过商品的检验检疫，不能排除国家的管制。这些法律是随时在变动的，我们要密切关注这些法律的新变化，国家根据形势不同、进出口水平不同等，会不断修订法律。

3. 有关国际贸易的国际性法律规范和国际贸易惯例，如双边或多边贸易协议等需要适用国际条约，国际条约包括双边和多边的。在国际法和国内法的关系问题上，我国一直实行的是国际法优先于国内法，如果国际法和国内法规定一致那就没有问题，如果规定不一致，那么优先适用国际法，这是我国一直以来的态度。国际贸易惯例也可以用在双方当事人的国际贸易关系中，是非政府间国际组织制定的大家认为有约束效力的规则，是双方都需要遵守的。

4. 处理贸易争议的规范，如国际商事仲裁法及国际民事诉讼程序方面的法律。目前处理国际贸易争议主要有两种途径，国际商事仲裁（国际商事仲裁法）和国际民事诉讼（国际民事诉讼法）。这两者是两套法律规范，但都是解决国际贸易纠纷不可或缺的。

□ 有关国际服务贸易的法律制度和法律规范

服务贸易涉及很多方面，有各种不同的服务，如建筑、通信、教育、环境、金融。这和我们日常生活联系得比较紧密,还包括文化体育各方面。服务也是可以进出口的。WTO涉及货物贸易也涉及服务贸易。货物贸易方面比较好协调。

国内现在有一些自由贸易区。这方面上海各方面有先进的措施,有跨境服务贸易的清单。所谓负面清单是说有些情形是禁止性的,没有禁止的就是开放的,大致原理就是这样。在这个负面清单里面有159项管理措施,涉及很多门类、很多行业,是比照着我国现在的一些行政法规、相关规定的内容提炼出来的。

□ 有关国际投资的法律规范与制度

即包括资本输出、资本输入、投资保护等有关的法律规范与制度。国际投资法是调整国际私人直接投资关系的法律规范的总称。其法律规范在国内法方面涉及外国投资法、海外投资保险法等,公约方面涉及多边投资保证公约、双边投资保护协定等。

投资法包括两部分,以我国为例,一部分是外国资本要输入中国,在中国设立合资企业,这是中国投资法要管的事情;另一部分是中国企业要走出去,这就涉及海外投资法,两者方向不一样。国际投资法也是独立的体系,尽管是国际经济法的一个组成部分,但是有自己独立的体系和独立的争端解决机构等。

"国际私人直接投资"是国际投资的主要形式,也是国际资本运作的主要方式,如投资者在国外开办企业或者和当地资本进行合营。国际投资法就是调整国际私人直接投资关系的法律规范的总和。这就涉及投资者和当地政府的关系。引导投资时,我们很朴素的想法是:外国投资对国家发展、民生有好处,我们就引导外资往这个方向投资。我们国家就有指导目录列出。这些是法律层面的,也是政策层面的。

间接投资指的是通过资本市场对企业进行投资,如通过股票二级市场的买卖来控制公司、通过证券等对一个公司参股。国际投资法主要涉及私人直接投资。

□ 有关国际知识产权保护的法律规范与制度

这包括与工业产权的国际保护、著作权的国际保护、国际许可证贸易有关的法律规范与制度。知识产权的保护在国际层面通过了许多国际公约,如《保护工业产权巴黎公约》《保护文学和艺术作品伯尔尼公约》《世界版权公约》等。在贸易与知识产权交叉领域,还有《与贸易有关的知识产权协定》等。

知识产权制度包括一个国家的知识产权法,也包括国际公约。目前为止,我国参加了所有有关知识产权的国际公约,我国在知识产权方面作出了高姿态。知识产权保护主要指的是知识产权的国际保护,现在发生的知识产权纠纷往往是跨国的,所以知识产权更强调国际保护。

知识产权属于技术贸易,贸易包括三大贸易,货物贸易、服务贸易和技术贸易,知识产权属于技术贸易。

□ 有关国际货币与金融的法律规范与制度

这包括与国际货币、跨国银行、国际贷款、国际证券、国际融资担保、跨国银行的管制有关的法律规范与制度。概括起来主要是三个方面的内容:(1)有关国际货币法律制度的内容,即各国对本国货币在是否可以自由兑换上的确认、本国的汇率制度、外汇管制等方面的内容;(2)有关国际资金融通的内容,主要指国际贷款、国际证券投资、国际融资租赁等方面的内容;(3)跨国银行的法律管制,即东道国和跨国银行的母国对跨国银行海外分支机构的设立及经营活动的法律管制。

国际金融法的内容也很复杂,有国际条约,也有国内法,也是国际经济法的组成部分,是一个有自己独特的法律体系、法律制度、法律渊源的专门领域。

□ 有关国际税收的法律规范与制度

这包括与国际税收管辖权、国际双重征税和国际重叠征税、国际逃税与避税等有关的法律规范与制度。随着国际税收关系的产生与发展,国际税法已经形成了一个新的法律部门,是国际经济法的一个分支。

□ 与国际经济组织有关的法律规范和制度

第一,这是一个全球化的时代,世界经济日趋融合,国际贸易蓬勃发展。WTO 为各国管理贸易的政策和法律,建立了一整套规则,包括最惠国待遇、国民待遇、降低关税、取消进出口数量限制、服务业市场开放、保护知识产权等。这些规则得到了普遍遵守,促进了世界经济和世界和平的发展。从规则建立和遵守的角度看,WTO 在国际关系的一个重要领域,即影响深远的国际贸易领域建立了一种“法治”(rule of law),是当代国际法的最新发展,并且为国际关系中其他领域法治的构建提供了借鉴。

与此同时,WTO 以其完整的知识体系(货物贸易、服务贸易、知识产权、争端解决等一系列协议)、丰富的争端实践(566 个案件,截至 2018 年 9 月 4 日)和中国的全面参与(加入 WTO 谈判和承诺、新回合谈判、贸易政策审议、争端解决等),为国际法教学提供了丰富的资料,在开拓学习者的国际视野和培养法律思维方面具有重要价值。目前,WTO 在规则制订和解决争端方面遇到了很大的挑战,但 WTO 所开创的多边贸易体制,具有重要价值。

第二,WTO 的成功,很大程度上得益于其争端解决机制。这是一套具有强制管辖权和强制执行力的法律机制。在短短 20 多年时间里,WTO 处理了众多贸易纠纷,作出了 200 多份裁决,并且这些裁决都在 WTO 法律框架内得到了执行。中国加入 WTO(2001 年加入)以来,积极使用这套机制解决与其他成员的贸易纠纷,这也是中国使用法律手段解决国际争端的先例。

第三,WTO 积累了丰富的案例。这些案例都有详尽的法律分析,其专家组报告和上诉机构报告一般长达几百页。古今中外、国际国内的法院判决书,鲜有如此详尽者。在这些分析中,我们看到了 WTO 协议和承诺运用过程中所体现的理念和严密的法律论证。

□ 解决国际商事争议有关的法律制度和法律规范

第一,法院的司法解决,涉及三个大方面:首先是管辖权问题,其次是法律适用问题,最后是司法协助问题。

第二,仲裁。现在基本认为仲裁是解决国际商事争端的主要方式。对于仲裁,《纽约公约》可以使仲裁裁决在全世界得到自由流动。由于国际贸易有很多形式,所以仲裁也有各种形式:有商事仲裁;有专业仲裁,如专门处理糖、皮革、钻石、可可交易领域争议的仲裁;有专门处理体育的仲裁;还有投资仲裁。纠纷解决方式是和商业形态相匹配的。

新的发展是互联网争议解决。互联网平台上的很多争议都在平台解决,不会直接去有管辖权的法院起诉,否则诉讼成本会很高。所以互联网争议解决是网上出现问题网上解决。互联网的发展为传统争议解决带来了影响。

另外还有国际商事调解。

□ 国际经济法的基本原则

国际经济法有一些基本原则,规定在联合国《各国经济权利和义务宪章》里。

首先是国家经济主权原则,主要表现在国家对自己的自然资源享有永久的主权。国家的经济主权是国家主权不可分割的部分,是新的国际经济秩序的基础。具体表现为:国家对其自然资源享有永久主权,这是国家经济主权的核心内容;国家有权对其境内的外国投资以及跨国公司的活动进行管理和监督;国家有权将外国财产收归国有或征收。

其次是公平互利原则。我国早在1954年就提出了平等互利的原则,并为世界上多数国家所承认,成为国际法基本原则之一。公平互利原则是该原则在经济领域的发展。根据公平互利原则,不仅在一般国际经济关系中应遵循平等互惠的原则,更重要的是,在经济实力悬殊的发达国家和发展中国家的经济关系中,不仅要消除不等价的交换关系以及任何歧视待遇,还必须对发展中国家实行非对等的优惠待遇,谋求实质上的平等。例如,WTO的协定订有关于发展中国家特殊和差别待遇的条款,在一定程度上照顾发展中国家的利益。

最后是国际合作以谋发展原则。根据这一原则,要促进所有国家的经济发展,必须促进发展中国家的经济发展,尊重发展中国家的发展权。此外,要加强国际合作。

■ 学习国际经济法的意义

首先是经济交往的需要。一国的经济活动超越了国界,所有经济活动、社会活动相互联系、相互渗透,资本贸易的所有东西都呈现国际化趋势。这种情况下我们还需要了解一些国际经济法,必须要知道一些相关规定。

其次是关于国际关系的经济化。我们现在明确了世界格局的样貌,之前有两次世界大战。在此之前还有世界范围内、欧洲范围内的局部战争。但是现在"和平发展"是主题,经济发展是主题。

再次是法治社会的需要。国际社会现在的格局被固定下来了,美国主导着今天的世界格局。这种情况下我们要争取更多的话语权,以应对世界上的一些变化。

最后,中国要参与国际竞争,需要知识和人才。我们为什么要学习国际经济法?朴素地说,中国参与国际竞争确实需要人才,需要既对国情有了解又具备法律知识的人,我们越来越需要这样的人参与进来推动国家的经济发展。

研究和掌握国际经济法,也是为了在当前的国际关系中,排除现存国际经济秩序给国际经济关系带来的障碍,使之有助于对外经济的发展。

■ 国际经济法的研究方法

首先是理论联系实际的研究方法。因为我们要面对现实,所以从实际出发是非常重要的。从矛盾、从问题出发,我们要用辩证的方法来看待问题。在运用辩证方法的基础上我们还要运用法学基本理论来分析问题,找到解决问题的途径。所以,一定要理论联系实际,同时还要立足于本国,联系本国实际。

其次是比较的研究方法,国际经济法领域有国际法、有国内法,还涉及不同国家的法律制度、不同的法律体系、不同的国情等。有比较才有鉴别,不能盲目认为某个国家的法律制度是好的或者是不好的。要客观地去看、去比较,发现事物的内部规律。

再次是跨学科的视角。我们除了法学、经济学理论外,还要了解政治和历史文化知识。

最后是要加强外语学习,学习国际法要看大量的外文材料。这是不可避免的,也是不容易的,但是只有克服困难才能进步。

总结一下,什么是国际经济法?它是宏大的(从世界贸易讲起),又是非常细节性的(涉及许多具体规范)。它包含国内法,也包含国际法。它是很复杂的,同时也很容易理解,特别是亲身经历的时候。它是抽象的(法律是高度抽象的),也是贴近生活的(法是从生活来的,法律是人们的共识)。它是枯燥的,也是有趣的。

▣ 阅读指引

◻ 权威教材

1. 余劲松、吴志攀主编:《国际经济法》(第 4 版),北京大学出版社、高等教育出版社 2014

年版。

作为普通高等教育"十一五"国家级规划教材,本教材结合我国改革开放的实践以及国际经济法律制度发展变化的实际,系统性介绍了国际经济法的基本理论问题、国际贸易法律制度、国际投资法律制度、国际金融法律制度、国际税收法律制度以及国际经济争议解决的法律制度,在知识点的深度和广度上具有较强的可读性、可用性,学术水准较高。

2. 王传丽主编:《国际经济法》(第4版),高等教育出版社2019年版。

从本科教学的基本需要出发,在保持学科体系与教材结构完整性的基础上,详述重要制度,概述一般制度。对本科阶段以外的理论探讨和信息资料的延伸,以必要为原则;对典型案例,以必要和适宜为原则,进一步浓缩案情、精简原理。

▣ 推荐著作

1. 王慧:《国际贸易法原理》,北京大学出版社2011年版。

在内容上,按照国际贸易活动各个环节的运作程序,对相关法律问题分别进行了较为全面的介绍和分析,具体包括总论、平等主体之间的交易规则、政府对国际贸易活动的管制措施、WTO调整国际贸易活动的法律以及国际贸易争议的解决方法等,有助于初学者全面了解国际贸易法的基本制度内容。

2. 唐应茂:《国际金融法:跨境融资和法律规制》(第2版),北京大学出版社2020年版。

阐述了国际金融法领域的重点问题,具有如下优势:第一,侧重微观、具体的企业跨境金融活动;第二,强调法律在具体跨境金融活动中的作用;第三,从中国企业的视角,讲述我们身边发生的故事;第四,语言通俗易懂,适合初学者研读。

3. 余劲松:《国际投资法》(第5版),法律出版社2018年版。

结合作者对近年来国际投资局势与国际投资法制发展变化的观察,以精准的语言深入浅出地阐述了国际投资法的基本概念、知识与理论,并对我国外资法与有关国际投资的国际条约和协定的法律制度及规范予以介绍,在使读者掌握国际投资法专业理论与法律规则之外,更注重培养其分析与解决国际投资所涉法律问题的能力。

▣ 条约、案例及其他相关资源

1. 条约、惯例和示范法的检索与研读。

国际经济法学科需要接触大量的国际条约,通过对条约文本及官方指南等辅助材料的研读,可以加深对相关制度的理解与应用。不同的法律问题由不同的国际条约调整,除掌握课堂讲授的条约及条约内容以外,更重要的是掌握获取国际条约及官方指南等辅助资料的方法,尤其是学会从国际组织官网或其他相关网站提取资源。

如联合国国际贸易法委员会(UNCITRAL)官方网站(https://uncitral.un.org/zh/texts)系统性收录了大量条约及示范法,涵盖的重点领域包括:(1)国际商事仲裁(《纽约公约》及其指南、《贸易法委员会国际商事仲裁示范法》等）；（2）国际货物销售（《联合国国际货物销售合同公约》及 UNCITRAL 阐述说明等）；（3）电子商务（《联合国国际合同使用电子通信公约》《贸易法委员会电子可转让记录示范法》《贸易法委员会电子签名示范法》《贸易法委员会电子商务示范法》等）；（4）国际货物运输（《汉堡规则》《鹿特丹规则》等）。除条约和示范法文本外，UNCITRAL 官网收录了贸易法委员会指南、准备文件等相关材料，提供了丰富的学习资源。又如世界贸易组织（WTO）的协定、谅解及决定等均收录于其官方网站（https://www.wto.org），包括其制定过程的谈判资料以及相关解读，可供读者全面了解 WTO 的法律制度。

除国际组织的官网以外，国内政府部门网站也收录了大量条约和相关材料。如我国商务部条约法律司官网（http://tfs.mofcom.gov.cn/article/h/）整理收录了我国签订的双边投资保护协定，可供读者检索以了解我国 BIT 的签订和实践发展情况。又如，我国司法部官网（http://www.chinalaw.gov.cn/Department/node_358.html）系统性收录了我国签订的民商事司法协助条约，便于读者检索研习。

除此之外，国际贸易法领域至关重要的《国际贸易术语解释通则》（Incoterms）和《跟单信用证统一惯例》等惯例均可在国际商会官网（https://iccwbo.org）上检索到。

2. 案例检索与研习。

国际经济法的学习离不开相关案例的分析与解读，通过研习案例，可以加深对国际经济法制度规则的理解，解决学习过程中的困惑，因此，掌握检索案例的方法尤为重要。很多国际组织官网都建立了案例数据库，提供了丰富的学习资源。例如，WTO 官网（https://www.wto.org/english/tratop_e/dispu_e/dispu_e.htm）收录了 WTO 争端解决机构受理的所有纠纷案件及专家组和上诉机构报告（若有），并按照时间、所涉 WTO 协定、成员方、案件进度、纠纷类型等进行多种分类，尤其是可以按成员方检索和统计所有相关案件，非常便利，有助于读者通过案例更深入地理解 WTO 法律制度。又如，国际投资争端解决中心（ICSID）官网（https://icsid.worldbank.org/cases/case-database）收录了提交至 ICSID 并由其管辖的东道国与投资者纠纷案件，若欲了解我国或我国投资者所涉国际投资争端，可从 ICSID 官网获取相应的文书和信息。

各国国内法院在国际经济法的争端解决中也扮演着重要角色，如“三一重工案”等裁判文书可以通过美国法院的案例数据库检索。具体而言，可以通过 Westlaw 数据库（https://1.next.westlaw.com）、Lexis Advance 数据库（https://advance.lexis.com）等进行检索。除此之外，中国裁判文书网（https://wenshu.court.gov.cn）本身也是重要的案例数据库，有助于了解我国法院在国际经济法律纠纷方面的司法实践。

3. 其他相关资源。

除条约、惯例和示范法文本和案例之外，国际组织官网还提供相当丰富的第三方资源，可供读者检索和补充阅读,以更好地理解国际经济法律制度的规则、理论和实践发展。如经济合作与发展组织(OECD)定期出版展望、年度综述和比较统计资料,其中包括OECD经济展望(评估成员国和主要非成员经济体的经济前景)、OECD概况(经济与政策问题研究人员的重要参考工具)、OECD经济调查(提供单独的国家分析和政策建议)等,均收录于OECD官方网站(http://www.oecd.org)。OECD官网还专门建立了OECD iLibrary(https://www.oecd-ilibrary.org),收录大量的国际贸易、金融、投资、税收等方面的研究论文和报告,提供了丰富的学习和研究资源。国际商会网站(https://iccwbo.org)除了出版Incoterms等规则以外,还提供了大量有关国际商事和争议解决实践发展的文献和资料,有助于读者更为深入地学习国际经济法。

除国际组织官网以外,还有大量值得信任的第三方网站可以提供丰富的学习资料。如威科国际商事仲裁在线网站(https://www.kluwerarbitration.com)收录了大量国际商事仲裁等方面的素材,包括自1976年起的《ICCA商事仲裁年鉴》(ICCA Yearbook Commercial Arbitration)全册。年鉴收录了大量国际商事仲裁规则以及仲裁裁决和相关法院判决,研究资料非常丰富。

作为教育者的尊荣感(代后记)*

在北京大学法学院,有这样一系列讲座,通过举全院之力,让老师们深切体会到站在讲台上的尊荣感,感受到来自学生、学院、学校乃至全社会的尊重,从而激励老师们讲好每一堂课。

2018 年秋季学期以来,北京大学法学院推出“法学阶梯”系列讲座,把封闭课堂变成开放讲座,让老师们体会到作为教育者的尊荣感,有的放矢地提高课程质量。目前,学院已经成功举办 41 场讲座。其中,12 场“入门讲座”作为法学第一课和法学基础课,在同学们站在“法的门前”时,予以指引;16 场“进阶讲座”作为法学答疑课,进行课程期中总结和反思,授业解惑;13 场“高阶讲座”作为法学前沿课,针对硕博研究生讲授法学研究基本方法,授人以渔。

一、盘活存量:讲好每一门课

在法学教育层面,“法学阶梯”系列讲座是课程模式的一次创新性探索,旨在着眼于现有课程体系,激励老师们讲好每一堂课,“盘活存量”。

车浩老师作为北京大学法学院教学委员会主席,是学院教学改革的主要负责人。他指出,法学院进行的课程改革可以归纳为两种模式,即增量改革和存量改革,前者体现为根据学生需求、社会变化和学科研究动向,增加一些新型课程;后者则强调提升原有每一门课程的教学质量。

作为优化和完善课程体系的重要思路,近年来,法学院的增量改革取得了显著成效。例如,法学院近年来开设的案例研习课、实务课、写作课等备受好评,引领了国内法学教育的课程改革风向。

一个学院的教学质量能否整体推进,学生能否从教学中全方位受益,既需要少数老师和少数精品课程的引领作用和品牌效应,也需要大多数老师的共同努力和大多数课程质量的普遍提高。一套完整的法学教育,需要覆盖到很

---

* 原文载于 2019 年 6 月 24 日“北京大学教务部”微信公众号。

多老师、很多课程,只有讲好每一门课,才能全面培养好一个法科学生。所以,在增量改革取得成效的基础上,法学院进一步启动存量改革,即将课程改革的发力点覆盖到现有的整个课程体系,“盘活存量”,想办法进一步提升现有各门课程的质量。

当然,在北京大学,老师在授课风格、教学设计上有很大的自由空间。因此,车浩老师表示,通过行政命令干预老师的课程安排既不现实也不明智,改革的突破点在于想方设法提升教师授课的积极性,使老师由衷地愿意为教学投入更多心思和精力。为此,学院设计了“法学阶梯”系列讲座,让老师站在更宽阔的讲台上,体会到作为教育者的尊荣感,从而让学生普遍性受益。

二、有的放矢:阶梯式教学讲座

纵然将封闭课堂升级为开放讲座可以促使和激励老师精心准备和策划,但把每一堂课都办成讲座并不现实,因此,就需要针对课程的关键时点,着力进行结构性改善。

在一门课的进程中,三个节点尤其重要。第一堂课意味着同学们初入一个陌生的学习领域,尤其需要老师的导引。而以往老师们通常会简单介绍课程大纲、本学期课程进度等内容,往往深浅程度不一,且较为零散。可以说,第一堂课的质量是缺乏保证的。现在学院推出的“入门讲座”,就是将第一堂课改造成一次关于本学科基本概念和学习方法的“入门讲座”。这样一来,在特定主题和讲座结构的要求下,就能促使老师花更多时间和精力备课,体系化地呈现课程导论,从而引导新生进入法学之门,对本学科形成一个初步的认知。

到期中阶段,则需要老师和同学适当地停下来,共同进行反思和总结。许多课程会设置期中作业或期中考试,但出题和检验都完全由老师主导,在信息了解上,师生双方是不对称的。更好的检验方式可能是在期中安排一次集中答疑,汇总学生的困扰和问题,以便老师高效地捕获并解决学生在前半学期学习的共同障碍。于是,学院设计了“进阶讲座”,由教务办老师和助教一起对选课同学进行问卷调查,收集问题并形成报告提交授课老师,老师根据报告精心准备,在讲座上对集中、重要、有共性的问题进行透彻地讲解,扫除学生前期学习障碍,为后半学期的学习打牢基础、指明方向,从而有质量、有目标地开展后半阶段的教学。

期末考试则是整个学期课程的最后一个重要环节。关于考试方式,车浩老师认为,从其教学理念来讲,法学课程的考试应该尽量开卷。因为大学课程的目标,不是通过闭卷考试选拔记忆力和天赋好的同学,而是培养法学生利用层出不穷的法律材料理解和处理问题的能力,只有开卷考试才能检验教学的效果,识别学生之间的差异。

车浩老师总结,“开学入门第一课、期中答疑和期末考试,这是最重要的三个节点。当然,考试改革涉及方方面面,虽然逐渐有越来越多的老师尝试开卷,但是这方面的改革还没有大力推行。现在的目标就集中在前两个时点上——如何让老师在入门阶段付出更多的心力,如何让老师在期中阶段愿意拿出时间来给学生系统性答疑,这是我们想要解决的问题”。

谈及“法学阶梯”系列讲座区别于其他讲座之处,车浩老师表示,其定位为教学类讲座而非学术类讲座,换言之,其本质上是一次面向全院、全校甚至社会公众的公开课。这样的讲座要求老师把每一门课精华的部分拿出来,不是仅展现其某个研究或者某篇论文的成果,而且展现这位老师在整门学科上的成就。当然,如果没有足够的学术科研水平打底,老师们做这样一个导论或答疑讲座,也会受到制约。在这一点上,两者是不冲突的,甚至可以起到相辅相成的作用。

三、作为教育者的尊荣感

“有些老师表示在校内做讲座反而更紧张和激动,也有的老师说很多年不打领带了,上这个课还要打领带。”在讲到授课老师对“法学阶梯”系列讲座的反应时,车浩老师如是举例。

北京大学有很多老师,每个院系都会有突出的学术“大咖”和网红老师,曝光率比较高,而绝大多数老师可能到退休都没有在校内做过讲座,但恰恰是这些大量的兢兢业业的老师,构成了教学队伍的主要力量。他们上的课,占据了整个课程体系的最大比例。

现在的“法学阶梯”系列讲座,就是在举全院之力,全方位地为老师的教学进行宣传。前期会通过官方公众号和校园海报等进行充分的讲座信息宣传,吸引社会公众和其他院校的学生前来旁听;讲座过程中,有法律出版社和北大英华科技有限公司参与全程的视频摄制工作,速记公司对讲座全程速记并整理成文;后期还会将讲座综述发表在“中国法律评论”微信公众号、“北大法宝”微信公众号、北京大学法学院官网等各种公众平台,同时宣传授课老师在教学科研等各个方面的成果。

于是,表面看起来不过是形式的创新,但实际上追求的是实质的目标:通过调动大多数老师的积极性,在各类课程中增加入门导论和难点答疑的环节,让整个课程质量得到改善,最终的受益者是学生。学院做大量投入,向社会公众推举这些老师和他们的课程,也是为了让老师们深切体会到站在讲台上的尊荣感,感受到学生、学院、学校乃至全社会的尊重,从而激励老师们讲好每一堂课。而且,不同于众多学术讲座的是,“法学阶梯”系列讲座本质上是一次“公开课”,是教学类讲座。因此,老师们在该讲座中获得的尊荣感,首先源自其教育者的身份,而不仅仅是学者身份。

此外,学院鼓励老师更多地投入教学,并非“唯教学论”,其本身就是在平衡本科教育和学术研究的紧张关系。其实在科研方面,老师们以前受到的引导和激励就已经很多了,如各种科研奖项、职称评定、论文发表等;学院现在所做的工作,同样也是加强对老师们投入教学工作的肯定和鼓励。“教学和科研是大学老师的两项基本职责,两者是不应当偏废的。”

四、“花香蝶自来”

除老师获得尊荣感,学院课程质量提高,学生最终受益外,“法学阶梯”讲座也具有重要的社会意义。

在教学改革层面,这样的模式对于不同课程、院校都具有可复制性。每一门课都可以这样打造,每一位老师都可以做到开头系统的导论和中期全面的答疑,所以每一个法学院都可以依靠其存量做同样的推广。在此意义上,“法学阶梯”系列讲座也是北京大学法学院对全国法学教育的一点探索和贡献。

“北大法学院作为我国的法学重镇,一直引领全国法学教育的航向。通过把这些课程当中最精华部分、老师最精心准备的环节向社会公众推出,其实也实现了教育资源的分享,体现了北大法学院的社会担当。”

最后,法学院会争取每个学期都推出一批入门讲座和进阶讲座,希望通过持续地推进,用三至五年的时间实现法学院绝大部分的课程在关键节点上有质的提升。更精彩的“法学阶梯”讲座,更精彩的北京大学法学院,敬请期待!